金持ち父さんの
「大金持ちの陰謀」
お金についての8つの新ルールを学ぼう

ロバート・キヨサキ
井上純子・訳

筑摩書房

金持ち父さんの「大金持ちの陰謀」

目次

金持ち父さんの「大金持ちの陰謀」

contents

第二部 陰謀に反撃する 121

この本は、テーマとして取り上げた事項に関し、適切かつ信頼に足る情報を提供することを意図して作られている。

著者および出版元は、法律、ファイナンス、その他の分野に関する専門的アドバイスを与えることを保証するものではない。

法律や実務は国によって異なることが多いので、もし、法律その他の専門分野で助けが必要な場合は、
その分野の専門家からのサービスの提供を受けていただきたい。

著者および出版元は、この本の内容の使用・適用によって生じた、いかなる結果に対する責任も負うものではない。

金持ち父さんの「大金持ちの陰謀」お金についての8つの新ルール

献辞

私の金持ち父さんは、いつもこう言っていた。「ビジネスと投資はチームスポーツだ」。本を書くことについても同じことが言える——とくに、あなたが今手にしている本はその通りのものだ。『金持ち父さんの「大金持ちの陰謀」』によって私たちは歴史的な偉業を成し遂げた。「金持ち父さん」シリーズ初の、真に双方向的なオンラインブックを経て書き上げた本書によって、私は未知の領域に踏み込んだ。有難いことに私には素晴らしいチームがあり、そのメンバーたちの力を借りることもたびたびあった。誰もが進んで本書のプロジェクトに進んで取り組んでくれたし、私が想像もしなかったほどの成果をもたらしてくれた。

何よりもまず、聡明で美しい私の妻キムの励ましとサポートに感謝している。キム、君は良い時もそうでない時もいつも私のそばにいて、この経済的自由への旅を共に一歩一歩進んでくれている。君がパートナーでいてくれるからこそ、私はこれほどの成功を収めることができた。

また、私の考えと本書の構成をまとめ、思いつきを現実の書籍にするのを手助けしてくれたジェイク・ジョンソンに感謝する。

そして、日々それぞれの持ち場につき、キムと私が情熱を傾けるプロジェクトのために、どんな時でも変わらぬ態度で私たちに長い時間でも忍耐強く付き合い、ファイナンシャル教育を広めそれぞれの責任を果たすという使命を分かち合ってくれているリッチダッド・チームのみんなに心から感謝している。君たちこそが、私たちの組織の生命力なのだ。

ロバートから読者へ

●「変化」は起こったのか

残念ながら、本書『金持ち父さんの「大金持ちの陰謀」』の初版が刊行された二〇〇九年から大した変化は起こっていない。米国の銀行や政治家たちは、二〇〇七年の株式市場の大暴落を招いたときと同じ方向を進み続けているし、同じ政策をやり続けている。

アルバート・アインシュタインはかつてこう言った。「狂気の定義とは、同じことを何度も繰り返していながら違う結果を期待することだ」

彼の定義は、次のように書きかえなければならなくなった。

「誰も気にしていないのだから、同じことをやり続けて何が悪い」

超富豪たちが世界経済のシステムを崩壊の危機にさらしたとしても、誰が気にするだろうか。国や州や市が全部破綻《はたん》したり破綻の危機に直面したりしても、誰が気にするだろうか。何百万という人々が失業しても、何百万という人々がマイホームを失ったとしても、誰が気にするだろうか。金持ちが幸運なときはますます金持ちになり、金持ちが不運なときは納税者がそのツケを支払わされるからといって、誰が気にするだろうか。

一言で言うと、「大金持ちの陰謀」が金持ちをますます金持ちにしてきた。銀行家たちは刑務所に入れられるどころか、何十億ドルものボーナスをもらった。汚職政治家たちは、裁判にかけられるどころか同じようにひじょうに腐敗した企業からアルバイトをもちかけられ、銀行強盗が発生している間の見張り役を買って出ている――政治家こそが不正の監視者であり、選挙民やアメリカ市民の擁護者であったはずなのだが……。これまでのところ（二〇一四年現在）、トップレベルの銀行家や政治家は一人も有罪になっていないし、それどころか裁判にかけられるといったことすら起こっていない。

言い換えれば、『金持ち父さんの「大金持ちの陰謀」』の初版が二〇〇九年に刊行されて以来、状況はあまり変わっていないのだ。

この国の魂に何が起こってしまったのだろうか。私たちは本当に無関心になってしまったのだろうか。それとも、何が起こっているのかさっぱりわからない状態なのだろうか。新しい次期大統領が物事を良い方向に変えてくれると本当に信じているのだろうか。それとも、私たちまでもが魂を失ってしまい、次の大暴落が起こる前に可能な限りたくさんのお金を手に入れられればいいということぐらいしか頭にないのだろうか。

私は、一九八三年当時のバックミンスター・フラー博士の言葉が、この状況を最も的確に言い表していると思う。彼は次のように述べている。

「暗黒時代は今もすべての人類を支配しており、この支配がいかに根深く持続的なものであるかが、今頃になってようやく明らかになりつつある」

「現代の暗黒時代の牢屋には、鉄格子も鉄の鎖も鉄の鍵もない。現代の牢屋は誤った情報を資材として建てられており、誤った方向付けによって施錠されている。看守も囚人も、持て余すほどの無条件反射に捕われ、自分の自負心に突き動かされ、無力であるのに神と競おうとする。自分が理解していないことに対しては、誰もが救いようがないほど懐疑的なのだ」

やはり、事態は二〇〇九年の時点からさして変わっていない。だが、本書を読む人にとってはそれが朗報となるかもしれない。長い歴史の中で起こってきたことが、今も同じように続いていると気づくことができるからだ。

●私が二〇〇九年にあなたのために本書を書いた理由

一九七一年、当時の大統領リチャード・ニクソンが、連邦議会の承認も得ずに、米国ドルと金の交換を停止し、お金のルールを変えた——このとき、米国だけでなく、世界中のお金のルールが変わった。このルール変更は一連の変更の一つで、二〇〇七年に始まった今の金融危機につながっている。このルール変更によって、米国は事実上、紙幣を無制限に印刷することができるようになり、好きなだけ借金ができるようになったからだ。

今の経済危機は、偶然に起こった一回限りの出来事だろうか。そうだと言う人もいる。だが、私は違うと思う。

権力者たちに、この経済危機を解決できるだろうか。そう望む人が多いが、やはり私の答えは「ノー」だ。この危機を招き——そのおかげで儲けた——張本人たちとその組織がいまだに権力を握っているのだから、危機を解決できるはずがない。問題はその危機が、人々の望んでいるように消えていくどころか、ますます大きくなっていることだ。一九八〇年代、政府による救済措置の規模は数百万ドルだった。一九九〇年代になると、その額は数十億ドルになった。そして今では、数兆ドルの規模になっている。

私は危機という言葉を、「何の前触れもなく突然に起こる変化」だと定義したい。個人的な意見だが、私たちの指導者が自らを変えるとは思えない。それは、その代わりにあなたや私が変わらなければならないことを意味している。

本書のテーマは陰謀だが、私はここで魔女狩りや、誰かの責任追及や辞任要求をするつもりはない。知っての通り、この世は陰謀であふれているし、その中には無害なものもあれば、悪意のあるものもある。スポーツの試合で、ハーフタイムにチームがロッカールームに戻る度に、技術的に言えば、彼らは相手チームに対する陰謀をめぐらせている。自己の利益のあるところ、必ず陰謀が存在する。

本書のタイトルを『金持ち父さんの「大金持ちの陰謀」』としたのは、大金持ちが、銀行や政府、金融市場を通じていかに世界経済を操ってきたかについて書いているからだ。知っている人もいるかもしれないが、それは、何世紀もの間続いていて、これからも、地上に人類が存在する限り続いていく。

本書は二つの部分に分かれている。第一部は、陰謀の歴史についてだ。「超」のつく大金持ちたちが、マネーサプライ（通貨供給）を通じて、いかにして世界の金融と政治のシステムを操る力を手に入れたかについて説明している。現代の金融史の大部分が、「連邦準備制度」（これは連邦政府の組織ではなく、準備金も持たず、本当は銀行ですらない）と米国財務省を軸にして展開してきた。第一部には、なぜ大手銀行は潰れないのか、なぜ学校にはファイナンシャル教育がないのか、なぜお金を貯めるのは愚かなことなのか、歴史の中でお金がどのように発達してきたか、なぜ私たちのお金はもはや本当のお金ではなく、単なる通貨なのかといった話が含まれている。また、一九七四年に米国議会が従業員に関するルールを変更した理由も明かしている。議会はこれによって、ファイナンシャル教育を全く、あるいはほとんど受けていない労働者たちに、４０１（k）といった年金プランを通じて株式市場に投資するように仕向けた。これは陰謀者たちが、年金プランを介して私たちのお金を手に入れる方法だった。それもあって、私個人は年金プランに加入していない。政府主催の陰謀を行っている超のつく大金持ちたちにお金を渡すより、自分自身にお金を渡すほうがましだと思っているからだ。

要するに第一部のテーマは歴史だ。歴史を理解すれば、将来についてより良い備えができ、より明るい将来を見通すことができる。

第二部では、あなたや私が、自分のお金をどうすればよいか——つまり、陰謀者のゲームでどうすれば彼らを打ち負かせるか——について書いている。「収入の範囲内で暮らしてください」と言われているアメリカ人がこれほど多いのに、なぜ金持ちだけがますます金持ちになるのか、その理由がわかるだろう。金持ちがますます金持ちになるのは、簡単に言えば、彼らが私たちとは違うルールで生きているからだ。「一生懸命に働き、お金を貯めてマイホームを買い、借金から抜け出し、株式・債券・投資信託に長期・分散投資しなさい」というような古いルールが、人々を経済的に苦しめている。こうした時代遅れのルールに従っているせいで、何百万もの人々がお金について困難な問題を抱え、彼らのマイホームや引退後の蓄えといった形で莫大な富が失われている。

本書では最後に、人々が貧乏であり続ける四つの原因について説明している。それは次の四つだ。

1. 税金

2. 借金

3. インフレ

4. 年金プラン

陰謀者たちは、これらの力を使ってあなたのお金を奪っている。彼らは、私たちとは違うルールでプレーしているので、自分の富を増やすためにこれらの力をどう使えば良いかを知っている。一方で、同じ力が彼ら以外の人々を貧しくしている。

あなたが自分の経済状態を変えたいと思っているなら、自分のお金のルールを変える必要がある。それを可能にする唯一の方法は、ファイナンシャル教育を受けてファイナンシャルＩＱ（お金に関する知能）を高めることだ。

ファイナンシャル教育は、金持ちの「アンフェア・アドバンテージ（不公平な有利さ）」だ。お金について教えてくれた金持ち父さんのおかげで、私はこのアンフェア・アドバンテージを身に付けることができた。金持ち父さんは、税金や借金、インフレ、年金について教えてくれた。さらにそれらを自分に有利に使う方法も教えてくれた。人生の早い時期に私は、金持ちがお金のゲームをどのようにプレーするかを学んだのだ。

本書を読み終える頃にはあなたは、将来の自分の経済状態を心配している人が今こんなに多いのに、なぜ金持ちだけがますます金持ちになっているのかを理解できるようになっているだろう。だがもっと重要なことは、将来に備え、自分の将来の経済状態を守るために、今あなた自身に何ができるかを知ることだ。

ファイナンシャル教育を受け続け、あなたのお金のルールを変えることによって、税金、借金、インフレ、年金プランの犠牲者になるのではなく、それらの力を使いこなし、恩恵を受ける方法を学ぶことができる。

世界の政治や金融システムが変わってくれるようにと多くの人が願っている。それは時間の無駄だと私は思う。私に言わせれば、指導者やシステムが変わるのを待つより自分自身が変わるほうが簡単だ。

今こそ、自分で自分のお金と将来の経済状態をコントロールするべき時ではないだろうか。お金の世界を牛耳っている陰謀者たちが、あなたに知られたくないと思っていることを知るべき時ではないだろうか。難解で複雑なお金に関する概念を、もっと易しい形で理解したいとは思わないだろうか。「その通りだ」と思うなら、本書はあなたのためのものだ。

一九七一年、ニクソン大統領が米国ドルの金本位制を停止すると、お金のルールは変わった。そして今日、お金はもはや本当の意味でのお金ではなくなっている。だから、お金についての新ルールその1は、「お金とは知識である」ということになる。

本書は、お金について知識を増やしたいと思っている人のために書いた。今こそまさに、あなたが自分のお金と将来の経済状態をコントロールすべき時だ。

第一部

大金持ちの陰謀

はじめに　何が諸悪の根源か？

お金に対する執着心は諸悪の根源か？　それとも、お金に関する無知こそが諸悪の根源なのか？あなたは学校で、お金について何を習っただろうか？　学校のカリキュラムがお金についてほとんど何も教えようとしないことに疑問を感じたことはないだろうか？　学校教育にお金の教育が欠落しているのは、教育指導者の単純な見落としでしかないのだろうか？　それとも、より大きな陰謀の一環だろうか？

私たちは皆お金を使う。金持ちであろうと貧乏であろうと、教育を受けていようといなかろうと、子どもであろうと大人であろうと、引退していようと現役であろうと、一切関係ない。好むと好まざるとにかかわらず、お金は今日の私たちの生活において非常に大きな影響力をもっている。なのに教育制度の中でお金というテーマを取り扱わないのはあまりに無慈悲であり、道徳的に許されることではない。

読者の感想

私たち市民が国を挙げて目覚め、お金に関して自分たちを教育する責任、また子供たちにもお金について教える責任を果たすようにならなければ、私たちの未来は、欠陥だらけの列車の残骸に乗り込むようなものになるでしょう。

―キャスリン・モーガン

中学高校時代をオクラホマ州とフロリダ州で過ごしました。どちらの州の学校でも、お金について教育を受けたことなどまったくありませんでした。木工作業や金属加工は必修科目だったのですが……。

―ウェイン・ポーター

●お金のルールを変える

一九七一年、リチャード・ニクソン大統領はお金についてのルールを変更した。議会の承認もないまま、金《ゴールド》と米国ドルの関係を断ち切った。これはメイン州のマイノット島でひそかに行われた二日間の会合の中で、彼が独断で決めたことだった。決断にあたって、国務省や国際通貨制度(ブレトンウッズ体制下のIMF)に相談することもなかった。

ニクソン大統領がこのようなルール変更を行ったのには理由がある。米国財務省が国の債務を補填《ほてん》するため紙幣を大量に印刷した結果、米国ドルで支払いを受けた国々が懐疑的になり、本格的にドルを直接金と交換し始めたため、米国の金準備高が枯渇したことだ。政府が輸入超過の状態にあったことと、費用のかかるベトナム戦争のせいで、金庫室は空っぽになりつつあった。経済成長に伴って、石油の輸入量が増え続けていたこともある。

わかりやすく言うと、アメリカは破産に向かっていた。私たちは収入を上回る支出を繰り返していた。支払が金で行われる限り、米国は支払不能に陥ると考えられた。ドルと金を切り離し、ドルを直接金に換えることを禁じることによって、ニクソンは米国が債務返済のためにドルを印刷する道を開いた。

一九七一年、世界のお金に関するルールが変更されると、世界史上類を見ない好景気が始まった。好景気は、世界が私たちの「偽金」を受け入れる間は継続した。そのお金の裏づけとなるものは、米国の納税者が米国の債務を支払うという単なる約束でしかなかった。

ニクソンがお金についてのルールを変えたためにインフレが起こった。パーティが始まった。時代に応じて大量の紙幣が発行されるにつれてドルの価値は下落し、物価と資産価値は上昇した。アメリカの中流家庭でさえ、住宅価格が高騰し続けたため億万長者《ミリオネア》になった。郵便でクレジットカードが送られてきたので、人々は勝手気ままにお金を使った。クレジットカードの支払いをするために自宅をATM替わりに利用した。「結局、住宅はずっと値上がりを続けるのだから。そうだろう?」と言わんばかりに。

だが、欲とやすやすと借りられるお金に目がくらみ、このようなシステムが生み出した不吉な兆候が見えなかったり、見えても無視したりした人が多かった。

二〇〇七年、新しい言葉が私たちの会話の中にぽつぽつ出てくるようになった。「サブプライム債務者（信用度の低い借り手）」だ。これは、本来なら自分には買えないような価格の住宅を購入するために借金をした人のことをいう。人々は当初、サブプライム債務者の問題は、マイホームを夢見た、貧しく、お金のことにうとい個人に限定された問題だと考えていた。あるいは、あぶく銭を手に入れようとする投機家――つまりフリッパーと呼ばれる転売目的の投資家だけの問題だと考えた。共和党の大統領候補ジョン・マケインでさえ、二〇〇八年後半の時点ではこの危機を深刻に受け止めず、「米経済のファンダメンタルズ（基礎的条件）は強い」と言って人々を安心させようとしていた。

ほぼ同時期に、もうひとつの単語が日々の会話の中に紛れ込んできた。「救済《ベイルアウト》」という言葉だ。サブプライム債務者が直面しているのと同じ問題を抱え、多くの負債と現金不足に悩むわが国最大手の銀行を救おうというわけだ。金融不安が広がるにつれ、何百万もの人々が職を失い、自宅を失い、貯蓄も大学の費用も、退職後の生活のための蓄えもなくすことになった。現時点では何も失わずにすんでいる人々も、明日はわが身とばかりに戦々恐々としている。州政府すら危機感をつのらせている――カリフォルニア州のアーノルド・シュワルツェネッガー知事は、州政府議員に給料支払小切手の代わりに、借用証書を発行する話まで始めている。世界でも有数の経済圏であるカリフォルニアが、まさに破綻寸前だからだ。

今日、二〇〇九年を迎え、世界は新大統領バラク・オバマに救いを求めるべく、期待を寄せている。

●現金強奪

一九八三年に、私はある一冊の本を読んだ。バックミンスター・フラー著『Grunch of Giants（巨人たちの世界的現金強奪）』だ。「Grunch」という単語は、「Gross Universe Cash Heist（目に余る世界的な現金強奪)」の頭文字を取った造語だ。この本には、とてつもない権力を持つ超大金持ちたちが、いかに長いあいだ人々から強奪し、搾取してきたかが書かれている。そう、大金持ちの陰謀についての本だ。

『巨人たちの世界的現金強奪』は、何千年も昔の王族の話から始まり、現代へと進む。同書は、いかに金を持った権力者が大衆を支配し続けてきたかを解き明かす。また、現代の銀行強盗は覆面をしていないという。代わりに彼らはスーツにネクタイをし、大学の学位を持って、外部からではなく内部から銀行のお金を盗む。何年も前に『巨人たちの世界的現金強奪』を読み終えていた私は、現在の経済危機が来ることを予測することができた。ただ、いつやって来るのか、正確に言い当てることができなかっただけだ。このような経済危機のまっただ中にもかかわらず、私の投資とビジネスが順調な理由のひとつは、同書を読んでいたことで、それが現在の危機に備える時間的余裕を与えてくれた。

陰謀についての書物は「キワモノ」的な人間が書くことが多い。しかし、R・バックミンスター・フラー博士は思想的に時代を先取りしてはいるが、キワモノなどではない。彼はハーバード大学で学び、卒業こそしていないもののかなり優秀な学生だった(やはりハーバード大学を中退したかの有名なビル・ゲイツもそうだった)。米国建築者協会はフラーを、国で最も優れた建築家およびデザイナーと賞賛している。彼は歴史上最も卓越した実績を残したアメリカ人のひとりと考えられていて、数多くの特許を取得した。彼は評価の高い未来思想家だった。ジョン・デンバーが作詞・作曲した「What One Man Can Do(ひとりの人間にできること)」という歌の「未来の祖父」というフレーズは、彼からインスピレーションを得たものだ。フラーは、「環境保護主義者」という言葉が一般に知られる以前から環境保護主義者だった。しかし、なかでも彼が評価されている理由は、自分自身や金持ちの権力者のためだけでなく、すべての人に恩恵を与える世界のために働くことにその天才的才能を費やしたことだ。

私は『巨人たちの世界的現金強奪』を読む以前に、フラー氏の著作を何冊か読んだ。私にとって悩ましかったのは、彼の初期の作品の多くが数学や科学に関するものだったことだ。それらの書物は難しすぎて歯が立たなかった。しかし、『巨人たちの世界的現金強奪』だけは私にも理解できた。『巨人たちの世界的現金強奪』を読んで、私は世の中の仕組みについて、ひそかに疑問に感じていたことを確認することができた。学校で子供にお金のことを教えようとしない理由が徐々にわかりかけてきた。さらに私は、自分がなぜ、決して戦うべきでなかった戦争をするためにベトナムに行かされたのかについても知ることができた。一言で言えば、戦争は儲かるからだ。戦争というものは多くの場合、強欲を満たすためにあるのであって、愛国心のためにあるわけではない。商船アカデミーに在籍すること四年、海兵隊のパイロットとして兵役につき五年、その間に二度ベトナムに派遣され、合計九年間の軍隊式生活を経験した私は、フラー氏の言うとおりだと思うようになった。自らの経験から、彼がなぜＣＩＡのことを「資本主義の見えざる軍隊（Capitalism's Invisible Army）」と呼んだのかを理解した。

『巨人たちの世界的現金強奪』の最もすばらしかったところは、私の中に学びの意識を呼び起こしてくれたことだ。人生において初めて、私はあるテーマについて学びたいと思った。それは、金を持った権力者がいかに、そうでない私たちを合法的に食い物にしてきたか、というテーマだ。一九八三年以来、私はこのテーマについて研究し、五十冊以上の書物を読破してきた。その一冊一冊の中にそれぞれひとつかふたつ、パズルのピースを発見することができた。あなたが今読んでいるこの本は、そうした数多くのパズルのピースを組み立ててくれることだろう。

●陰謀は存在するのか？

陰謀説など、どこにでも転がっている。私たちは皆それを耳にしてきた。例をあげれば、誰がリンカーン大統領やケネディ大統領を暗殺したのか、誰がマーティン・ルーサー・キング・ジュニア牧師を暗殺したのかについての陰謀説などだ。また、二〇〇一年に起きた九・一一同時多発テロ事件についての陰謀説もある。こうした陰謀説は決してなくなることがない。説はあくまで説にすぎないが、それらはすべて疑惑と答えの得られない疑問を根拠にしている。

私が本書を執筆しているのは、さらに新たな陰謀説を読者に売りつけるためではない。研究の結果、私は、過去から現在に至るまで、大金持ちによる数多くの陰謀が存在し、将来においてはさらに多くの陰謀が生まれるであろうことを確信した。金と権力がかかっている場面では、常に陰謀が存在し続けるだろう。金と権力のためであれば、人はいつでも腐敗した行為を行う。例えば二〇〇八年、バーナード・マドフは五〇〇億ドル規模のポンジー・スキーム（ねずみ講詐欺）を展開し、富裕層だけでなく学校、慈善団体、さらには、年金基金からも金をだまし取ったとして訴えられた。彼はかつて、ベンチャー向け株式市場NASDAQ《ナスダック》のトップという尊敬される地位にいた男だった。もうお金など必要ないほど裕福だったにもかかわらず、金融市場における彼の能力を頼りにしていた大変聡明な人々や社会的に有意義な団体から、何年にもわたって金をだまし取り続けたと言われている。

もうひとつ金と権力のための腐敗の例を示そう。それは、報酬がわずか四〇万ドルのアメリカ合衆国大統領という地位を獲得するために、五億ドルがつぎ込まれるという事実だ。選挙のためにこれだけの金が費やされる状況は、わが国にとって決して健全とはいえない。

では、陰謀はあったのだろうか？　ある意味で、私はあったと信じている。しかし問題は、あったとしたらどうなのか、それについてあなたと私は何をしようというのかということだ。今の経済危機を引き起こした張本人たちの多くはすでにこの世にいないが、彼らの所行は今なお生き続けている。死人と言い争ってみても不毛なだけだろう。

陰謀が存在するかどうかは別として、あなたの生活に深く目に見えない影響を及ぼす状況と出来事は確かに存在する。例えば、お金の教育を見てみよう。私はよく、現代の教育制度にお金の教育が欠落していることを、驚きをもって見てきた。学校が子どもに教えるのは、せいぜい小切手帳の帳尻を合わせ、株式市場に投機し、銀行に預金し、退職金積立制度で長期的な投資をすることくらいだ。つまり、子どもたちは、自分たちのお金を大金持ちに渡しなさい、と教えられているわけだ。彼らがあなたたちのことをいちばんに考えてくれているはずだからというのがその理由だ。

教師は、お金の教育の名の下に銀行家やファイナンシャル・プランナーを教室に招き入れるが、これはキツネをニワトリ小屋に入れるも同然だ。私は何も銀行家やファイナンシャル・プランナーたちが悪い人間だと言っているのではない。私はただ、彼らがお金を持つ権力者たちの代理人だと言っているだけだ。彼らの仕事は教育することではなく、将来の得意先を募集することだ。だからこそ、彼らはお金を貯めて投資信託に投資しろと説くわけだ。そのことによって助かるのは銀行であって、あなたではない。繰り返すが、それが悪いのではない。銀行にとってはいいビジネスだ。私が高校生だったころ、キャンパスにやってきて国家に奉仕することの栄誉を学生たちに吹き込んでいた陸軍や海軍の新兵募集係と何も変わるところはない。

今日の経済危機を引き起こした原因のひとつは、お金についてのいいアドバイスと悪いアドバイスの違いを知らない人が多いことにある。優れたファイナンシャル・プランナーとペテン師の区別がつかない。いい投資と悪い投資の区別もつかない。皆、いい仕事に就くために学校へ行き、一生懸命に働き、税金を納め、マイホームを買い、お金を貯め、そして、残ったお金をファイナンシャル・プランナー、あるいはバーニー・マドフのような専門家に引き渡す。

●人生で成功を収めるために必要なお金の教育

多くの人々は、株式と債券の違いも、負債と資本の違いも知ることなく学校を卒業する。優先株がなぜ優先と名づけられているのか、投資信託がなぜ信託なのか、あるいは、投資信託、ヘッジファンド、上場投資信託、さらにはファンド・オブ・ファンズといったものの違いについて知っている人はほとんどいない。多くの人が借金はよくないと思っているが、借金で金持ちになれることもある。借金によって、投資から得る利益を増やすことができる。だがそれは、自分が何をやっているのか理解している場合に限られる。キャピタルゲインとキャッシュフローの違いを理解し、よりリスクが低いのはどちらなのかを知っているのは、ごく限られた人だけだ。ほとんどの人は、いい仕事に就くために学校に通うという考え方を盲目的に受け入れ、なぜ従業員が、ビジネスを所有する起業家よりも高い税率で税金を払うのかについて知ることは決してない。今日、本来は負債である自分の持ち家を資産だと信じてしまったために、苦境に陥っている人が大勢いる。これらは基本的で単純な経済観念だ。それにもかかわらず、何らかの理由で私たちの学校は、人生で成功を収めるために必要なお金というテーマを都合よく削除している。

一九〇三年に、ジョン・D・ロックフェラーは一般教育委員会を創設した。どうやらこれは、お金、仕事、そして職業の安定を必要とする労働者の安定的な供給を確保することが目的であったようだ。ロックフェラーがプロシアの教育制度の影響を受けたことの証拠がある。その制度は、質の高い労働者と質の高い軍人、命令に忠実に従う人間を世の中に送り出すためのものだ。「これをやれ、やらなければクビだぞ」「お金を安全に保管するために私に預けなさい、そうすれば君のために投資をしてあげよう」――こうした命令をよく聞く人間を作り出すための制度だったわけだ。これが一般教育委員会を創設したロックフェラーの意図だったかどうかは別として、今日明らかになったその結果は、いい教育を受け、安定した仕事を持つ人々でさえ経済的な不安を感じているという現実だ。

基礎的なお金の教育なくして、長期的な経済的安定を求めることは不可能に近い。二〇〇八年、数百万にのぼるアメリカのベビーブーマー世代が、一日につき一万人のペースで退職し始めた。彼らは政府が経済と医療を保障してくれることを期待している。最近になってようやく多くの人々が、安定した仕事が長期的な経済的安定を保証するわけではないことを学びつつある。

一九一三年、連邦準備制度が創設された。だが、建国の父でありアメリカ憲法の生みの親である者たちは、貨幣の供給を支配する中央銀行の創設に強く反対していた。お金について十分な教育を受けていなければ、連邦準備制度が連邦によるものでもアメリカのものでもないこと、準備金が存在しないこと、そしてそれが銀行ではないことなどを知る人はほとんどいない。いったん連邦準備制度が創設されると、お金のことについて二通りのルールができた。ひとつはお金のために働く人々のためのルール、もうひとつはお金を刷る金持ちのためのルールだ。

一九七一年、ニクソン大統領が米国を金本位制から切り離した時に大金持ちの陰謀は完成した。一九七四年、米国議会は「従業員退職所得保障法」いわゆる「エリサ法」を可決したが、これは401(k)といった年金資金向けの金融商品に道を開いた。この法律は事実上、それまで雇用者が提供する確定給付型(DB)年金を享受していた何百万という勤労者を、確定拠出型(DC)年金プランに加入せざるをえない状態に追い込み、彼らの退職後の資金をすべて株式市場や投資信託に強制的に投入させるものだった。いまやウォール街がアメリカ国民の年金を支配している。お金のルールは完全に変わってしまい、金持ちや権力者寄りに大きく傾いている。そして世界史上最大の好景気が始まり、二〇〇九年の今、その好景気が崩壊した。

> 読者の感想
>
> 米国ドルの金《ゴールド》による裏付けが停止されたときのことを覚えています。インフレが始まり狂乱物価となりました。私はまだ一〇代で、初めての仕事を見つけたところでした。生活に必要なものは自分で買わなければなりませんでした──物価はうなぎのぼりでしたが、両親の給料は上がらなかったからです。
>
> 大人たちの議論の中心は、どうしてこんなことになってしまったのかということでした。彼らは、これが経済システム全体の終わりの始まりではないかと感じていました。ちょっと時間はかかりましたが、まさにそのようになっていますね。
>
> ──Cagosnell

●お金についての新ルールを知ろう

すでに述べたように、金持ちの陰謀はお金について二通りのルール、旧ルールと新ルールを作り上げた。

ひとつは金持ちのため、もうひとつは一般人のためのルールだ。現在の経済危機を最も心配しているのは、いまだに旧ルールでゲームをしている人たちだ。あなたが自分の将来について安心を得たいと思うなら、新ルールを知る必要がある。それはお金についての八つの新しいルールだ。本書ではそのルールと、それをあなたに有利になるように活用する方法を教える。

以下に、旧ルールと新ルールを対比する二つの例を紹介しよう。

●旧ルール：お金を貯めよう

一九七一年以後、米国ドルはお金《マネー》ではなく通貨《カレンシー》になった（これについては『金持ち父さんのファイナンシャルＩＱ』で解説している）。その結果、預金者は敗者となった。米国政府は、預金者が預金するより速いスピードでお金を発行できたからだ。銀行家が複利の力を絶賛する時、その銀行家があなたに伝えないことは、複合インフレの威力――あるいは今回の危機における複合デフレの威力だ。インフレとデフレは、政府と銀行が何の裏づけもなくお金を印刷して貸し付け、経済をコントロールしようとすることで引き起こされる。つまり、そのお金は、米国の誠意と信用以外に価値のあるものの裏づけは何もない。

長年、世界中の人々は、米国債は世界で最も安全な投資対象だと信じてきた。預金者は忠実に米国債を買い、それを賢明な選択だと信じてきた。二〇〇九年初頭、米国三十年債の利息は二パーセントに満たない。私にとってこれは、世界中にあまりに多くの偽金が出回っていることを意味する。預金者は敗者となり、米国債はすべての投資対象の中で最もリスクの高いものになる可能性がある。

もしあなたがその理由を理解できないとしても、気にすることはない。ほとんどの人が理解していないのだから。だからこそ学校におけるお金の教育（あるいはその欠落）が重大な問題なのだ。お金、債券、そして負債については、本書の中でさらに詳しくお話しする。高校の経済の授業でも聞かなかったような話だ。

しかしその昔、最も安全な投資対象だった米国債が今や最もリスクが高くなっていることは、知っておいて損はない。

●新ルール：お金は使え、貯金はするな

今の時代、ほとんどの人は、お金のかせぎ方を学ぶことに多くの時間を費やしている。給料の高い仕事に就くため学校に通い、お金をかせぐためにその職場で長年働く。そして、得たお金を懸命に蓄えようとする。新ルールで大切なのは、お金の使い方を知ることだ。単にかせいだり貯めたりすることではない。つまり、いつの時代も賢くお金を使う人は、賢くお金を貯める人よりも裕福になるということだ。

もちろん、お金を使うというのは投資すること、あるいはお金を長期的に見て価値のあるものに変えることを意味する。金持ちは、今日の経済状況の中ではお金をタンスの中にしまっておいても裕福にはなれない、銀行に預けるのはさらに悪いということを知っている。金持ちは、富を得るためのカギがキャッシュフローを生む資産への投資にあることを知っている。今の時代は、価値が持続し、収入を生み、インフレに強く、価値が上がりこそすれ下がらない資産のために自分のお金を使う方法を知る必要がある。これについては、本書を通して詳しくお話しする。

●旧ルール：分散投資せよ

分散投資という旧ルールに従うと、複数の株式、債券、投資信託を購入することになる。しかし分散投資も、株価が三〇パーセントも急落し投資信託が赤字になった時には投資家を守ることはできなかった。私は、いわゆる投資の達人の多くが、分散投資を推奨しておきながら市場が落ち込むと「売れ！　売れ！　売れ！」と叫び出す姿が奇妙に見えてならなかった。分散投資が投資家を守ってくれるなら、なぜ株価が底値に近い時に突然売らなければならないのか？

ウォーレン・バフェットが言うように、「分散投資とは、自分が何をやっているのかわからない投資家に

必要なものだ」。結局、分散投資はうまくいってもゼロサム・ゲームにすぎない。もし均等に分散したら、一方の資産が下落した時は、他方が上昇することになる。ひとつの市場で損をし、他の市場で得をするが、何の前進も見られない。同じ場所にとどまっているだけだ。その一方でインフレは進行を続ける。インフレについては、本書の中で詳しくお話しする。

賢い投資家は、分散ではなく集中・特化する。彼らは、対象とする投資分野とそのビジネスの仕組みについて誰よりもよく知るようになる。例えば不動産に投資する際、更地に特化する人もいれば集合住宅に特化する人もいる。どちらも不動産に投資してはいるが、投資対象はそれぞれまったく異なるビジネス分野だ。株式に投資する時、私は安定した配当（キャッシュフロー）をもたらす事業に投資する。例えば現在、私は石油のパイプラインを運営する事業に投資している。二〇〇八年の株式市場の暴落後、これらの企業の株価は落ち込み、キャッシュフローとなる配当をもたらす株が格安になった。つまり、景気の悪い市場は、自分が何に投資しているかを知っている人間にとってはすばらしいチャンスを提供してくれるということだ。

景気の浮き沈みに対応できるビジネスを所有することや、キャッシュフローを生む資産に投資することが、株式や債券、投資信託の分散型ポートフォリオを所有するよりはるかに有利であることを、頭のいい投資家は理解している。分散投資は市場の崩壊とともに崩壊してしまう投資だ。

●新ルール：お金をコントロールして集中させよう

分散投資をしてはいけない。お金は上手にコントロールして、投資を集中させることが重要だ。今回の経済危機で、私はいくつかの打撃を受けた。しかし、私の資産は無傷のままだった。それは、私の財産が市場の浮き沈み（別名キャピタルゲイン）に依存していないからだ。私はほとんどキャッシュフローのために投資している。

例えば、私のキャッシュフローは原油価格が下がった時に少し減少したが、私の資産は健全なままで、四半期ごとに郵便で小切手を受け取っている。石油関連株の価格、つまりキャピタルゲインが下がっても心配することはない。なぜなら、私は自分の投資からキャッシュフローを得ているので、利益を得るために株を売却する必要はない。

私の不動産投資の大半についても同じことが言える。私はキャッシュフローを得るために不動産に投資し、毎月小切手を受け取る。これを不労所得という。今日痛手を負っているのは、キャピタルゲインを得るために不動産に投資し、これは土地転がしとも呼ばれている。いま多くの人々が困難な状態にあるのは、彼らがキャピタルゲインのために投資をし、株や自宅の価格の値上がりをあてにしていたからだ。

私が子どものころ、金持ち父さんは彼の息子と私を相手に、何度も何度もモノポリーをして遊んでくれたものだ。このゲームをすることで、私はキャッシュフローとキャピタルゲインの違いを知った。例えば、緑色の家が建っている土地をひとつ持っていたら、私は賃料として毎月一〇ドルの収入を得る。もし同じ土地に三軒の家を持っていたら、私は賃料として毎月五〇ドルを受け取ることができた。そして、最終目標は、同じ土地に赤い色のホテルを一軒所有することだった。モノポリーに勝つには、キャピタルゲインではなくキャッシュフローのために投資をしなければならない。九歳にしてキャッシュフローとキャピタルゲインの違いを知ったことは、金持ち父さんが教えてくれた最も重要な授業のひとつだったといえる。言い換えれば、お金の教育は楽しいゲームと同じくらいシンプルでありながら、末代にわたって経済的安定をもたらしてくれるものになりえる。経済危機の時代においてもその安定が損なわれることはない。

現在、私には安定した仕事は必要ない。なぜなら経済的安定を手に入れているからだ。経済的安定と経済的危機との違いは、キャピタルゲインとキャッシュフローの違いを知るのと同じくらい単純なものだ。問題は、キャッシュフローのための投資が、キャピタルゲインのための投資に比べて高度のファイナンシャル・インテリジェンスを必要とすることだ。キャッシュフローのために賢く投資する方法については、この本の中でさらに詳しく説明する。しかしここでは次のことだけは覚えておいてほしい。経済危機の最中のほうが、キャッシュフローのための投資は容易だということだ。だから、現状から目を背けてこの危機という名のチャンスをムダにしてはいけない！　この危機が長く続けば続くほどますます金持ちになる人もいるだろう。あなたがそのひとりになることを願っている。

今の時代の新ルールのひとつは、あなたの頭とお金を分散せずに集中することだ。キャピタルゲインよりもキャッシュフローに集中するほうが見返りが大きい。なぜなら、キャッシュフローをコントロールする方法を知れば知るほどキャピタルゲインも増えることになり、経済的安定を高めることもできるからだ。大金持ちになることさえできるかもしれない。それが、モノポリーと私の教育ゲームである『キャッシュフロー』が教えている基本的なお金の教育だ。『キャッシュフロー』ゲームのことを、モノポリーが内容を高度に増強してパワーアップしたようなゲームだと評する人もいる。

「貯めるのでなく使うことを学ぶ」「分散ではなく集中する」という二つの新ルールは、本書で紹介する八つの新ルールのうちの二つだ。これらについては後の各章でさらに詳細に説明する。この本の目的は、適切な教育を受ければ自分の将来の経済状態はコントロールできるということに対して、あなたの目を見開かせることだ。

私たちの教育制度は、教養のある人も含めて何百万もの人々を裏切ってきた。私たちの経済システムが、あなたを含む大勢の人々に対して陰謀を企ててきた証拠がある。しかし、それはすでに遠い過去の歴史だ。今は、あなたが自分の将来をコントロールする。まさに今こそ自分自身を教育する時、お金についての新ルールを自分自身に教え込む時だ。そうすることによって、あなたは自分の運命をコントロールし、新ルールに従ってマネーゲームをするカギを握ることになる。

> **読者の感想**
> あなたの本を読んでいる人のほとんどは、何らかの万能薬のような解決策を求めているのだと思います。そ

れが、すぐにごほうびを欲しがるというアメリカの現代社会の習慣になっているからです。すべてを解決できる万能の本など存在しないことを人々に知らしめるという点で、あなたは良い仕事をされていると思います。お金に関する新ルールを解説することによって人々にしみついている考え方を正し、どのように考えればよいかについて素晴らしいお話をされています。

——apcordov

●私があなたに約束すること

ニクソン大統領が一九七一年にお金についてのルールを変更してから、お金というテーマは複雑きわまりないものとなった。お金の話題は誠実な人にとっては納得がいかないことが多い。実際、誠実で勤勉な人ほど、新ルールは理解しがたいだろう。例えば、新ルールは、金持ちが自分でお金を印刷することを認めている。もしあなたが同じことをしたら、通貨偽造の罪で監獄行きとなるだろう。しかし本書では、私はどうやって自分のお金を合法的に印刷するかについて述べようと思う。自分のお金を印刷することは、真の金持ちになるための最大の秘訣のひとつだ。

約束しよう。私は、説明をできるかぎりシンプルにすることに最善をつくす。複雑な経済用語を日常用語で説明するよう最善をつくす。例えば、今回の経済危機が訪れた原因のひとつには、デリバティブという名で知られる金融のツールの存在がある。ウォーレン・バフェットはかつて、デリバティブのことを「大量破壊兵器」と呼んだ。その表現は正しかったことが証明された。デリバティブは世界最大手の銀行を破滅させつつある。

問題は、デリバティブとは何かをほとんどの人が知らないことだ。簡単に説明するため、私はデリバティブ（金融派生商品）をオレンジとオレンジジュースにたとえる。オレンジジュースはオレンジの派生物だ。それはガソリンが石油の、卵がニワトリの派生物であるのと同じだ。そのくらい単純なものだ。あなたが家を買ったら、住宅ローンはあなたとあなたが購入した住宅からできた派生物というわけだ。

私たちが今この経済危機の渦中にいる理由のひとつに、世界中の銀行家がデリバティブのデリバティブの、そのまたデリバティブを作り始めたことが挙げられる。これらの新しいデリバティブの中には、債務担保証券とか高利回り社債（別名ジャンク債）とかクレジット・デフォルト・スワップといった、何とも奇妙な名前を持つものがある。本書では、これらの用語を平易な言葉で説明するように最善をつくす。覚えておいてほしいのは、一般の人々を混乱させ続けることも、金融業界の目的のひとつだということだ。

多層的なデリバティブは、詐欺すれすれの商品だ。それはまるで、クレジットカードの支払をするためにクレジットカードを使い、自宅の住宅ローンを借り替えて作ったお金でクレジットカードの返済をし、また最初からクレジットカードを使い始めるようなものだ。だからウォーレン・バフェットは、デリバティブを大量破壊兵器と名づけたわけだ。つまり、多層的なデリバティブが世界の金融システムを破壊しようとしている。それはまるで、クレジットカードと住宅担保ローンが多くの家庭を破壊しつつあるのと同じだ。クレジットカード、お金、債務担保証券、ジャンク債、そして住宅ローン――それらは、それぞれに違う名前がついているだけで、実際にはすべてデリバティブだ。

二〇〇七年、デリバティブで建てられた家が崩れ始めた時、世界で最も裕福な人々は「救済を《ベイルアウト》！」と叫び始めた。救済（緊急援助）という措置は、金持ちが、自分が犯した過ちや詐欺やペテンのつけを納税者に肩代わりさせたいと思った時に利用される。私の研究によれば、救済は大金持ちの陰謀に欠くことのできない重要な要素だ。

私の著書『金持ち父さん　貧乏父さん』がパーソナル・ファイナンスの本として史上最高のベストセラーになった理由のひとつは、経済の専門用語を一貫してわかりやすく説明したからだと私は考えている。本書においても、できる限り同じことをするつもりだ。

ある賢者がかつてこう言った。「単純明快であることこそが天才の証だ」。なるべく話を単純明快にしておくために、私は無用に詳しい話や複雑な説明は避けようと思う。言いたいことをはっきりさせるため、専門的な説明よりも実話を紹介する。もっと詳しいことを知りたい人のためには、さらに深く解説した参考文献を紹介しよう。そのひとつ、フラー氏の『巨人たちの世界的現金強奪』などは読む価値のある名著といえる。単純明快であることが重要なのは、お金というテーマを複雑でわかりにくいものにしておくことで利益を得ようとする人が数多くいるからだ。混乱している人からお金を奪うのは、いとも簡単なことだ。

ここで再度、皆さんに聞きたい。お金に対する執着心は諸悪の根源か？　私の答えはノーだ。人々にお金のことを隠し無知のままにしておくことのほうが、よほど悪であると私は考えている。人々がお金の仕組みについて無知である時、悪の手は忍び寄ってくる。そしてお金に関する無知こそ、金持ちの陰謀の最も重要な要素だ。

> 読者の感想
>
> 私はウォートン・スクール（ペンシルバニア大学のビジネススクール）で学びましたが、お恥ずかしいことに、富を創り出すことについてこれほど明快な解説を授業中に受けたことはまったくありませんでした。この本（とロバート・キヨサキのすべての本）を、ハイスクール以上のすべての人にお薦めします。
>
> ―Rromatowski
>
> ロバート、あなたはお金を愛する心が諸悪の根源なのではないと言いますが、あなたと同じ理由で私は、お金への愛が諸悪の根源だと思っています。大衆をお金について無知な状態にしておくという悪事は、お金を愛するよこしまな心の「派生物」にすぎません。
>
> ―Istarcher

第一章

オバマは世界を救えるか？

●危機の推移

二〇〇七年八月、パニックが音もなく世界に広がった。金融システムが機能不全に陥りつつあった。そのドミノ効果が現在にいたるまで世界経済全体を脅かしている。世界中の政府が総額にして七兆ドルから九兆ドルと推計される救済策や景気刺激策を打ち出したが、シティグループやGMなど世界最大級の銀行や企業が苦境に陥っている。そうした企業が長く存続できるかどうかは疑問視されている。

危機により脅かされているのは大企業や多国籍金融グループだけではない。まじめに働く人々の安全も脅かされている。世間の常識に従って学校へ行き、就職し、家を買い、貯金をし、借金を避け、そして株式、債券、投資信託などに分散投資をしてきた何百万という人々が、現在、経済的な困難に直面している。

全国を回って人々の話を聞いてわかったのは、皆が心配し恐れているということだ。多くの人が、仕事や家、貯金、子どもの学資、年金資金などを失ってひどく落ち込んでいる。多くの人が、この国の経済に何が起こっているのか、自分たちが今後どのような影響を受けるかを理解していない。多くの人が、いったい何がこの危機の原因なのかと思いながら、「誰の責任なのか、誰が解決できるのか、危機はいつ終わるのか」と自問している。そこで現在の危機にいたる経緯を復習してみよう。以下に、現在の不安定な金融状況に至るまでの主な世界的経済事件を時間軸に沿って挙げる。大きな出来事のみを拾っており、決して網羅的なものではない。

・〇七年八月六日　米住宅ローン大手アメリカン・ホーム・モーゲージ、米連邦破産法一一条の適用を申請。
・〇七年八月九日　仏大手銀行BNPパリバ、米サブプライムローン関連の問題により、一六億ユーロを超える資産の価格算出を一時停止。世界の信用市場が機能不全に陥り、貸出と流動性を確保するために、欧州中央銀行（ECB）がユーロ圏の金融システムにほぼ九五〇億ユーロの資金を注入。
・〇七年八月一〇日　翌日、ECBは世界の資本市場に六一〇億ユーロの追加資金を供給。
・〇七年八月一三日　ECB、さらに四七六億ユーロの資金を市場に供給。三営業日の間に三度の資金注入によって、合計でほぼ二〇四〇億ユーロの資金を供給。
・〇七年九月　英国最大の住宅ローンブローカーであり大手銀行であるノーザン・ロックで預金者の取付け騒ぎ。銀行取付け騒動は百年以上起きていなかった。

●大統領選が加熱

二〇〇七年に金融危機が世界的に広がるなか、米大統領選——結局、史上最長にして最も費用のかかる選挙戦となった——が熱を帯び始める。

選挙戦の序盤では、世界経済が崩壊の危機にあるのが明らかなのに、主要候補者が経済を政策テーマとして論じることはほとんどなかった。むしろ選挙戦の中心テーマは、イラク戦争、同性婚、堕胎、移民問題などだった。候補者が経済を論じる時は、心配ないといった調子だった。（この傾向の最たる例として、共和党大統領候補となったジョン・マケインが二〇〇八年後半に、今では有名な発言をした。ダウ平均が過去最大となる五〇四ポイントの下落を記録した日に「米経済のファンダメンタルズ（基礎的条件）は強い」と言ったのだ。）

大きな金融危機が起こりつつあるという多くの証拠があったのに、大統領は何をしていたのだろう。有力な大統領候補や金融界のリーダーたちは何をしていたのだろう。メディアで人気を博する金融界の大物たちは、なぜ投資家に市場から退避するように警告しなかったのか。金融の専門家たちはなぜ、長期的な視点で投資するように投資家に勧め続けていたのだろうか。なぜ米国の政界や金融界のリーダーたちは、金融の嵐を警告していなかったのか。なぜ彼らは少なくとも、「あのさ、経済が問題なんだよ」と言うだけの知恵がなかったのだろう。有名な歌詞を引用すれば、彼らは「光に目をくらまされていた」のだ。表面的にはすべてが順調に見えた。次に掲げる出来事がそのことをよく示していた。

・〇七年一〇月九日　ダウ工業株三〇種平均、史上最高値の一四一六四で引ける。

●それから一年ののち

・〇八年九月　ブッシュ大統領と米財務省は経済救済のために七〇〇〇億ドルの資金を議会に要請。この時、ＥＣＢが市場に二〇四〇億ドルの資金供給をしてから一年以上が経過し、ダウ平均が史上最高値《さいたかね》を付けてから一年近くが経っていた。
不良資産化したデリバティブによりベア・スターンズとリーマン・ブラザーズが破綻。政府系住宅金融機関のファニーメイとフレディマックが世界最大級の保険会社ＡＩＧとともに国有化される。さらに米自動車産業の苦境が表面化。ＧＭ、フォード、クライスラーのビッグスリーが政府による救済を求める。多くの州および市政府も救済を求める。

・〇八年九月二九日　ブラックマンデーとなったこの日、ブッシュ大統領が救済資金を要求した後、ダウが七七七ポイントの下落。一日の下落幅としては史上最大。ダウの終値は一〇三六五。

・〇八年一〇月一―一〇日　一週間あまりの期間にダウ平均二三八〇ポイント下落。史上最大級の短期下落幅。

・〇八年一〇月一三日　ダウ、極端に不安定な動きを始める。この日は史上最大となる九三六ポイント上昇し、終値《おわりね》は九三八七。

・〇八年一〇月一五日　ダウ、七三三ポイント下落し、八五七七で引ける。

・〇八年一〇月二八日　ダウ、史上二番目の八八九ポイント上昇を記録し、終値は九〇六五。

・〇八年一一月四日　民主党候補のバラク・オバマ、米大統領選で勝利。選挙スローガンは、「信頼できる変化（Change We Can Believe In.）」。この時までに、米政府は総額七・八兆ドルにのぼるさまざまな経済救済策を発表していた。

・〇八年一二月　一一月、米国の就業者数が前月比五八万四〇〇〇人の減。一九七四年以来で最大の減少。失業率は六・七パーセントで一五年ぶりの高水準。二〇〇八年だけで二〇〇万人近くが失業。さらに、世界で最も高成長を続ける中国で、〇八年の失業者数が六七〇万人に達する。世界経済が極めて厳しい状況にあり、崩壊の危機に瀕していることを示す。

米経済が〇七年一二月から不況にあることをエコノミストがついに認める。一年も経ってやっとわかったというのだろうか。

多くの人が世界で最も賢明な投資家とみなすウォーレン・バフェットの投資会社バークシャー・ハザウェイの株式が、一年間で三三パーセント下落。投資家にとっては、同ファンドが市場を上回ったこと、つまり、平均株価よりも下落幅が小さかったことが唯一の慰めだ。確かに慰められる。

エール、ハーバードの両大学が、寄付基金が一年で二〇パーセント以上減少と発表。

GMとクライスラーが、総額一七四億ドルの政府融資を受ける。

オバマ次期大統領が、記録的なペースの雇用減少を食い止めるための公共投資を中心とする八〇〇〇億ドルの景気対策を発表。これは米政府がすでに発表した七・八兆ドルの支出をさらに増加させるものだ。

・〇八年一二月三一日　ダウ、八七七六で〇八年の取引終了。およそ一年前に記録した史上最高値より五三八八ポイントの下落。ダウ平均にとっては、一九三一年以来最悪の年となる。六・九兆ドルの資産価値喪失に相当。

●バック・トゥ・ザ・フューチャー

景気の深刻な悪化に直面したブッシュ大統領は、歴史的な経済救済策を打ち出し、「この法案は、米国の金融システムを保護し、安定させると同時に、こうした問題が二度と起きないようにするための恒久的な改革を実行するものだ」と宣言した。

多くの人が「やっと政府が助けてくれる」と安堵した。だが問題は、この発言をしたのがジョージ・W・ブッシュ大統領ではなく、父親のジョージ・H・W・ブッシュ元大統領だということだ。八九年に、先代のブッシュ大統領は、貯蓄貸付組合（S&L）業界を救済するために六六〇億ドルの支出を議会に要求した。しかし、この六六〇億ドルでは問題を解決できず、結局、S&L業界そのものが消滅した。さらに当初六六〇億ドルとされた救済策は、最終的に一五〇〇億ドルの財政支出に膨らんだ。これは、最初の見積もりの二倍以上の額だ。そのお金はどこへ行ってしまったのだろう?

それから二〇年後の〇八年九月、ジョージ・W・ブッシュ大統領は、七〇〇〇億ドルの支出を求め、同じような約束をした。「将来再びこのようなことが起きないようにしていくが、その間、目の前の問題を解決しなければならない。そのために私は大統領に選ばれたのだ」。父と息子が、ほぼ二〇年の時を隔てて経済救済についてほとんど同じ発言をしたのはなぜだろう。父ブッシュのシステム改革の約束が果たされなかったのはなぜだろうか。

●新ホワイトハウスの布陣

バラク・オバマ新大統領の主要な選挙スローガンは「信頼できる変化（Change We Can Believe In.）」だった。それではなぜ、オバマ大統領は、自分の政権の重要ポストにクリントン政権を支えた人々を多数任命したのだろうという疑問がわく。これは変化ではなく現状維持のように思える。

選挙期間中、オバマ候補は、なぜシティグループのトップを辞任したばかりのロバート・ルービン元財務長官に経済政策の助言を求めたのだろう。シティグループは破綻の危機にあり、政府から四五〇億ドルの支援を受けている。なぜオバマは、前財務長官のローレンス・サマーズを国家経済会議の委員長に任命したのか、なぜ前ニューヨーク連銀総裁のティモシー・ガイトナーを財務長官に選んだのか。これらの人々はすべて、クリントン経済チームのメンバーであり、銀行に投資商品の販売を禁じた一九三三年のグラス・スティーガル法（一九三三年銀行法）の事実上の撤廃に一役買った。そして銀行がデリバティブという投資商品を売ったことが、現在の金融危機の大きな原因のひとつとなった。

きわめて単純化して言うと、大恐慌時代に制定されたグラス・スティーガル法の目的は、連銀の資金にアクセスできる預金銀行と、それができない投資銀行を分離することだった。クリントン、ルービン、サマーズ、ガイトナーといった面々は、米国史上最大の「金融スーパーマーケット」と言われたシティグループの形成を合法化するためにグラス・スティーガル法を撤廃したのだ。多くの人が知らないことだが、シティグループは、誕生した当初はグラス・スティーガル法に抵触した存在だった。

シティグループの誕生について、〇三年に、全米独立地域銀行家協会（ＩＣＢＡ、小さな銀行の団体）の当時の会長であったケネス・グンサーが、全米ネットの公共放送網ＰＢＳで語った言葉を引用しよう。


「彼らは一体何様だと思っているんだ。他の人々や企業はこんなまねはできない。シティコープとトラベラーズはあまりにも強大なのでこんなことができたのだ。彼らは、最大の金融コングロマリット――銀行、保険、証券が一緒になる最大の金融グループを、それが違法だとする法律がまだ存在するにもかかわらず、作り上げてしまった。しかも、このことはアメリカ合衆国のビル・クリントン大統領、アラン・グリーンスパン連邦準備制度理事会議長、ロバート・ルービン財務長官の支持を得て行われた。そして、それが終わると今度は何だ。財務長官が新たに誕生するシティグループの副会長になるというのだ」

最も重要なのは最後の言葉だ。「財務長官（ロバート・ルービン）が新たに誕生するシティ・グループの副会長になる」。すでに述べたように、ロバート・ルービンは選挙期間中オバマのアドバイザーだった。

オバマ大統領の二〇〇九年現在の財務長官はティモシー・ガイトナーだ。彼は、ロバート・ルービンとローレンス・サマーズが財務長官だった九八年から〇一年まで、財務次官だった人物だ。サマーズはガイトナーの指導者であり、ガイトナーはルービンの弟子だという人も多い。なんと複雑な人物相関図だろう。

要するに、これらの人々は現在の金融危機に対して部分的に責任を負っているということだ。貯蓄銀行と投資銀行の融合を許すことで、これらの人物はウォーレン・バフェットが金融大量破壊兵器と呼んだ複雑なデリバティブ商品の販売を加速し、その結果、世界経済全体が大きな打撃を被ることになった。この金融大混乱を拡大した人々が政権内に残ったままでどんな変化があり得るのだろうか。オバマ大統領は信頼できる変化をもたらすと言うが、それは何を意味しているのだろう。

●共和党、民主党、銀行

親子二代のブッシュ大統領が、公的資金による救済で経済は再生し、このような事態は二度と起こらないとほぼ同じことを言ったのは、彼らがシステムを改良するためではなく守るために選ばれたからだ。オバマ大統領がクリントンの金融チームとほぼ同じ顔ぶれをそろえたのは、この同じシステムを守ることに関心があるからということだろうか。この、金持ちがますます金持ちになるように仕組まれたシステムをだ。これはもっと後になってみないとわからない。オバマ大統領は、ロビイストから選挙資金を受け取らなかったことを誇りにしているが、彼の金融チームには危機を招く原因を作ったインサイダーたちが大勢いて、彼らがこの危機への対応を取り仕切っているのだ。

〇八年の大統領選の序盤に、米経済と迫りくる金融危機の問題を首尾一貫して言い続けた唯一の候補者は、テキサス州下院議員であるロン・ポールだった。真に独立独行の共和党員だ。彼は、〇八年三月四日付でフォーブス電子版に寄稿し、「私たちが根本的な改革を受け入れない限り、この偉大な国に過去のどの敵国もなしえなかったような仕方で屈辱を与える金融の嵐に巻き込まれるだろう」と書いた。残念ながら、彼の言葉に耳を傾ける有権者は多くはなかった。

読者の感想

私がオバマ大統領に投票したのは、彼が誠実で思いやりのあるリーダーだと信じているからです。ところがロバート、あなたは、彼や彼といっしょに働いている人がどれほど頭が良かろうと、この国ではファイナンシャル教育がほとんど行われていないという現実を見なさいと教えてくれました！　この国の政治を担当している人たちのファイナンシャルIQがあまり高くないのではないかと心配です。

—virtualdeb

オバマ大統領と彼のチームは、長期的な戦略的目標よりも、絆創膏を貼るような短期的な応急措置を重視しているように見えます。新政権がこれまでにとった行動と言えば、堤防の穴をふさぎ少しばかり補強したようなことにすぎません。今日の金融危機を引き起こした問題の根源を特定し、土台の欠陥を修理することにはまったく注意を向けていないようです。

—egrannan

●危機のルーツ

欧州で最も強力な金融財閥のひとつであるロスチャイルド財閥を築いたマイアー・アムシェル・ロートシルト（ロスチャイルド財閥の祖として有名なドイツの銀行家）は、「国のマネーサプライを支配する力を私にくれるなら、誰がルールを作るかはどうでもいい」と言ったとされる。今日の金融危機を理解するには、米国政府、連邦準備制度、そして世界で最も大きな権力を持った人々の間の関係を理解することが大切だ。この関係をきわめて単純化して描いたのが図①だ。

一九一三年に連邦準備制度が作られた結果、世界で最もお金を持った人々が米国のマネーサプライをコントロールする力を手にしてロスチャイルドの夢を実現させた。連邦準備制度が政府機関でもなければ銀行でもなく、また準備金も持っていないことを多くの人は知らないか、理解していない。それは、世界で最も大きな権力を持った人々によって運営されている一種の銀行カルテルだ。連邦準備制度の創設は、基本的にお金を印刷する許可を与えたということだ。

連邦準備制度が作られたもうひとつの目的は、大銀行が経営危機に陥った時に資金を提供して破綻を防ぐというものだ。こうした銀行は、納税者ではなく富裕層の富を守っている。

このことは現在でも行われている。〇八年に、ブッシュ大統領が七〇〇〇億ドルの救済資金の支出を認めた時、ゴールドマン・サックス出身の財務長官ヘンリー・ポールソンは連邦準備理事会と協力して、不良債権救済プログラム（ＴＡＲＰ）から何十億ドルもの資金を、友人である米大手銀行にすぐさま無条件で提供した。

①金融危機の根源にある三者の関係

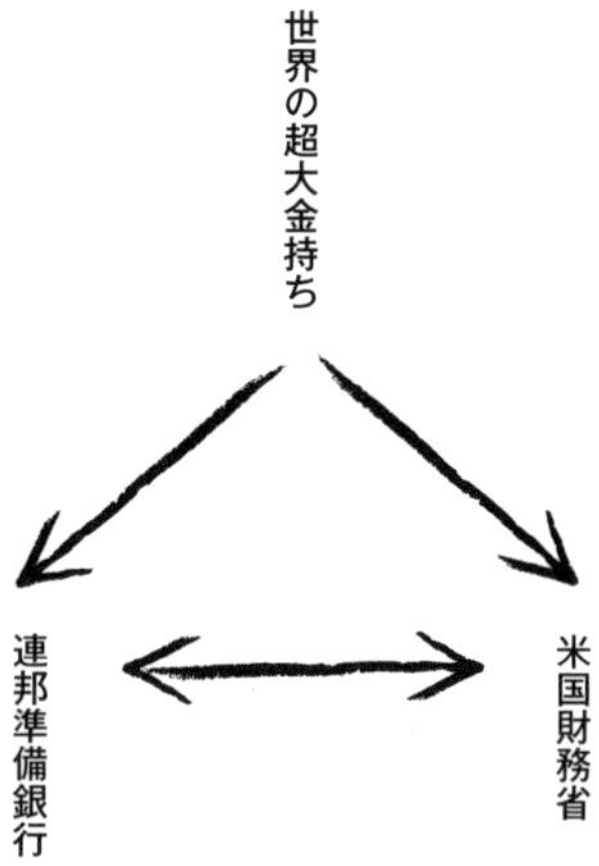

結局のところTARPの救済資金は、私たち納税者のポケットから、そもそも現在の金融大混乱をもたらした元凶である銀行や企業のポケットに直接流れ込んだというのが現実である。銀行には受け取った資金を貸出に回すように指導しているというが、政府はそれを実行させる能力がなかったか、その意思がなかったか、あるいはその両方だった。

〇八年の一二月中旬に、USAトゥデイ紙が銀行に救済資金をどう使っているかを聞いたところ、二五〇億ドルの公的資金を受け取った銀行であるJPモルガン・チェースは、「それは公表していない。公表することは差し控える」と答えている。一〇〇億ドルを受け取ったモルガン・スタンレーは、「その記事にコメントするのは差し控える」と言った。ニューヨーク・メロン銀行は、「そのことは公表しない方針だ」と回答した。銀行救済資金は、実のところ経済を救うためではなく、金持ちの友人のミスや明らかな詐欺行為を隠し、彼らを救うために使われたのだ。

論より証拠だ。〇九年一月二六日付のウォールストリート・ジャーナル紙に、「米大手銀行の貸出減少」と題する興味深い記事が掲載された。「本紙が最近四半期決算を発表した銀行を分析したところ、財務省の不良債権救済プログラムTARPによる資金注入額上位一三行のうち一〇行の貸出残高が、〇八年の第3四半期から第4四半期にかけて、一・四パーセント、合計四六〇億ドル減少していたことがわかった」。これらの銀行は、貸出を増やすために供給されたTARPの公的資金を一四八〇億ドルも受け取っていた。

オバマ大統領が本当にワシントンに変化をもたらしたいのであれば、連邦準備制度、米政府、そして富と権力を持った人々のこの癒着にメスを入れる必要がある。彼はそうする気なのかもしれない。しかし、クリントン金融チームを政権内に入れたことを考えると、可能性は低いように思える。むしろ、ウッドロー・ウィルソン以来の歴代大統領がそうしてきたように、オバマ大統領もシステムを変えるのではなく守ろうとしているように見える。

読者の感想

第一章を読んで目からウロコでした。私はまだ二三歳で、連邦準備制度のこともFRBがこの国に何をしたかもよく知りませんでした。だからといってショックを受けているわけではありません。多くのことが本当に意味している真実の定義を、あなたが正直に怖れることなく提供してくださったことに感謝します。でも、こうしたことに影響を受けている納税者の多くが、そのことを知らず、理解もしていないなんて本当に悲しいですね！

―jacklyn

マスコミがFRBを神秘的な巨獣であるかのように持ち上げているのを耳にしますが、その実体は一般大衆が考えているようなものではありません。FRBが政府や銀行の機関ではないということについて、私には何の手がかりもありませんでした。この存在を本当に監視することができなければ、その権力は果てしなく拡大するのではないかと心配になります。彼らはどうやってこれほど高い地位に登りつめることができたのかという疑問がわきます。

―Kthompson5

今回の金融危機による世界全体の損失額は、商品、株式、債券、不動産の合計で六〇兆ドル以上になると推計されている。これまでに世界の中央銀行および政府が発表した問題解決のための資金拠出額は合計でほぼ一〇兆ドルである。残りの五〇兆ドルはどうなるのだろう。誰がこの損失の穴埋めをするのだろう。そのお金はどこへ消えたのか。実際にお金を失い、自分たちの損失をカバーするだけでなく、金持ちたちの損失も公的資金による救済という形でカバーしなければならない私たち納税者を救済してくれるのは誰だろう？

二〇一三年は連邦準備制度誕生から百周年にあたる。百年近くにわたりこの機関は世界最大の現金強奪を行ってきた。この現金強奪は一種の銀行強盗だが、犯人は覆面姿ではなく、ビジネススーツを着てラペルに星条旗のピンを付けている。これは銀行や政府を使って、金持ちが貧乏な人から金を奪う銀行強盗だ。

一九八一年にバックミンスター・フラー博士の講義を学生として聴講していた私は、彼が、「政府の第一の目的は、金持ちが私たちのポケットに手をつっこむための手段となることである」と言うのを聞いて動揺した。私は自分の国やその指導者についてすばらしい側面だけを見たいと思っていたので、彼の言っていることを快く思わなかった。しかし、心の奥では、また自分の経験に照らしてみて、彼の言葉には幾ばくかの真実が含まれていることを知っていた。

その時までに、私は政府についてひそかに疑いを抱いていた。子供のころ、お金のことをなぜ学校で教えないのだろうとよく思ったものだ。ベトナムで海兵隊のパイロットだった時は、私たちはなぜこの戦争を戦っているのだろうと思った。また、父親が政府内部の腐敗に深い憤りを感じて、教育長という地位を捨ててハワイ州の副知事選に立候補するのを見た。正直な人間だった私の父は、自分が知事のスタッフの一員として政府の高官になった時に目の当たりにした現実に耐えられなかった。だから、私は国を愛し、国を批判することを好まないので、フラー博士の言葉は私の耳に心地よく響かなかったが、その言葉は私を大いに動揺させ、私の目を開いてくれた。八〇年代の初めに私は勉強を始め、多くの権力者たちが私たちに見てほしくない事実に気づいた。

●このことがあなたにどう影響するか

個人のお金の管理を大きな視点から見ると、ほとんどの人が懸命に働きながらも経済的に楽にならない原因となっている経済的な力があることがわかる。それは次のものだ。

1. 税金
2. 借金

3. インフレ

4. 年金プラン

これらの力があなた個人にどのような影響を与えているかを少し考えてみて欲しい。例えば、あなたはどれだけの税金を払っているか。私たちは所得税だけでなく、売上税、ガソリン税、不動産税等々も払っている。もっと重要なのは、私たちの払った税金が誰の手に渡り、何のために使われているかということだ。

次に、あなたはどれだけ借金の利子を払っているだろうか。例えば、住宅ローン、自動車ローン、クレジットカード・ローン、教育ローンなどの金利をどれだけ払っているだろう。

そして、インフレによってあなたの生活がどれほど影響を受けたかを考えてみよう。しばらく前に、住宅価格が急上昇していたので、人々が住宅の転売をし始めたことを覚えているだろうか。そのころ、ガソリン、大学の学費、食糧、衣服その他の値段は着実に上昇していた一方で、収入は増えていなかった。多くの人は、明日になって値段が上がる前に今日買ってしまったほうが賢いと考えて、貯金をしていなかった。これはまさにインフレの働きだ。

最後に、ほとんどの人は給料の支払を受ける前に一定金額を差し引かれ、401(k)といった年金口座に入れさせられる。そのお金はウォール街に直行し、従業員さえ知らない赤の他人によって「管理」される。そのうえ、管理料や手数料といった名目でさらにお金をかすめ取られる。そして今日、十分な引退後の資金がない人が大勢いるのは、この株式市場の大暴落でその富をすべて失ったからだ。

税金、借金、インフレ、年金プランというこれらの力を存続させているのは連邦準備制度が持つ紙幣印刷の権限だということを理解するのが重要だ。連邦準備制度誕生以前のアメリカでは、税金も非常に低く、国の負債はなく、個人の借金もわずかで、インフレもほとんど見られなかった。連邦準備制度と三つの力の関係を手短かに説明してみよう。

1．税金

初期のアメリカはほとんど無税の国だった。一八六二年、南北戦争の費用をまかなうために初めて所得税が導入された。一八九五年には、最高裁が所得税は憲法違反だという判決を下している。しかし、連邦準備制度が作られた一九一三年に憲法修正第一六条が議会を通過し、所得税が永続的なものになった。所得税を再導入した理由は、財務省と連邦準備制度に資金を供給するためだった。現在では税金を通して、大金持ちは私たちのポケットからお金をずっと取り続けることができる。

2．借金

連邦準備制度によって、政治家は増税する代わりにお金を借りることができるようになった。しかし、国の負債は、いずれ増税かインフレかにつながる諸刃の剣だ。米国政府は、税金を引き上げる代わりに、国債を発行することによってお金を作っている。国債は納税者に渡した借用証書だが、最終的には増税するか、インフレを引き起こす通貨供給の増加によって返済しなければならないものだ。

3．インフレ

インフレは、連邦準備制度と財務省が、政府の支出をまかなうためにお金を借りたり刷ったりすることで起こる。だからインフレはよく「静かな税金」と呼ばれる。インフレによって金持ちはますます金持ちになるが、貧困層や中間層にとっては生活費の上昇を意味する。それは、お金を刷る人が最も多くの利益を得るようになっているからだ。彼らは、新しいお金が貨幣供給量を増やしてお金の価値を下げる前に、その新しいお金を使ってほしい商品やサービスを買うことができる。彼らは利益だけを手にし、その結果には責任を取らない。一方で、貧困層や中間層は自分たちのお金の価値がどんどん薄れていくのを見ることになる。

4．年金プラン

先に書いた通り、一九七四年に米国議会はエリサ法を可決した。これによってアメリカ国民は、401

(k)といった金融商品を通じて老後の資金を株式市場に投資させられたのだが、こうした金融商品は総じて管理料が高いうえ、リスクも高くリターンは低い。さらに、この国の年金資金を支配する力をウォール街に与えた。

読者の感想

ジンバブエに住んでいますが、ここでは五兆パーセントという世界最高のインフレが進行中で、おかげでお金(通貨)を貯めておかないことのメリットをさらに一つ見つけました。物価は基本的に一日三回変わるので、午前中に値段を確定して、朝買ったものを夜に売れば良い儲けになります。

——drtaffie

四つの悪のうち最も悪いものはインフレだと思います。貧しい人にも中流階級にも等しく影響を及ぼします。中流階級の人々は貧しい人々よりも多くの税金を支払っていますが、インフレは誰もが平等に負担しなければなりません。

——kammil2

●終わりの始まり

本章の冒頭で、私はある重要な日について述べた。二〇〇七年の八月六日だ。この日、アメリカの大手住宅ローン会社、アメリカン・ホーム・モーゲージが破産申請をした。

この日がなぜ重要かというと、借金が限界点に達した日だからだ。世界金融システムがもうこれ以上は借金を吸収できない、というところまできた。二〇〇七年の八月六日、借金バブルがはじけ、今日のデフレをもたらした。後の章で詳しく述べるが、デフレはインフレよりもずっと深刻な問題だ。

オバマ大統領が世界を救うには、デフレを止めなければならない。デフレと戦うために大統領が取る手段は、まず第一にインフレだ。巨額の国債を活用し、紙幣を刷り続けることで、どこからともなくお金を作り出す。その行き着く先は、増税と国の借金の増加、そして大統領の作戦が成功するならば、インフレだ。

世界経済を大きな熱気球と考えてみよう。二〇〇七年の八月六日までは、すこぶる快調に飛行していたのだが、熱風（借金）が充満し過ぎて気球に裂け目が生じた。気球の裂ける恐ろしい音におののいた世界の中央銀行は、気球が墜落してデフレになるのを防ごうと、熱風（借金）をさらに気球に送り始めた。

チャールズ・ディケンズの『二都物語』に有名な一節がある。「それは最高の時代でもあり、最悪の時代でもあった。知恵の時代でもあり、愚かさの時代でもあった」。驚くべきことに、ディケンズがこれを書いた一八五九年と今とでは世界はたいして変わっていない。

デフレの今が最高、と言う人もいる。石油や不動産、株や商品の価格が下落して手ごろになり、生活コストが下がっている。価格の引き下げを行っているのはどうやらウォルマートだけではないようで、世界の中央銀行や政府が、ほとんど金利ゼロで何兆ドルものお金を経済に投入している。国民や企業や国がお金を借りてさらに借金づけになるのを期待しながら、実質的にただで借りられるお金を注ぎ込んでいる。

資金を大量にプールしてある者は、つぶれた会社や死に体の企業の骨を拾おうと、まるでハゲタカのように市場に舞い戻るタイミングをうかがっている。よいポジションにある投資家にとっては、デフレの今は資産を安く買い漁るまたとないチャンスであり、よいポジションにいる企業にとっては、ライバルの破産に乗じてマーケットシェアを拡大する絶好の機会だ。彼らの目には豊かな富が見える。

一方、今は最悪だと言う人がいる。彼らは生活コストが下がってもその恩恵にあずかることができない人たちだ。なぜかと言えば、職を失ったので基本的な生活費さえもまかなえなかったり、借金を抱えすぎて債務が資産価値を上回ってしまったからだ。資産といっても、彼らの持ち家などは実は資産ではなく負債である。

世界の中央銀行は経済システムにあふれるほどのお金を投入しているが、これは車や住宅のローンを借りられない彼らのような人たちの助けにはなっていない。マネーサプライが気球のように膨らむ一方で、そのお金は彼らにとってむしろ手の届かないものになっている。

千載一遇のチャンスは彼らの目には見えない。彼らは絶好の投資チャンスを待つ資金のプールを持たない。足りないことばかりに目が行き、恐怖心を抱いている。彼らの多くが、今まではよかったとしても、これから仕事や家や貯蓄や年金を失うのではないかと思っている。

●知識とファイナンシャルIQが違いを生み出す

今が最高と考える者と最悪と考える者の違いは、知識とファイナンシャルIQの違いだけだ。私たちの教育制度の大きな失敗は、お金が実際にどんな働きをしているのかを教えていないことだ。教えているのは古くさくて時代遅れな昔のお金のルールだ。小切手帳の帳尻を合わせる方法は教えるが、資産を増やす方法や、ついでに言えばバランスシートの読み方さえも教えない。お金の貯め方は教えても、インフレのことやインフレがいかに財産を盗んでいくかも教えない。小切手の書き方は教えても、資産と負債の違いは教えない。これでは、わざと無知にさせられているのではないかと疑ってしまう。

だから今の世の中では、学問においては天才的でもお金のことになるとまるで無能、ということだってあり得る。一般の通念はこれと反対で、高給取りの弁護士や医者は、たくさんお金を稼いでいるからという理由で、お金の面でも学業の面でも頭がよいとみなされている。しかし、これまで見てきたように、お金をたくさん稼いでいるからといって必ずしもファイナンシャル・インテリジェンスが高いとは限らない。稼いだお金を賢く使っていない場合や賢く投資していない場合、あなたが得をしようが損をしようがどうでもいいと思っている人たちにそのお金を委ねてしまっている場合は特にそうだ。忘れないでほしいのは、仕事の安定と経済的な安定はまったく別ということだ。真の経済的な安定を得るには、お金の現実にもとづいた健全なファイナンシャル教育が必要だ。

だから、経済危機がサブプライムローンを借りた人々の返済不能という問題を超えて広がっていった時も、私は驚かなかった。評論家やアメリカの指導者たちは驚いたように見えた。大統領候補たちは、選挙戦の最中にこの問題を語らなかった。彼らは可能な限り長いあいだ足並みをそろえて、危機は存在しない、金融問題はローンを払わない貧困層に限られていると言い続けた。今や明らかなように、問題は過剰な借金を背負った貧しい人々に限ったものではない。この問題は政府と金融の最上層から始まり、何百万もの人が、お金の新しいルールとそれが自分たちの生活にどう影響するかを理解していなかったために、これまでずっと汗水流して働いて得たものの大部分を失った。これは、ひとりのカリスマ政治家では解決できない制度上の問題だ。

そこで、この章のタイトルにもなっている問いに戻る。「オバマは私たちを救うことができるか」。正しい問いは、「私たちはいかに自分を救うことができるか」だ。その答え、そしてこの国の経済の過酷な支配から自由になるためのカギは、知識だ。お金とその働きについて学ぶことでお金がないという恐怖心に打ち勝ち、自分の周りに豊かさを見つける潜在能力を解き放つことになる。そうすれば、あなたにとって今が最高の時代となり得る。

個人的には、私は政府や大企業が私を救ってくれるとは期待していない。私はただ、権力者たちが言ったり約束したりすること以上に彼らが実際に何をするかを観察し、そうした行動にしかるべき対応をする。人に従うのではなく自らどう対応すべきかを知る、そしてすべきことを誰かが教えてくれるのを待つのではなく自信を持って自ら行動するためには、勇気と金融に関する教育が必要だ。

この金融問題はすでにあまりにも大きく、さらに大きくなりつつあると私は思う。もはや手に負えなくなっている。政治問題である以上に金融の問題だ。アメリカだけの問題ではなく、グローバルな問題だ。オバマにできることは限られており、それはおそらく問題の解決には不十分だろう。最も大きな問題は、金融の世界を陰で操っている人々に対して米国大統領の権限が及ばないということだ。彼らは自分たちがすることに大統領の許可を必要としない。彼らは、世界の政府やその選挙で選ばれた指導者の権力の及ばないところにいる。

●私たちはいかに自分を救えるか

もし私が学校におけるお金の教育を担当したなら、何を教えるかと聞かれた時の答えはこうだ。「生徒が学校を卒業するまでに、税金、借金、インフレの関係を確実に理解するようにする」。それが理解できれば、彼らの将来は経済的にもっと安全なものになる。彼らは、政府やいわゆる「お金の専門家」が自分たちを救ってくれるのを期待するのではなく、自分自身でお金に関するよりよい選択をすることができるようになる。

> 読者の感想
>
> ファイナンシャル教育を受けていたので、ずいぶん前から自分の401（k）はしつこく勧められるほど素晴らしい投資ではないことを知っていました。今ではその知識を得ておいて良かったと思っています。ロバートが言っていた言葉をもう一つ思い出しました。それは「金や銀、不動産があなたを金持ちにするのではない。金や銀、不動産についてあなたが知っていることが、あなたを金持ちにするのだ」ということです。
>
> —dafirebreather

結局のところ本書のテーマは、税金、借金、インフレ、年金プランが互いにどのように関係しているかについてだ。これらが、お金の新しいルールの基礎となっている。本書は、あなたが自分の経済的な将来を自分で決められるように、税金、借金、インフレ、年金プランの力について理解し、お金の新しいルールを理解するのに必要な知識を与えるものだ。これらのことを理解したなら、あなたは大金持ちの陰謀から逃れ、人生において経済的に真の自由を獲得する準備ができているだろう。

第二章

私たちの教育に対する陰謀

●なぜ学校でお金について教えないか

「財団［一般教育委員会］設立の目的は、当時一般に考えられていたように米国における教育の水準を引き上げることではなく、教育の方向性に影響を及ぼすことだった。［中略］目標は教室を利用して、受け身で指導者に従順な姿勢を人々に教えることだった。ねらいは他人の監督の下で生産的な仕事ができるだけの教育は受けているが、権威に対して疑いを差し挟んだり上昇志向を持ったりするほどではない市民を創造することで、これは今も変わらない。真の教育を受けられるのはエリートの子弟に限られる。それ以外の者は、生活を楽しむよりほかの野望は持たない、熟練の労働者に育てたほうがいいというわけだ」

G・エドワード・グリフィン著『マネーを生みだす怪物——連邦準備制度という壮大な詐欺システム』より、一九〇三年創設のロックフェラー一般教育委員会についての記述。

●新しい学校

学校について疑いを持つようになった時、私は九歳だった。当時、私の家族は、父の職場に近くなるよう、町の反対側にある新しい家に引っ越したばかりだった。私は新しい学校で四年生になった。

私たちは、ハワイのビッグアイランド（ハワイ島）の大農場《プランテーション》があるヒロという小さな町で暮らしていた。町の主要な産業は砂糖で、人口の八割から九割は一九世紀末にハワイへ連れられてきたアジア系移民の子孫だった。私自身は日系四世だ。

それまで私が通っていた小学校では、クラスメートの大部分は私と似た境遇だった。新しい学校では、クラスメートの半分は白人で、残り半分はアジア系だった。白人であれ、アジア系であれ、ほとんどは裕福な家庭に生まれた金持ちの子供たちだった。私は生まれて初めて自分が貧乏だと感じた。

私の金持ちの友人たちは高級住宅街の立派な家に住んでいたが、私の家族は図書館の裏の賃貸住宅に住んでいた。ほとんどの友人の家では車を二台所有していたが、私の家には一台しかなかった。何人かの友人の家は海辺に別荘があった。友人たちの誕生日会はヨットクラブで開かれたが、私の誕生日会は公共のビーチで開かれた。ゴルフを始めた友人たちは、所属するカントリークラブでプロのレッスンを受けた。私はゴルフクラブも持っていなかったし、カントリークラブではキャディとして働いていた。金持ちの友人たちは新品の自転車を持っていたし、自分専用のヨットを持っている子供までいた。彼らは旅行でディズニーランドへ行った。私の両親はいつかディズニーランドへつれていってやると約束したが、その約束は果たされなかった。私たちは日帰りで地元の国立公園へ行き、火山の噴火を見て楽しんだ。

この新しい学校で私は金持ち父さんの息子と出会った。当時、私と彼は、経済的にクラスの一番下の一〇パーセントに入っていた。時には学校の成績も同じくらい低かった。私たちが親友になったのは、クラスで一番貧乏な子供同士くっついていたからだ。

●教育の希望

一八八〇年代、私の先祖は日本からハワイへ移住を始めた。彼らは砂糖やパイナップルの大農場で働かされた。当初の彼らの夢は、農場で働き、お金を貯め、金持ちになって日本へ帰ることだった。

私の先祖は大農場で一生懸命に働いたが、給料はとても安かった。おまけに、農場主たちは労働者の給料から大農場が提供する家の家賃を差し引いた。一軒しかない店も大農場が所有していて、労働者たちはそこで食糧や日用品を買わなければならなかった。月の終わりに支払われる給料は、家賃と店のつけを差し引かれてわずかしか残らなかった。

私の一族はできるだけ早く大農場を出たいと願っていた。彼らにとって、良い教育は脱出のためのチケットだった。私が聞かされた話によると、子供を大学へ行かせるために生活を切り詰め、節約した。大学教育を受けなければ、大農場から出られない。第二世代になると、一族のほとんどは大農場から抜け出していた。今日の私の家族は、数世代にわたってみんな大学を卒業していることが自慢だ。ほとんどが学士号を取得し、修士号を持っている者も多い。博士号を取った者も何人かいる。私は一家の学歴的な順位では最下位にいる。理学士号（ＢＳ）――くだらない（ＢＳ《ブルシット》）学位――しか持っていないからだ。

●通りの向こう側にある学校

九歳の時に転校したことは、私の人生の中では重要な出来事だった。その理由は新しい学校の場所だ。図②は私の社会的環境の変化を表している。

リバーサイド校という私の新しい学校から道路を渡った真向かいには、ヒロ組合学校があった。ヒロ組合学校は、親が大農場で働いている子供たちのための学校で、大農場の労働者の多くは労働組合に所属していた。一方、リバーサイド校は親が大農場を所有している子供たちのための学校だった。

四年生の時、私は農場主の子供たちと一緒にリバーサイド校へ通い始めた。一九五〇年代当時、リバーサイド校へ歩いて通学する途中に見える通りの向かいのヒロ組合学校は、人種ではなくお金で差別されていた。この時から学校と教育に対する私の不信感が始まった。何かが間違っていることはわかったが、それが何かはわからなかった。もし私の家がリバーサイド校と同じ側になかったら、私はヒロ組合学校へ行ったかもしれない。四年生から六年生まで、私は農場主の子孫たちと同じ学校に通った。それは私の先祖が逃れようとした人々であり、制度だった。小学校を卒業するまで私はその子たちと同じ学校で学び、一緒にスポーツをし、彼らの家へ遊びにいった。

小学校を卒業すると、友人たちの多くは寄宿学校へ送られた。私は通りの先にある公立の中学校に進んだ。そこで私はヒロ組合学校に通っていた通りの向かいの子供たちと一緒になり、金持ちの家に育った子供と貧乏な家や中流の家に育った子供の違いをますます意識するようになった。

私の父は高学歴で、ハワイ州の教育局長だった。父は大農場を脱出しただけでなく、公務員として大いに成功した。父は学校へ行き、高い学位を持ち、高所得の良い仕事に就いていたが、私たち一家は、少なくとも私の金持ちの友人の家族に比べれば、経済的に貧しかった。金持ちの友人の家に遊びにいくたびに私は自分には何かが欠けていると思ったが、それが何かはわからなかった。九歳にして私は、私の両親が学校へ行っても金持ちになれなかったのはなぜだろうと考え始めた。

●大農場

私の先祖は自分の子供たちが良い教育を受けて大農場から抜け出せるよう、一生懸命に働いて節約し、お金を貯めた。私はリバーサイド校とヒロ組合学校のかかわり合いがわかっていたし、農場主の子孫である金持ちの子供たちとも大農場の労働者の子孫である子供たちとも友だちになった。小学校では、基本的な教育

②九歳で転校したことが私の人生を大きく変えた

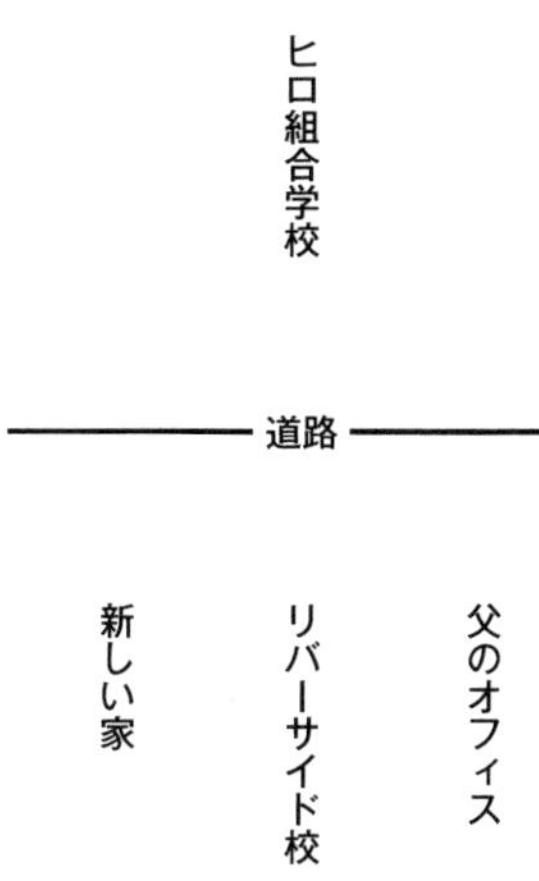

はどちらも同じだ。それでも何か欠けているものがあったし、それは今日でも変わらない。

私の先祖は、自分の子供が大農場から抜け出すことを望んだ。問題は、当時も今も大農場を所有するにはどうすればいいか、学校では教わらないことだ。そのため、私たちの多くは新しい大農場のために働くことになる。新しい大農場とは、世界の大企業、軍隊、政府などだ。私たちは良い仕事に就くために学校へ行く。私たちは金持ちのために働き、金持ちが所有する店で買い物をし、金持ちが所有する銀行で金を借り、退職金積立制度の中で投資信託を通じて金持ちが所有するビジネスに投資することを学ぶ。だが、金持ちになるにはどうすればいいかは学ばない。

私たちが学校制度によって大金持ちの陰謀という網に捕われるように教育されていると聞かされるのをたいていの人は好まないし、私たちの教育制度を大金持ちが操作していると聞かされるのも好まない。

●教育制度をハイジャックする

現在の教育制度の最大の罪のひとつは、お金について教えないことだ。その代わりに、良い従業員になり、世の中での自分の身分を認識することを教えている。これは意図的なことだと言う者もいる。例えば、『マネーを生みだす怪物』の中でグリフィンは、フレデリック・ゲイツによる「The Country School of To-Morrow（明日の国家学校）」と題された一般教育委員会の臨時報告書から以下の文を引用している。

「われわれの夢は、無限のリソースを使って、われわれの手によって従順な人々を思うようにつくりあげることだ。現在の教育のしきたりは意識から消え、われわれは伝統にとらわれずに、感謝に満ちて素直に反応する田舎の人たちに善を教え込む。〔中略〕われわれが取り組む任務は非常にシンプルでかつ美しいものだ。すなわち、今いる場所であるがままに完璧に理想的な暮らしを営むように人々を訓練することである」

一般教育委員会は、一九〇三年にロックフェラー財団によって創設されたことを思い起こしてほしい。これは当時最も権力と財力のある財団のひとつだった。ここに示されている考え方は、百年以上前からある米国、そして世界の裕福なエリートの考え方で、生徒たちでなく自分たちの必要を満たすために教育カリキュラムを指揮しているように見える。これは今日、重要な意味を持つ。なぜなら、これらの考え方は、一世紀以上前のものではあるが、まだ消え去ったわけではなく、いまだにあなたや私の教育、そして子供たちの教育の原動力となっているからだ。また、今日でもお金の教育を抑圧する原動力となっている。誰か他の人のためにお金を生む機械の歯車となるか、誰か他の人の大農場で働くだけの運命なら、お金について知る必要はない。

フラー博士の一九八三年の著書『巨人たちの世界的現金強奪』を読み、私はなぜお金という科目を学校で教えないかを理解し始めた。それまでは、学校制度を批判する勇気がなかった。何といっても私の父はハワイ州の教育制度のトップだったからだ。しかし、年月がたつにつれ、教育と学校がなぜお金についてあまり教えてくれないかについて私と似通った意見を持つ人々と出会うようになった。

教育について私と同じ疑念を持つ人で最初に出会ったひとりが、『Weapons of Mass Instruction（大量指導兵器）』や『Dumbing Us Down（バカをつくる学校）』などの著書があるジョン・テイラー・ガットだった。ガット氏はニューヨーク市の最優秀教師に三度選ばれ、ニューヨーク州最優秀教師になったこともある。一九九一年に彼はウォールストリート・ジャーナル紙の特別記事面で、「もはやこのようなやり方で生徒を指導することはできない。生計を立てるために子供を傷つける必要のない仕事があったら、教えてほしい。この秋には職探しをすることになるから」と語り、教師の仕事を辞めた。彼のおかげで私が知ったことは、私たちの現在の教育システムは、プロイセンの制度から来ているということだった。この制度は、優れた従業員や兵士、命令に無言で従う人、自分のお金をどうするかを含め他人からの指図を待っているような人々を生み出すことを意図したものだ。

ガット氏は最近、私にこう話した。「学校制度は、子供に自分の頭で考えるように教えることは意図していない。また、誰でも自由であるという現代的な概念を支持するものでもない。現実には、私たちの現在の学校制度は、その正反対の目的で作られたプロイセンのモデルに基づいている——命令に従い、言われたとおりにするよう子供たちに教えるものだ。従順で言うことをよくきく生徒は、金持ちのために働くことに満足する従業員や、金持ちの富を守るために自らの命を犠牲にする兵士に育つ」

ジョン・テイラー・ガットについては彼のウェブサイト、johntaylorgatto.com でもっと詳しく知ることができる。彼は今も教育改革に身を投じている。

さて、学校制度の中でお金について教えることを妨げようとする陰謀があったことをあなたは信じるかもしれないし、信じないかもしれない。しかし、お金の教育については、私たちの学校に落第点をつけるべきだということは否定できないだろう。意図的であろうとなかろうと、わが国の制度の中でお金についての教育や指導が欠如していることは、この国の多くの人が現在直面している経済的な抑圧の原動力になっている。お金の教育が欠如しているからこそ、あまりにも多くの高学歴の人々が現在の世界的な経済危機について心配している。金融のセールスマンのアドバイスに従ったために引退後の蓄えを失った人が何百万もいる。自分の経済状況について話すように言われると目がどんよりと曇ってしまう人が多すぎる。

読者の感想

ロバート、あなたの意見に賛成です。私は退職するまで三〇年間小学校で子供たちを教えていました。学校教育の制度には不満を感じていました。子供たちが社会生活を営むのに役に立たないことを主に教えていたので、自分たちは彼らが人生で失敗するようにお膳立てしているのではないかと感じていました。古代ギリシャでは、人々に考えることを教えるのが重要だとされていました。私たちは若者たちに、言われたことをするようにと教えています。

——henri54

●自由と引き換えにお金を得る

お金について学ばない人は、給料をもらうため、安定した仕事と生活費をまかなえるだけのお金を得るために、自由を引換えにすることになるかもしれない。いつクビになるかと常にびくびくしている人もいる。そのため、何百万人という十分な教育を受けている労働者にとって、経済的な自由より安定した仕事のほうが大事なものになっている。例えば、私は海兵隊にいた時、仲間のパイロットのなかには二十年間ずっと軍務に就きたいと思っている者たちがいた。国のために戦いたいからではなく、生涯にわたって政府から給料をもらいたいからだ。学問の世界では、教えることの誇りよりも終身在職権の安定を夢見る教師が多い。

学校でお金について教えないために、何百万人という自由な人々が、政府が自分たちの生活に対する支配の度合いを強めるのをいとわなくなった。経済的問題を自分で解決できるだけのファイナンシャル・インテリジェンスを持っていないために、政府が解決してくれることを期待する。その過程で私たちは自由を引き渡し、生活やお金をコントロールする力をますます政府にゆだねていく。連邦準備制度理事会と米国財務省が銀行を救済する時、それは一般の人々を助けるのではなく、金持ちを守っている。救済は金持ちのための福祉だ。救済のたびに私たちはますます経済的自由を引き渡し、私たちが負担する公共負債はどんどん増えていく。大きな政府が銀行の支配権を得て、社会保障やメディケアなどの政府計画を通じて私たちの個人的な経済問題を解決するのは、社会主義の一種だ。社会主義は人々を弱くし、弱いままにすると私は考えている。日曜学校で私は、人々に魚を与えるのではなく魚の釣り方を教えるようにと教わった。私から見れば、福祉や救済は、人々に自活する方法を教えずに魚を与えるということの最もわかりやすい例だ。

●税金、負債、インフレ、年金プラン

第一章で述べたように、人々に経済的な苦労を続けさせる最も大きな四つの力は、税金、負債、インフレ、年金プランだ。また、この四つの力は連邦準備制度理事会と米国財務省との直接的なつながりがあることも言った。繰り返すと、連邦準備制度理事会がお金を印刷して国家の負債を増やすことを認められた時から、

税金が上がりインフレが起きることは必然となった。言い換えると、税金、負債、インフレ、年金プランを通じて人々を経済的に弱くすることにより、政府は権力を強化できる。人々は経済的に苦労している時、政府に救ってもらおうとする傾向が強くなり、無意識のうちに個人の自由を経済的救済と引き換えにする。

二〇〇九年現在、持ち家に住むアメリカ人の比率は低下している。物件が抵当流れになる率は空前の高さだ。中流世帯の数は減っている。貯蓄額は減るかゼロになり、世帯の負債額は増えている。収入が貧困ラインを下回っている人の数が増えている。六五歳を過ぎて働いている人の数も増えている。破産する人の数はうなぎのぼりだ。そして多くのアメリカ人は引退できるだけのお金を持っていない。

しかしこれはアメリカだけの現象ではない。世界規模で個人の経済危機が起こっている。大金持ちの陰謀は、世界中のあらゆる国のすべての人にその影響を及ぼしている。

陰謀説を信じても信じなくても次の事実は変わらない。今、世界は史上最大の経済危機に直面し、人々は政府に救ってもらおうとしている。また、大部分の人は学校を出る時、お金、税金、負債、インフレ、年金プランについて、そしてこれらの経済的な力が自分たちの生活にどんな影響を及ぼすかについての知識をほとんど持っていない。

●私のお金を取ったのは誰？

ここで私たちの多くが経験する経済的実態について検討してみよう。

実態：これが金持ちや貧乏な人にどのように関係しているか
学校：たいていの人は、学校でお金について何も学ばない。金持ちは家でお金について学ぶ。
仕事：たいていの人は金持ちのために働く仕事に就く。
税金：税金は、救済という形で、金持ちが所有する企業や政治的指導者の友人たちへ流れる。推測によれば、私たちが払う一〇〇〇ドルの税金のうち、私たちの利益となって返ってくるのは二〇〇ドルにも満たない。金持ちはこのシステムの中でうまくやる方法を知っている。彼らはビジネスを所有し、従業員よりたくさんのお金をかせぐが、税金として払う割合は従業員より低い。

国債：一兆ドル規模の救済措置について政府が話す時、そうやって金持ちを経済的に救済したつけを、私たちの子供が何世代にもわたって払わされることを意味する。私たちの子供はさらに高い税金や高いインフレで救済措置のつけを払う。

住宅：住宅ローンの支払いは、金持ちが所有する銀行へ行く。金利五パーセントで三〇年間の住宅ローンで一〇万ドルを借りたら、利息だけで九万三〇〇〇ドル支払うことになる。この額には手数料やサービス料などの費用は含まれていない。

引退：たいていの人は、退職後の生活のために株や債券、投資信託に投資する。このお金のほとんどは、金持ちのビジネスに投資される。投資が損失を出したらあなたはお金を失うが、ファイナンシャル・プランナーや株式仲買人、不動産ブローカーは手数料を返さない。

生活費：私たちが保険、ガソリン、電話、電気、その他の生活必需品に払うお金は誰のところへ行くだろう？　金持ちだ。このような必需品が値上がりした時に利益を得るのは誰だろう？　金持ちだ。

読者の感想

社会の階級間に医療に関する格差が本当にあると気づきました。医療サービスを受けられるのは、金持ち（自分自身が自分の保険になっているか、あるいは保険の適用を受けられる人）か貧困層（政府による無料医療を受けられる人）のいずれかです。小規模事業者や起業家のうち、高額医療費のための保険だけでなく、「良い」保険に加入できている人がどれくらいいるのか知りたいものです。大半の人が大嫌いな仕事にしがみついているのは、そして自分のビジネスを始めるのに必要なリスクを決して取ろうとしないのは、家族の健康保険を失うのが怖いからだと思います。

――Byran P

●お金についての最大のうそ

貧乏父さんは立派な人で、教養があり、勤勉で、ばか正直な教師であり、公務員だった。ところがお金のことになると、うそつきだった。仕事のことや教えること、人生について話す時、父はよく「お金には興味がない」とか「お金のためにやってるんじゃない」とか「お金は大事じゃない」と言った。父がこのようなことを言うたびに、私は首を横に振った。私に言わせれば、これはうそだった。ある日私は父に聞いた。「お金に興味がないんだったら、どうして給料を受け取るの？　なぜ昇給を心待ちにしているの？」「私は自分に見合う給料をもらっていない」とよく言っているのはなぜなの？　なぜ昇給を心待ちにしているの？」父は答えられなかった。

私の父と同じように、お金の話題になると落ち着かない人は多い。自分の生活におけるお金の大切さについてうそをついたり、それを否定して生きている人はたくさんいる。「セックス、お金、宗教、政治の話はタブーだ」というのはよく聞くことだ。これらの話題は生々しすぎて人の感情をかき乱す。だからたいていの人は天気やスポーツ、テレビや最近流行のダイエットなどを話題にする。これらは表面的で、なくても生きていけるものだ。しかし、お金がなければ生きてはいけない。

本書の序章に書いた「お金に対する執着心は諸悪の根源だ」という言葉に同意する人は多い。しかし、お金そのものが諸悪の根源ではないことに気づいていない。お金には人を堕落させる力があると考える人は多いし、それは確かにそうだ。お金をかせぐ方法を知れば、子供たちは良い教育を受けたいと思わなくなると考えている人も多いし、その可能性はある。それでも、生きていくにはお金が必要で、お金を稼がなければならないことは避けがたい人生の現実だ。たいていの人は起きている時間の大部分、つまりは人生の大部分を、お金のために働いて過ごす。離婚や家族の崩壊は、お金についての争いが原因になることが多い。

人々をお金について無知なままにしておくことは悪いことだ。なぜなら多くの人はお金のために悪いことをするからだ。悪いこととは、例えば好きでない仕事をする、尊敬できない人のために働く、愛していない人と結婚する、他人のものを奪う、自分で自分の面倒を見られるにもかかわらず家族や政府などが面倒を見てくれることを期待する、といったことだ。

●時代遅れの考え

お金は大事ではないという考えは、時代遅れの考えだ。

> 読者の感想
>
> ソロモン王（紀元前およそ八五〇年―九〇〇年）はその時代において最も賢く最も富める人物でしたが、旧約聖書の「伝道の書」一〇章一九節にこう書いています。「宴は笑いのため、ワインは楽しみのため、だがお金はあらゆる要求を満たす！」
>
> ―drmlnichols

ごく簡単に言えば、人類は基本的に次の四つの社会的時代を生きてきた。

1．狩猟採集時代

先史時代には、お金は重要ではなかった。人は槍を持ち、木の実や果実がとれて洞穴と火があれば、欲求は満たされた。土地は重要ではなかった。なぜなら人は遊牧民で、食べ物を追って移動していたからだ。部族には階層はほとんどなかった。部族の長が他の人よりずっとぜいたくな暮らしをしていたわけでもない。この時代には人の階級はひとつしかなく、お金は重要ではなかった。

2．農業時代

人々が作物を作り家畜を育てる方法を知ると、土地が重要になった。物のやりとりは物々交換によって行われた。お金はなくても生きていけたから、重要ではなかった。この時代には、王族が土地を支配していた。土地を使う農民は、土地を支配する一家に作物や家畜という形で税金を支払った。「real estate（不動産）」という言葉は「royal estate（王室の領地）」から来ている。だから今でも家賃を払う相手のことを私たちは「landlord（領主）」と呼ぶ。この時代には、人は王族と農民という二つの階級に分かれていた。

3.産業時代

産業時代は一五〇〇年代に始まったと私は考えている。アジアへの海路を探していたクリストファー・コロンブスは、地球は平たいという概念に挑戦した。コロンブスは新世界を探し求めていたと教えている学校が多いが、そうではない。彼は黄金、銅、ゴム、石油、木材、毛皮、香辛料、工業用金属、繊維など、産業時代に欠かせない資源の通商路を探していた。

人々は農場を後にして都市へ移り住み、まったく新しい問題や機会に満ちた世界を生み出した。産業時代には、農民が王様にお金を払うのでなく、新たに登場した資本家たちが従業員にお金を払った。彼らは土地ではなく会社を所有していた。

会社は、金持ちと投資家、そして彼らのお金を守るために設立された。例えば、新世界を目指して船が出港する前に、金持ちは会社を作った。船が難破して船員たちが死んでも、金持ちは人命の損失に対する責任を負う必要がなかった。金持ちが失うのはお金だけだった。

これは今日でもあまり変わらない。CEOのせいで会社が暗礁に乗り上げて法外な負債を会社に負わせ、重役たちに何百万ドルもの報酬やボーナスを払い、従業員の退職基金を盗んだとする。その場合でも、従業員はすべてを失うが、金持ちは損失や負債から守られ、時には自分が犯した罪からも守られる。

産業時代にも、お金は重要でなかった。なぜなら雇用主が従業員に約束するのは、仕事と一生続く給料の支払、つまりは雇用の安定と経済的安定だったからだ。私の親の世代の人々にとっては、お金は重要でなかった。なぜなら会社や政府の年金があり、支払をすませた家があり、貯金があったからだ。お金を投資する必要はなかった。

すべてが変わったのは一九七四年、米国連邦議会が従業員退職所得保障法（エリサ法）を通過させた時だ。この法律により、企業年金制度（４０１ｋ）、個人退職年金（ＩＲＡ）、自営業者年金制度（Keogh）などの年金制度が生まれた。一九七四年にお金は重要なものとなり、人々は自分のお金を管理する方法を学ぶか、私の父が州政府の仕事を失ったあとのように、社会保障の給付金で暮らし、貧乏で死ぬかを選ぶしかなくなった。

４．情報時代

私たちは情報時代に生きている。情報時代にはお金は重要だ。もっと具体的に言えば、情報時代にはお金についての知識が必要だ。問題は、私たちの教育制度がまだ産業時代のもので、たいていの知識人や大学の教師が、お金は重要ではないと考えていることだ。この人たちのほとんどはお金についての古くて役に立たない、時代遅れの考えを持っている。しかしお金は重要だ。今の時代、お金は生活の重要な一部だ。今の時代は雇用の安定より経済的安定のほうが重要だ。

> 読者の感想
>
> つい最近まで、安定した仕事は経済的な保障だと信じていました。それ以外の考えが浮かんだことがなかったのですが、そうではないことがよく分かりました。
>
> —jamesbzc

●いま必要な三種類の教育

現在は、以下の三種類の教育が必要だ。

１．学問的教育——これは読み書きと、基本的な算数の問題を解く能力を含む。情報時代には、変化する情報に遅れをとらない能力のほうが、昨日学んだことより重要だ。

2．職業的教育——これはお金をかせぐ職業の知識だ。例えば、人は医師になるために大学の医学部へ行き、警察官になるために警察学校へ行く。今の時代は、経済的に成功するために必要な職業的教育が、昔よりはるかに多くなった。情報時代には、職業的教育は職業の安定のために必要だ。

3．お金の教育——お金の教育は、ファイナンシャル・インテリジェンスのために必要だ。ファイナンシャル・インテリジェンスは、どれだけ稼ぐかよりも、どれだけのお金を残し、お金をどれくらい自分のために働かせているか、何世代先まで自分のお金を残すかということだ。情報時代には、お金の教育は経済的安定のために必要だ。

ほとんどの学校制度は、学問的教育と職業的教育はうまくやっているが、お金の教育では失敗している。

●なぜ情報時代にお金の教育が重要なのか

私たちはまた、情報過多の時代に生きている。情報は、インターネット、テレビ、ラジオ、雑誌、ニュースレター、コンピューター、携帯電話、学校、ビジネス、教会、看板など、そこらじゅうにあふれている。この膨大な量の情報を処理するためには教育が必要だ。お金の教育が重要なのも、このためだ。

今の時代、経済的な情報は四方八方から流れてくる。お金の教育がなければ、経済的な情報を処理して個人的に意味があるものにする力を持つことができない。例えば、ある株の株価収益率が六だとか、ある不動産の物件は収益還元率が七パーセントだと聞いた時、それはあなたにとってどんな意味を持つだろうか？あるいは、ファイナンシャル・プランナーが株式市場は平均で年に八パーセント上昇すると言ったら、あなたはどう思うだろうか？「その情報は本当だろうか、そして年八パーセントというのは高い収益だろうか、低い収益だろうか」と思うかもしれない。つまり、教育がなければ、情報を自分にとって意味のあるものに翻訳できないということだ。教育がなければ、情報の価値は限られている。本書は、あなたのお金の教育を高めるためにお金の新ルールを教え、それに気づいているかいないかにかかわらず、新ルールがあなたの生活にどんな影響を及ぼすかを教えることを目的としている。

●お金についての新ルールその1：お金とは知識である

お金の新ルールのひとつ目は、お金とは知識であるということだ。

今の時代、お金をかせぐためにお金は必要ない。必要なのは知識だけだ。例えば、ある株の価格が一〇〇ドルだったら、一部の証券取引所ではその株を空売りすることができる。つまり、自分が所有していない株が売れるということだ。例えば、一〇〇ドルの値がついている株を取引所で一〇〇〇株借り、それを売って、自分の口座に一〇万ドル入れる。その後、株価が六五ドルに下がったとする。私はまた取引所へ行き、一〇〇〇株を六万五〇〇〇ドルで買い、一株一〇〇ドルで借りた一〇〇〇株をすべて返す。そうすると差額の三万五〇〇〇ドルから手数料などの費用や取引コストを差し引いたものが手元に残る。基本的にはこれが株の空売りだ。このお金をかせぐために必要だったのは、知識だけだ。まずは空売りという概念があることを知り、次にその手法の使い方を知る必要がある。ビジネスや不動産でもこれと同様の取引ができる。

本書では、何もないところから——知識以外は何もないところからお金を生み出す他の例も紹介する。その多くは実際に私自身が行った取引で、知識以外は何もないところからお金を生み出したうえに、投資信託に投資するよりはるかに少ないリスクではるかに多いリターンを得て、税金はゼロかごく少額ですんだ。

今の情報時代には、良い情報か悪い情報の結果として一瞬にして大金を得たり失ったりする。ご存じのとおり、最近、悪いアドバイスや悪い情報、そしてお金の教育がなかったために、大勢の人が何兆ドルもの損をした。恐ろしいのは、お金についての悪いアドバイスをばらまいていた人の大部分が、今もまだ同じ悪い情報を流していることだ。聖書の有名な言葉に、「知識が十分でないために人々は滅びる」というものがあるが、今日、大勢の人が経済的に滅びているのは、貯金をしろとか借金から抜け出せという古いルールに従っているからであり、投資は危険だと考えているからだ。実際には、お金の教育や経験の不足、悪いファイナンシャル・アドバイザーのほうが、はるかに危険だ。今の時代はお金がなくてもお金を生み出すことができる。また、生涯の蓄えを一瞬で失うこともできる。お金は知識であるというのは、そういう意味だ。

読者の感想

この考え方は正しいと思いますが、知識に基づいて行動することが実際にはもっと重要だときっぱり申し上げておきたいと思います。たとえ株式投資の手法やウェブサイトの構築法といった知識を持っていたとしても、それはその人が富を築くのに必要な行動を取るということにはならないのですから。

—ramasart

この原理を私なりの言葉で言いかえれば、このお金に関する新ルールの本質は、ただお金を持っているより正しい情報を持っているほうがよっぽどましだということです。裕福な人間が一文無しになる心配をしなくてすむのは、彼が富を取り戻すために使うべき戦術を知っているからです。逆に、いま大金を持っているのに大きな心配を抱えている人は、新しいスキル、つまり使いこなせていない新しい情報を使って富を増やす方法を知らないからです。

—dlsmith29

●終わりに

学校が生徒にお金についてほとんど何も教えないだけでも大きな問題だ。ところが二〇〇九年現在、多くの金持ちが教育の改善にもっと投資しようとするオバマ大統領の経済刺激策に反対している。オバマの刺激策が功を奏するかどうかは時間がたってみなければわからないが、いずれにしても、強い経済と強い国家、そして自由な世界を発展させるためには教育への支出を増やすことが不可欠だと私は考えている。

私は教育の擁護者だ。アジアの文化では、最も尊敬される職業は教師だ。だが西洋文化では、高度な教育を受けた専門家の中で教師が最も薄給だ。私たちが口先だけでなく本当に教育を重視するなら、教師にもっと給料を払い、環境の悪い地域にはもっと安全で質の高い学校を設けるだろう。アメリカでは固定資産税の額によって子供が受ける教育の質が決まるが、これは犯罪だと私は思う。言い換えれば、貧しい地域の学校が受け取る公的資金は、裕福な地域の学校より少ないということだ。これこそ大金持ちの陰謀ではないか！

また、私たちが本当に教育を重視するなら、お金は私たちの生活において中心的な位置を占める重要な要素だと認識し、人々にファイナンシャル・リテラシーのための教育をするべきだと私は考えている。教育の擁護者と呼ばれる人の多くは私の考えをあざけるが、私はただ彼らにこう問いかけたい――なぜあなたたちは、自分の頭で考える人間ではなく機械の歯車を生み出し、お金の知識を持って資本主義体制の中で繁栄できる人間を生み出すのではなくお金の知識を抑圧するために作られた制度を擁護しつづけるのか？

教育における陰謀があると信じても信じなくても変わらない事実は、お金の教育を含む健全な教育の重要性はかつてないほど高まっているということだ。私が子供のころは、成績が良くないクラスメートも、砂糖農園や工場で働き高賃金の仕事に就くことができた。今の時代は、工場は閉鎖され、仕事は海外へ流出している。学校の成績が良くない子供は、おそらく人生においても成功できないだろう。だからこそ世の中にもっと良い学校、安全な学校、もっと高い給料を受け取る教師、そしてお金の教育がもっと必要だ。

情報時代の今、私たちは過剰なデータの中で暮らしている。教育によって私たちはその情報を意味のあるものに翻訳する力を得て、その意味ある情報を利用して生活を向上させることができる。自分の経済的な問題は、政府が解決してくれることを期待するのではなく、自分で解決する力を私たちに与えてほしい。企業を救済したり補助金を配ったりするのをやめてほしい。今こそ金持ちの陰謀に終止符を打つべき時だ。今こそみんなに魚の獲り方を教えてほしいのだ。

第三章

私たちのお金に対する陰謀――銀行は決して破産しない

銀行は決して破産しない。銀行のお金がなくなったら、普通の紙きれに数字を書くだけで、必要なだけお金を発行することができる。――ゲーム「モノポリー」のルール

●ドルが死んだ日

一九七一年八月一五日、米国ドルが死んだ。この日ニクソン大統領は、議会の承認を得ずに米ドルと金の関係を絶ち、その結果、ドルはモノポリーで使うようなおもちゃのお金になった。その後、史上最大の好景気が始まった。

二〇〇九年現在、世界経済は崩壊し、世界の中央銀行は銀行家のためのモノポリーのルールに従い、ドル、円、ペソ、ポンドで兆単位のお金を作り出している。

問題は、モノポリーは単なるゲームに過ぎないということだ。現実の世界にモノポリーのルールを適用するのは、社会崩壊を招く方策だ。著名な英国人経済学者のジョン・メイナード・ケインズはかつて次のように指摘した。「既存の社会基盤を転覆させる最も狡猾で確実な方法は、通貨の価値を毀損《きそん》することだ。そうすれば、経済の法則に秘められたあらゆる力が破壊に向かうように働き、それを感知できる者は百万人にひとりもいない」。今日、連邦準備制度の印刷機は止まることなく、通貨システムに偽金を注ぎ込んであふれさせ、それによって既存の通貨を堕落させ、その問題を誰も突き止めることができないでいる。ケインズが何年も前に警告したとおりの事態が起きている。

読者の感想

「モノポリー」ゲームのお金ですね……。経済学者ジョン・ケネス・ガルブレイスはかつてこう言いました。「銀行がお金を作り出すプロセスは、嫌悪感をもよおすほど単純だ」

—hellspark

「モノポリー」ゲームにルールがあるなんて知りませんでした！　現実の世界もそのルール通りだなんてぞっとします。例として思い浮かぶのは銀行のローンとクレジットカードですね。

—ajoyflower

●無から生まれたお金

通貨の崩壊に関するケインズの忠告や一九七一年のニクソンの変革を始めとするお金の破壊を人々が無視した理由のひとつは、通貨の価値が下がったことが、自分たちは突如として豊かになったと人々に錯覚させたからだった。クレジットカードが郵便で勝手に送りつけられ、ショッピングは国技となった。住宅の価値がまるで魔法のように急騰したため、中流階級の多くがにわか億万長者になった。定年後の生活は株式市場からの利益でまかなえるだろう、と彼らは思うようになった。人々はホームエクイティー・ローンで家族旅行の資金を作った。車も一家に一台にとどまらず、家族でベンツ、ミニバン、さらにSUV車を所有するようになった。子供たちは大学に進学し、返済に何年もかかる学資ローンに縛られるようになった。中流階級の人々は豪華レストランで食事をし、デザイナーズ・ブランドを身にまとい、ポルシェを運転し、豪邸に住み、新たに手にした富で浮かれ騒いだ。しかし、それらすべては借金によるものだった。

今や、史上最大の好景気は過去のものとなった。問題は、その好景気が、お金ではなく借金、生産ではなくインフレ、労働ではなく借りることによってもたらされたという点だ。さまざまな意味で、それはただで手に入るお金だった——なぜなら、お金は無価値だからだ。ケインズなら、「私たちの通貨の価値は毀損された」と言うだろう。豊かになったように見えたが、実は社会は破綻しつつあったのだ。

一九七一年以降、中央銀行は紙幣を印刷するだけでお金を生み出すことができるようになった。このデジタル時代には、銀行は紙がなくてもお金を生み出すことができる。今も兆単位のドルが、円が、ユーロが、ペソが、ポンドが、どこからともなく電子的に作り出されている。モノポリーのルールによれば、あなたや私は破産するかもしれないが、銀行は決して破産しない。結局のところ、世界規模でモノポリーゲームを続けなければならないからだ。

●変化を目撃する

一九七二年、私はベトナム沖の空母に駐留する海兵隊のパイロットだった。戦況は思わしくなかった。敗戦に向かいつつあることはわかっていたが、われわれ海兵隊員はその事実を前にして落ち込んでいるわけにはいかなかった。海兵隊の将校だった私の任務は、部下の士気を高め、生きることに集中させつつ、同時にお互いのために、そして国のために命を捧げる覚悟をさせることだった。私の疑念や恐怖を部下に見せるわけにいかなかったし、部下も私にそれを見せることはしなかった。

士気を高く維持するのは困難だった。勝敗の行方が私たちに不利であることを知っていたからだ。また、本国での戦争にも敗北しつつあることを私たちは知っていた。学生のデモ隊が召集令状や国旗を燃やす映像を見るたびに、私たちは、誰が正しく、誰が間違っているのか、疑問を抱くようになった。

当時、流行していたロック・ソングの中には反戦歌もあった。歌詞はこうだ。「戦争？　何のために？まったく無意味だ」。歌に落胆するのではなく、私も部下も、戦場へ向かう飛行機の中で、その歌詞を大きな声で叫んだものだった。奇妙なことに、その歌こそが、任務を遂行し、死という究極の現実と対峙する勇気を私たちに与えてくれた。

出陣の前夜はいつも空母の船首の上にひとり座り、風が自分の思考を恐怖から引き離してくれるのに任せた。「生きたい」と祈ることはしなかった。代わりに、夜明けが私に最後の日を運んでくるのであれば、私は死といかに向き合うかを選びたいと祈った。臆病な死に方はしたくなかった。自分の人生を恐怖に支配されることは許せなかった。

こうした経験から、戦争から帰還した私は、安定した仕事を求めることをしなかった。不安定な経済状態に対する恐怖に自分の人生を支配されることを嫌ったのだ。だから職を求めることをやめ、起業家になった。最初の事業が失敗してすべてを失ったときも、恐怖やいらだち、疑念にとらわれることなく、やるべきことをやった。次への手がかりを拾い集めて、事業の再建に着手した。事業の失敗から学ぶことは、どんなビジネス・スクールよりも役立った。そして、今でも私は失敗から学ぶ学校の生徒だ。

近年、株や不動産が高騰し、愚か者は我先に投資したが、私の論理が欲に屈することはなかった。経済危機のまっただ中にある今、私とて皆と同様、恐怖を抱いている。それでも、恐怖に負けてやるべきことをやめたりはしない。危機だけに目を奪われるのでなく、危機の中にあるはずのチャンスに目を見開くために最善の努力をする。それが私がベトナム戦争で学んだ教訓であり、私にとっての戦利品といえるだろう。

戦利品は他にもあった。ベトナム戦争は、世界史上最大の変化のひとつを目撃するために最前列の席を私に用意してくれた。その変化とは、お金のルールについての変化に他ならない。

●故郷からの手紙

戦場では、郵便物が届くのが一日で最も貴重な時間だった。故郷からの手紙は、自分の人生で最も大切な人々とのきずなを確かめることのできる宝物だった。

ある日、私は金持ち父さんから手紙を受け取った。実の父親ではなかったので、めったに手紙は来なかった。金持ち父さんは親友の父親だったが、九歳のころから私の二人目の父親のような存在でお金について教えてくれた恩師だった。手紙は太字で書かれた「**お金のルールが変わった**」という言葉で始まっていた。

そして、ウォールストリート・ジャーナルを読み、金の価格を見ていなさいと書いてあった。一九七一年にニクソン大統領は金本位制を廃止し、これまで金の価格は一オンス三五ドルに固定されていたが今後は変わる、と金持ち父さんは繰り返し説明した。ニクソンがドルと金の関係を断ち切ると、金の価格は上昇し始めた。

私がその手紙を読んだころには、金は一オンス七〇ドルから八〇ドルの間で推移していた。

当時の私は、彼がなぜそんなに興奮しているのか、まったくわからなかった。子供のころ、金持ち父さんが金について話をすることはまれで、金が私たちの通貨を裏づけていることを教わった程度だった。そのことの意味も重大さも、幼い私の頭では理解できなかった。とはいえ、私がその日ベトナムで受け取った手紙の雰囲気で、ニクソンのもたらした変化に彼が興奮していることだけは理解した。彼のメッセージを簡単に言うと、ドルが金と切り離された今、金持ちはこれまで世界が見たことのないようなマネーゲームを始めようとしているということだった。「ドルに対する金の価格が変動すると、これまで世界が経験したことがないほど大規模な好況や不況が訪れるだろう。金とドルが切り離され、私たちは金融が極端に不安定な時代に突入する。インフレは天井を突き抜け、金持ちは大金持ちになり、その他の人々はすべてを失うだろう」と書いてあった。「ドルは正式におもちゃのお金になった。モノポリーのルールが、今や世界のお金の新しいルールになった」と手紙は締めくくられていた。

この時点でも、私は金持ち父さんのメッセージを十分に理解したわけではない。しかし、成長して賢くなった今の私には、当時の彼は、今こそ大金持ちになる時だと言っていたに違いないと思える。それは彼にとっては一世一代のチャンスだった。そして彼は正しかった。好景気の中、金持ち父さんは大金持ちになった。それにひきかえ、私の実の父である貧乏父さんは安定した仕事にこだわり、史上最大の好景気を逃した。

●ついにルールを読み解く

数日後、将校たちが集うラウンジへ行くと、使い古されたモノポリーが置いてあった。私は他のパイロットたちとゲームをやった。モノポリーは数え切れないほどやったので、ルールを読むまでもないと思った。だが、モノポリーのルールは世界のお金の新しいルールだという金持ち父さんの言葉を思い出した。ルールブックにざっと目を通すと、金持ち父さんが言っていたルールが見つかった。こう書いてあった。

銀行は決して破産しない。銀行のお金がなくなったら、普通の紙きれに数字を書くだけで必要なだけお金を発行することができる。

金持ち父さんのわかりやすい警告のおかげもあって、私は今なぜこのような巨大な世界的金融危機が訪れたのかが理解できる。金持ちの権力者にとって、ルールの変化は、ただの紙切れにお金を印刷できることを意味した。私たちのお金の価値は毀損された。

一九七一年以前は、私たちのお金は金に裏づけられていたからこそ価値があった。今の時代、私たちのお金は有害で、世界の人々や企業を重い病気にしている。汚染された水を飲んでおきながら、なぜ気持ちが悪いのだろうと考えるようなものだ。お金のルールを変えることにより、金持ちは、お金のシステムを通じて合法的に私たちの富を奪うことができるようになった。

●現実の人生教育が始まる

一九七二年、私は金持ち父さんのアドバイスに従い、金について書いてある記事を探して、ウォールストリート・ジャーナルを熱心に読んだ。かくして、金、そして金と通貨の関係についての勉強が始まった。このテーマに関する記事を手当たり次第に読んだ。だが記事を読むほかにも重要な教訓を学ぶことはできた。実践例は、私の回りにいくらでも見つけることができた。

ある日、私は空母から、ベトナム南部の大都市ダナンの郊外にある小さな村へ飛んだ。空母に戻る予定の時間まで数時間あったので、私は部下と一緒に村へ歩いていった。彼は、空母では手に入らないマンゴーやパパイヤなどの珍しいフルーツを買いたいと言った。

フルーツを選んだあと、彼は飛行服のポケットに手を突っ込み、南ベトナムの紙幣であるピアストルを取り出した。すると、果物売りの女は、「だめ、だめ、だめ」と言って手を振った。「P（ピアストル）は受け取らない」と彼女は伝えようとしていた。そこで部下は、五〇ドル札を一枚取り出して彼女に渡した。彼女はそれをしぶしぶ受け取り、顔をしかめて、疑り深そうに紙幣を調べていた。ようやく彼女は「いいわ、待っていて」と言い、べつの屋台まで走って行って何かを交換すると、また走って戻り、部下にフルーツを入れた袋を手渡した。

「いったい何なんだ?」と私は彼に聞いた。

「脱出する準備をしているんでしょう」と彼は答えた。「この国を出るつもりなんですよ」

「どうしてわかる?」と私は聞いた。

「彼女は通貨を選り好みしているんです」と彼は答えた。「自分の国の通貨、つまりピアストルが無価値であることを知っているんです。南ベトナム以外では誰も受けとらないお金ですから。まもなく消滅する国の通貨を誰が受け取るでしょう。そして、金の価格が上昇して、米国ドルの価値が下がっていることも彼女は知っているんですよ。だから別の屋台に走っていって、私が出したドル札を金と交換したんです」

ヘリコプターに向かって歩いて戻りながら私は、「釣り銭はピアストルだったね?」と聞いた。

「私も気づきました」と彼が笑いながら答えた。「私には一袋のフルーツとポケットいっぱいのP。そして、彼女は金を手にした。単なる果物売りかもしれないが、お金については無知じゃないってことです」

三週間後、私と彼は昔の金鉱を探しに北へと飛んだ。金が買えるかもしれないと期待していた。敵陣へ行けば、もっと割安な金が買えるかもしれないと私は考えていた。ベトナムで自分と部下の生命を危険にさらしながら私が知ったことは、「世界のどこへ行っても金の価値は同じ」ということだった。この時私は、お金の新ルールと、おもちゃのお金と金との関係について、現実の世界で学び始めていた。

●社会的関心事

二〇〇九年には、経済が悪化するにつれて、社会不安が広がっていくだろう。現時点でも、人々は何かがおかしいことに気づいている。問題は、何がおかしいのかがわからないことだ。ここでまたジョン・メイナード・ケインズの言葉を引用しよう。「通貨の価値を毀損することによって経済の法則に秘められたあらゆる力が破壊に向かうように働き、それを感知できる者は百万人にひとりもいない」

今日、人々はこれまで教えられてきたとおりに行動している。つまり、学校に通い、一生懸命に働き、請求書の支払いをすませ、お金を貯め、投資信託に投資し、そしてすべてが平常の状態に戻ることを期待している。だから、誰もが救済資金の分け前をもらおうと必死になっている。私たちが、手に入れようと一生懸命に働き、しがみついているお金こそが問題の根源であることに、ほとんどの人が気づいていない。また、マネーサプライを支配している者たちが、彼らがばらまいている有毒なお金を私たちがもっともっと欲しがるよう望んでいることにも、多くの人は気づいていない。私たちがお金を必要とすればするほど、彼らはお金を印刷することができる。私たちがお金を必要とすればするほど、私たちの立場は弱くなる。私たちがお金を必要とすればするほど、私たちは社会主義へと傾倒していく。政府は、釣りを教えるかわりに人々に魚を与え、その結果として人々は自分のお金の問題を解決するのにも政府を頼るようになる。

●あてにしてはいけない

皮肉なことに、世界はお金の問題の解決について、連邦準備制度理事会と米国財務省に期待を寄せている。だが、これらの機関こそが問題を引き起こした張本人だ。先に説明したとおり、連邦準備制度理事会は連邦政府の機関でもなければ、アメリカのものでもない。連邦準備制度理事会は、世界で最も裕福な一族によって支配されている。ＯＰＥＣが石油カルテルであるのと同じように、連邦準備制度理事会は金融カルテルだ。連邦準備制度理事会にはお金がない、つまりそこには準備金など存在しないが、ほとんどの人はそのことに気づいていない。お金を保管するための大きな金庫室は必要ない。モノポリーの銀行のルールが適用されるのに、どうしてお金を備蓄する必要があるだろう？　連邦準備銀行は銀行ではない——銀行であるという考えは、私たちのお金と同じで、単なる幻想にすぎない。

連邦準備制度理事会の創設は、憲法違反だと言う人もいる。そう言う人々は、連邦準備制度理事会の創設は、世界経済に害悪をもたらしたと考えている——これは事実だ。一方、連邦準備制度は、世界史上類を見ないすばらしいものだと言う人もいる。そう言う人々は、連邦準備制度はかつてないほどの富を世界にもたらすのに役立ったという——これも事実だ。

連邦準備制度理事会の創設者が何を意図していたかを考えるのは無意味だ。現実は今、連邦準備銀行がゲームを仕切っているということだ。オバマ大統領が経済危機に対して何をするのかと尋ねるよりも、「私はどうするのか？」と自問したほうがいい。一兆ドルの景気刺激策が本当に効果を上げるかと聞くよりも、「その一兆ドルはどこから来るのか？　誰かの金庫室に眠っているのか？」と自問するほうが賢明だ。

簡単に言えば、世界の中央銀行にできることは、次の二つだけだ。

1．無からお金を作り出すこと。モノポリーのルールで認められているのと同じ方法で、現在、中央銀行は兆単位でこれを実践している。
2．ありもしないお金を貸すこと。金融機関が融資をするとき、その金融機関は実際にそのお金を金庫室に蓄えている必要はない。

●ゼロサム・ゲーム

歴史を振り返ると、政府が自分でお金を、不換紙幣を印刷した時は、いつでもそのお金は、最終的には真の価値、つまりゼロに戻った。それは紙幣がゼロサム・ゲームだからだ。同じことが米国ドルに、円に、ペソに、ポンドに、そしてユーロにも起きるのだろうか？　歴史は繰り返すのだろうか？

「そんなことはアメリカには起きない。私たちのお金がゼロになることなど、あり得ない」――誇り高く勇ましいアメリカ人がそう言っているのが、私には聞こえる。だが残念ながら、これはすでに何度も起きていることだ。独立戦争当時、アメリカ政府は大陸紙幣《コンチネンタル》の名で知られる通貨を発行した。政府が過剰な大陸紙幣を発行すると、この国のお金は、冗談のネタにしかならなくなった。「コンチネンタルほどの価値もない（一文の値打ちもない）」という表現が生まれたほどだ。同じことが、南北戦争当時に南部連合政府が発行した南部同盟通貨《コンフェデレート・ドル》にも起きた。私の場合は、お金の価値がゼロになるといういましめとして、ベトナムで出会った果物売りの女性が自国の通貨ピアストルを毛嫌いしたことを思い出す。それほど遠い昔の話ではない。古代史の話をしているわけではないのだ。

今の時代は、世界全体がおもちゃのお金で動いている。だがこのパーティが終わったら、その後はどうなるのだろう？　救済策は私たちを救ってくれるのだろうか？　皮肉にも、救済策が実行されるたびに国の借金は膨らみ、私たちはさらに多くの税金を払わされ、金持ちたちはさらに裕福になり、私たちのお金の価値はじりじりとゼロに近づいていく。政府が大量にお金を印刷するたびに、私たちのお金は価値を下げていく。私たちがいくら一生懸命働いても収入は減り、貯蓄の価値はどんどん下がっていく。

私は、今日のおもちゃのお金が無価値になるだろうとは言っていない。そうならないとも言っていない。ただ、もし歴史が本当に繰り返し、そしてもし米国ドルの価値がゼロになったら、その時の世界的な混乱は地球を揺るがすほどのものとなるだろう。それは世界史上最大の富の移動をもたらすだろう。金持ちはさらに金持ちになり、貧乏な人は間違いなくもっと貧乏になる。そして中流の人はこの世にいなくなるだろう。

●地獄の黙示録

経済危機が深刻化するにつれ、お金についての新ルールの秘密は、秘密にしておくことが難しくなっていく。この危機は私たちを、経済の黙示録へと導いていく。信仰心のある多くの人々にとって、黙示録という言葉はこの世の終わりを意味するが、私の言う黙示録はそれとは違う。黙示録は、ギリシャ語の「ベールをはぐ」という意味の言葉に由来している。人類の大部分に隠されていた事柄を公開するという意味の言葉だ。わかりやすく言うと、黙示録とは「秘密が暴かれる」という意味だ。

『金持ち父さん　貧乏父さん』を読んだ人なら、同書の英語版のサブタイトルにあった「金持ちが子供に教え、貧乏な人や中流の人は教えないお金のこと」というフレーズを覚えているかもしれない。多くの人々にとって、私の本を読むことはひとつの黙示録であり、ベールをはぐことだった。人類の大部分に隠されていたものを明らかにすることだ。一九九七年、『金持ち父さん　貧乏父さん』の初版が発売されたとき、各方面から猛反発の声が上がった。それは、「あなたの家は資産ではない」と書いてあったからだ。それから何年かたち、サブプライムローンの問題が明らかになると、何百万もの人々が家を失い、サブプライムローンを始めとする有害な債務担保証券に投資した世界中の人々が何兆ドルも失った。その原因の一部は、銀行家たちが裏づけのないお金を作り出したことだった。『金持ち父さん　貧乏父さん』は不動産についての本だと言う人もいるが、そうではない。あれはお金の知識、父から子へと伝えられた知識についての本だ。

●ゲームの名は「借金」

ごく簡単に言うと、一九七一年以降、お金は借金になった。経済を拡大させるため、あなたや私は借金をすることを強いられた。だからこそクレジットカードが郵便で送り付けられ、信用度が高いとは言えない人々もホームエクイティー・ローンが組めるようになった。

厳密に言えば、あなたの財布の中にあるお金はお金ではない。それは借用証書だ。私たちのお金は借金だということだ。現在の経済危機がこれほどまでに深刻になっているのは、銀行はおもちゃのお金を発行できるというモノポリーのルールに従って、最大手の銀行とウォール街が負債をパッケージにして資産として世界中に売り出すことが許されたからだ。タイム誌によると、二〇〇〇年から二〇〇七年にかけて、アメリカの最大の輸出品は借金だった。金融と投資の世界で最も優れた頭脳を持つ者たちがやっていたことは、貧乏な人がクレジットカードの支払をするために住宅ローンの借換えをするのと大差ないことだった。

もし私たちが自分たちのお金が堕落したおもちゃのお金であることを知っていたら、今ほど大規模な経済的混乱状態に陥っていないかもしれない。もし人々がお金の教育を受けていれば、この経済的な問題の原因を突き止めることができる人は、百万人にひとりより多いだろう。もし人々がもっとお金の教育を受けていたら、自分の家が資産であるとか、お金を貯めることが賢明であるとか、分散投資をすればリスクから身を守ることができるとか、投資信託への長期的な投資が賢明な投資のあり方だとかいったことを盲目的に信じることはないだろう。だが、私たちがお金の教育を受けていないために、権力を持つ者たちは破壊的な金融政策を推進することができている。あなたや私が無知であることが、彼らにはメリットになるという仕組みだ。だからこそ金持ちは、世界を借金であふれさせる前に、私たちの教育制度を牛耳る必要があったのだ。私たちの学校がお金のことを教えないのは、これが理由だ。

読者の感想

この本を読んでいて、ヘンリー・フォードが一九三〇年代の大恐慌について語ったことを思い出しました。彼は、大恐慌がそれほど長く続かないのではないかと心配していたということです。アメリカ国民が教訓を学べないからです。

——kuujuarapik

●お金についての新ルールその2：借金の活用法を学ぼう

多くの人々は、借金はよくないこと、害悪だと教える。そういう人々は、借金はすべて返し、新たな借金をしないことが賢明だと説く。これはある程度までは正しい。借金には、いい借金と悪い借金がある。悪い借金は返してしまうのが賢明だ。そもそも悪い借金はしないに限る。簡単に言えば、悪い借金はあなたのポケットからお金を取っていく。そしていい借金はあなたのポケットにお金を入れてくれる。クレジットカードは悪い借金だ。クレジットカードで買うのは、大型テレビのような価値の下がっていくものだからだ。これに対して、投資用物件を購入して賃貸するための借入などは、キャッシュフローが借金の返済額をカバーし、ポケットにお金を入れてくれるのであればいい借金といえる。

読者の感想

これは金持ちになるうえで重要な概念です。これがカギです！　優秀なビジネスパーソンを気取るつもりはありません。私は自分のクリニックで診療している医師です。ほとんどSクワドラントで働いていますが、収入と知識の点ではゆっくりですがBクワドラントに向かっています。一つの医療器具が、たとえ借金で購入したものであろうと驚くほど高価な資産となりうることを直に学ぶことができました。

―grgluck

借金は悪であると説く人々は、借金がアメリカ経済の本質であることを理解していない。それがいいことか悪いことかについては議論の余地がある。しかし、借金がなければ経済全体が崩壊するという点については、異論をさしはさむ余地がない。だから政府は資金を調達するために記録的な数の国債を発行し、赤字財政をかつてないほど増やしている。政府が最もおそれているのはデフレであり、デフレを回避する唯一の方法がインフレであり、インフレを作り出す唯一の方法が借金というわけだ。

オバマ大統領が変化と希望を約束していることは、私も知っている。しかし、彼がティム・ガイトナーを財務長官に任命し、元財務長官であるラリー・サマーズを国家経済会議（NEC）委員長に任命したことを考えると、あなたや私がまた借金をしない限り、何も変わらないということになる。二人はクリントン政権下で現在の危機に拍車をかけた人々だ。あなたや私が借金をやめ、銀行が融資をやめてしまうと、暴落が起こり、おそらくは不況が訪れるだろう。

なぜ長期にわたる信用凍結が不況を招くのかというと、現在の経済が、生産された商品ではなくあなたや私の借金によって成長しているからだ。二〇〇三年にジョージ・W・ブッシュ大統領は「もっと多くの人々がマイホームを持つことは国益にかなうことだ」と言った。明らかに彼はマイホームを持つことの美徳を奨励していた。なぜなら、少しでも多くの国民を借金づけにして経済を立て直したかったからだ。今、銀行が物件に対する担保権を行使する時、銀行が欲しがるのは家ではないことに気づいたかもしれない。資産は住宅ではなくあなた自身だ。つまり、ローンの利息を支払うあなたの能力が資産だということだ。

もちろん、借金を頼りに生きることはまた、借金によって死ぬことも意味する。二〇〇七年、クレジットカードと住宅ローンによる驚異的な借金の山がピークに達するころには、米国と世界はそれ以上の借金を吸収することができなくなっていた。私が一九九七年に『金持ち父さん　貧乏父さん』の中で「あなたの家は資産ではない」と述べた理由に、今、何百万の人々が気づきつつある。

●われらは金を信じる

一九五七年、「われらは神を信じる」という言葉が米国の一ドル紙幣に加えられた。一九七一年、ドルは金から切り離された。最近のヴァニティフェア誌の記事によれば、ドルの購買力は八七パーセントも落ち込んだ。すでに述べたように、政府主催のモノポリーのお金である不換紙幣はすべて、最終的にはその本来の価値、つまりゼロに戻った。一九七〇年には一〇〇〇ドルでおよそ金二八オンスが買えた。二〇〇九年三月には金は一オンスあたり九〇〇ドルほどになり、一九七〇年に一〇〇〇ドルで買った二八オンスの金《ゴールド》を、およそ二万五〇〇〇ドルで売ることができた——株式市場で史上最大の暴落が起こった後ですらそうだった。

貨幣価値の毀損に警鐘を鳴らしたジョン・メイナード・ケインズは、一九二四年、金を「野蛮な過去の遺物」と切り捨てた。残念ながら彼に予測できなかったのは、いったん一九七一年にお金のルールが変更されたら、連邦準備制度理事会と政府がどれだけ通貨の価値を毀損させられるかということだった。

一九五二年当時、家計の可処分所得に対する借金の割合は、四〇パーセントに満たなかった。つまり、税引き後の所得が一〇〇〇ドルあったとすれば、借金は四〇〇ドルにすぎなかった。二〇〇七年には、その割合が一三三パーセントに膨れ上がった。賃金は上昇していなかったため、人々はクレジットカードとホームエクイティー・ローンに頼って生計を立てていた。そして現在、アメリカの消費者負債の額は二兆五六〇〇億ドルを超える。

最も優秀な銀行家たちでさえ、策略に引っかかった。一九八〇年、銀行の債務は米国の総生産高（GDP）の二一パーセント程度だった。これが二〇〇七年には一一六パーセントになっていた。

二〇〇四年、証券取引委員会は、大手銀行五行に対して必要なだけのお金を発行することを認めた。これは経済を救うための措置だった。一二対一の預金準備率とは、銀行の口座にある一ドルに対して銀行は一二ドルを貸し付けられるということだ。大手五行に対して一二対一という預金準備率の限度を取り消すことを認めることで、これらの銀行は事実上自由にお金を印刷することができるようになった。ここでモノポリーのルールをもう一度見てみよう。

銀行は決して破産しない。銀行のお金がなくなったら、普通の紙きれに数字を書くだけで必要なだけお金を発行することができる。

残念なことに、最大手の銀行がほとんど無制限にお金を発行することを認めた政策は、経済を救うことができなかった。問題を深刻化させただけだった。

●お金についての新ルールその3：キャッシュフローをコントロールする方法を学ぼう

経済的に安定し、できることなら金持ちになりたいと思うのであれば、仕事や人やお金の世界的な流れを監視するだけでなく、自分の個人的なキャッシュフローをコントロールする方法を知る必要がある。

●お金はどこへ流れているのか?

本章の冒頭で、ベトナムで出会った果物売りのことを書いたのは、経済危機におけるお金と脱出の関係を強調したかったからだ。二〇〇九年三月二日、ダウは二九九ポイント下げ、六七六三ドルまで落ち込んだ。それまでの最高値は、二〇〇七年一〇月九日の一四一六四ポイントだった。簡単に言えば、これはお金が株式市場から流出していることを意味する。あの果物売りがピアストルとドルを金に換えて脱出する準備をしていたのと同じだ。二〇〇九年現在、金持ち父さんの言葉を借りれば、現金は株式市場から流出している。問題は「お金はどこへ流れているか?」ということだ。

ビジネスと投資において最も大切な言葉はキャッシュフローだ。だからこそ、私が開発した教育ゲームも『キャッシュフロー』と名づけた。金持ち父さんが私に教えてくれた最も重要なことのひとつは、自分の個人的なキャッシュフローをコントロールし、世界のキャッシュフローを監視することだ。彼は私に、三つの事柄を観察することによって世界のキャッシュフローを監視するよう教えた。

1. 仕事——何年も前から、仕事は海外に流出している。今日のアメリカでは、ゼネラル・モーターズが破綻し、仕事はデトロイトから流出している。これはデトロイトの経済が苦境に陥っていることを意味する。

2. 人——あのベトナムの女性が脱出しようとしていたように、今日の人々は脱出しようとしている。皆、脱出して仕事のある地域に向かっている。私は人々が脱出しようとしている市場ではなく、移っていこうとしている市場に投資したい。

3．現金――あのベトナム人女性は、世界的に通用するお金を手に入れようとしていた。だから彼女は、ピアストルとドルを金に交換した。今日、これと同じことが起きている。株式市場が下落しているのは、現金が株から流れ出し、預金、たんす貯金、国債、金に流れ込んでいるからだ。

●借金、お金、キャッシュフロー

借金の活用法を学ぶことは、最も大切なスキルのひとつだ。そして、借金はキャッシュフローを生まなければ価値がないというのは重要な教訓だ。もし私が学校の責任者なら、いい借金と悪い借金の違いを生徒たちに教えるだろう。そしていい借金を活用して、銀行口座から流出するのではなく銀行口座に流入するキャッシュフローを作る方法を教えるだろう。いい借金を効果的に活用するには、ファイナンシャルＩＱが要求される。今の私たちのお金は負債なのだから、人々に賢く借金を活用する方法を教えることは、経済を強くすることにつながるはずだ。

私は『金持ち父さんのファイナンシャルＩＱ』のなかで、いかにローリスク・ハイリターンで借金を活用するかを詳しく説明している。経済が崩壊している今も、借金を活用した私の投資はプラスのキャッシュフローを生み続けている。私の投資が力を保ち続けている理由のひとつは、私とパートナーたちが、仕事のある地域、人と仕事が流れている地域の集合住宅を買っていることだ。簡単に言えば、不動産はその土地に仕事がなければたいした価値がないということだ。仕事は人を引きつけ、人が流れるところには現金が流れるからだ。

読者の感想

私が一番驚いたのは、経営学修士まで取得したのに、上級の会計や財務の授業でもキャッシュフローについて何も教わらなかったことです。それこそビジネススクールで教えるべきことだと思いませんか？　教わったのは、数字を追う時の扱い方とどの勘定や科目に入れるかということでした。富を築いたり創り出したりするのにキャッシュフローがどれほど重要かについて、教えてはくれませんでした。

――drmbear

●希望VS教育

オバマ大統領が世界を救ってくれることを期待するより、自分のお金について賢くなることのほうがずっと知性があると私は考えている。お金についての新ルールその1は、「お金は知識である」だ。あなたのお金に対する知識の中には、世界における仕事、人、お金の流れを監視することだけでなく、借金を活用する方法と自分自身のキャッシュフローをコントロールする方法が含まれていなければならない。

私がボードゲーム『キャッシュフロー』を開発したのは、個人のキャッシュフローをコントロールするスキルと、銀行口座から流出するのではなく、銀行口座へ流入するキャッシュフローを生み出すスキルを教えることが目的だった。『キャッシュフロー』はモノポリーが内容を高度に増強してパワーアップしたようなゲームだと言われている。このゲームには、以下の三つのレベルがある。

・レベル1：『キャッシュフローフォーキッズ』／五歳から一二歳までの子ども向け
言葉や数よりも色や絵を使い、お金、キャッシュフロー、そしてそれらの賢い使い方の基本を学ぶ。

・レベル2：『キャッシュフロー101』／投資の基本
会計の原理と投資の原理を組み合わせたゲームで、資産と負債の違いや借金の賢い使い方について学ぶ。

・レベル3：『キャッシュフロー202』／専門的な投資
このゲームでは、上げ相場と下げ相場のそれぞれにおける投資の原理を学ぶ。ご存じのように、市場の暴落で何百万もの人々が何兆ドルも失った。『キャッシュフロー２０２』では、上げ相場だけでなく、下げ相場からも利益を上げる方法について学ぶ。

ゲームの詳細を知りたい人は、私の公式ウェブサイトrichdad.comを参照してほしい。また、世界中には自発的にできた何千ものキャッシュフロークラブがあり、無料あるいは少額の費用でゲームのやり方を学ぶことができる。もしあなたの地域にクラブがなければ、自分でクラブを始める方法もある。教えることは、最善の学習方法のひとつでもある。

●終わりに

最後になったが、常に念頭に置いてほしいことは、銀行は決して破産しないが、あなたや私は破産する可能性があるということだ。だがいい知らせもある！　銀行は自分でお金を印刷することができるが、それはあなたや私にもできるということだ。私がどのようにして、ファイナンシャル・インテリジェンスを駆使し、しばしば借金を活用して、キャッシュフローをコントロールしながら自分のお金を自分で印刷しているかをお教えしよう。

第四章

私たちの富に対する陰謀

問い：　世界大恐慌は何年続いたか？
答え：　A．二五年　　B．四年　　C．一六年　　D．七年

この問いの答えは、何を基準にするかで変わる。株式市場を基準にするなら、前回の大恐慌は二五年間続いた。一九二九年九月、ダウ・ジョーンズ平均株価は史上最高の三八一を記録した。ところが一九三二年七月八日までに、市場の時価総額の八九パーセントという驚異的な額が失われた。この日ニューヨーク証券取引所の出来高は一〇〇万株ほどに縮小し、ダウは四一ポイントにまで下落した。これが下げ相場の底で、その後、大恐慌は続いていたものの、株式市場は強い上げ相場に転じた。しかし上げ相場になったと言っても、ダウが三八一ポイントという最高値《さいたかね》を上回るには、一九二九年から一九五四年まで二五年間もかかった。

近年、私たちは再びダウ・ジョーンズ平均株価の最高記録を目撃した。二〇〇七年一〇月、ダウは一四一六四まで急騰し、それから一年あまりが過ぎた今、五〇パーセント近く下げている。一九二九年から一九五四年までの状況を参考にするなら、次にダウが一四一六四を上回るのは二〇三二年になると予測できる。

二〇〇九年三月一〇日、ダウ・ジョーンズ平均株価はわずか一日で三七九ポイント上昇し、六九二六を記録した。前回の大恐慌のあと一九三二年から一九五四年の上昇に近い上げ幅を一日で記録したということだ。二月の失業者数が六五万人を超えたという報道がその週にあったにもかかわらず、ウォール街はお祭りムードに包まれた。

今これを書いている時点で人々は「最悪の時は去った。ついに底を打った」と言っている。連邦準備制度理事会（ＦＲＢ）議長のベン・バーナンキは、景気後退は二〇〇九年秋までに終わると期待している、と述べた。しかし三月一〇日に株式市場が反発したのは、リークされたメモによってシティグループが二〇〇九年一－二月期は黒字に転じたという報道があったからだ。だがシティグループが何十億ドルもの不良債権を抱えていることに変わりはない。何かクスリでもやっていたのかと彼らに聞いてみたい。

このように最近の市場は楽観的になっているが、不況の可能性への不安が金融界にのしかかっている。私自身は、米国および世界各国の経済の短期的な見通しについて、一部の人ほど楽観的ではない。誤解しないでほしいが、私は不況を望んでいるのではない。とんでもない。正気の人間なら、誰も世界大恐慌が再び起こることを望みはしない。しかし今回の景気後退が不況へと移行するなら、今のうちに準備を始めたほうがいいかもしれない。すべての不況が同じではないし、すべての不況が気のめいるようなものではないからだ。

●金持ちが経験する不況と貧乏な人が経験する不況

世界大恐慌が始まった時、金持ち父さんと貧乏父さんは小学生だった。その経験は彼らの人生を永遠に変えた。ひとりは不況の中で学んだ教訓を生かし、とても金持ちになった。もうひとりは死ぬまで貧乏で、お金については臆病なままだった。

貧乏父さんの父、つまり私の祖父は世界大恐慌ですべてを失った。彼は自分の会社と、ハワイのマウイ島の海辺の一等地にあった値段がつけられないほど貴重な不動産を失った。祖父は起業家だったから、家族を守るための安定した収入がなかった。祖父の会社が倒産した時、父の家族はすべてを失った。世界大恐慌は、私の父にとって過酷な経験だった。

世界大恐慌の経済的な苦難により、貧乏父さんは安定した仕事、貯蓄、家を買うこと、借金をしないこと、安定した政府の年金を確保することなどの考えを受け入れた。彼は起業家にはなりたいとは思わず、仕事に就きたいと考えた。投資はするべきではないと考えていた。私の祖父が株式市場と不動産ですべてを失うのを見ていたからだ。私の父はこのような価値観を一生守り続けた。貧乏父さんにとって安定は富より大事だった。前回の不況の記憶が死ぬまで消えなかったのだ。

読者の感想

私の祖母は大人になってから大恐慌を体験したのですが、あらゆるものを再利用していました。ペーパータオルは皿拭き用の布巾のように乾かし、小さなぼろぼろの切れ端になるまで何度も使っていました。ごくまれに外で食事をするときは、出されたパンとバターをハンドバッグがパンパンになるまで詰め込んでいました。それが翌日の彼女の朝食になるのです！

―Rromatowski

金持ち父さんの家族は、世界大恐慌より前から経済的に苦労していた。彼の父は何年も患い、不況が始まって間もなく亡くなった。幼い時に金持ち父さんは一家の主となり、ただひとりのかせぎ手となった。学歴も就職の見通しもほとんどなかった金持ち父さんは、世界大恐慌が起こると一〇代のうちに起業家になることを強いられた。彼は家族で店を経営し事業を大きくしていった。

一家は経済的に苦労したが、金持ち父さんは政府の援助も福祉も求めなかった。不況のおかげで金持ち父さんは早く大人になり、経済的にうまくやることを学んだ。不況の教訓が彼を金持ちにしたということだ。

●社会主義者vs資本主義者

貧乏父さんは大人になると社会主義者になった。学校で身につけた知恵はあったが、生き抜くための知恵はなかった。政府は生涯にわたって人々の面倒を見るべきだと信じていた。

金持ち父さんは大人になると資本主義者になった。学校を卒業することはなかったが、生き抜くための知恵は身につけた。自分の家族や従業員の家族に安定した収入を提供するビジネスを構築するべきだと彼は考えていた。また、人は自分で自分の面倒を見ることを覚えるべきだと考えていた。資本主義者として彼は、魚を釣る方法を人々に教えるべきだと信じていた。

前回の不況では社会主義が支配権を握った。政府は非常に大規模な福祉制度を確立した。魚を釣る方法を教える代わりに人々に魚を与え、金持ちにまで魚を与えた。米国が真の資本主義国家なら、経済が落ち込んでもそのままにするだろう。経済を支えるために次々と救済措置を取ったりしない。下げ相場も市場の暴落も不況も、経済によるリセットの手段だ。景気後退や不況は誤りを修正し、好況時代に犯された罪を暴く。

今はリセットボタンを押す代わりに、能力のない者、不正を働いた者、時代遅れの者に何兆ドルもの資金が配られている。下げ相場は、それまでの上げ相場から生まれた市場の欠陥や効率の悪さ、詐欺などを一掃するためにある。ところが、下げ相場の効き目が出る前に、不正に負債を増やした銀行家を救済するために政府が何十億ドルもの緊急援助資金を出すことを私たちは許している。本来ならその銀行家は刑務所へ送るべきだ。好景気に太って怠惰になり、不景気になると競争できないゼネラル・モーターズのような企業が倒産から救われている。何千もの従業員を解雇している重役たちは、彼らが守り成長させるべきだった会社が縮小し、株価が下がり、投資家が損をしたにもかかわらず、ボーナスや高額の退職金を支給される。

これは資本主義ではない。救済措置を取り続ける現在の政府は、金持ちのための社会主義だ。いろいろな意味で、マルクス主義や共産主義より悪い。なぜなら、少なくともマルクス主義体制や共産主義体制は一般の人々のためになるという幻想に基づいていたからだ。少なくともこれらの体制は、実践しなかったとはいえ、金持ちから貧乏な人々へのお金の再配分を唱えていた。しかし最近の救済措置は、税金という形で貧乏な人からお金を取り、それを金持ちに渡している。私はオバマ大統領を非難しているわけではない。この現金の強奪は長年行われていることだ。政府を利用して貧乏な人や中流の人から奪い金持ちに与えることは、大金持ちの常套手段となっている。今の時代、生産する者から税金を取り、怠け者や不正直な者、能力のない者に報酬を与えることが一般的になっている。

●歴史は繰り返す

不況は七五年に一回くらいやってくると言われている。これが本当なら、次の不況は二〇〇五年くらいに始まっていたはずだ。不況が特定しにくい理由のひとつは、不況の実用的定義が存在しないことだ。経済学者が定義しているのは景気後退だけだ。

これ以前に不況に突入しなかった理由のひとつとして考えられるのは、経済が落ち込まないよう連邦準備制度理事会と米国政府がマネーサプライを操作したことだ。同じことが今も行われている。成功すれば、経済は救われるだろう。失敗すれば、その失敗が不況を招くかもしれない。

今が景気後退であると経済学者たちがようやく宣言したのは、景気後退が一年続いた二〇〇八年になってからだった。この年、リーマン・ブラザーズが破綻し、株式市場が暴落し、大手銀行が何十億ドルもの緊急援助資金を受け取った。自動車メーカーは破綻し、人々は家や仕事を失い、カリフォルニア州は資金が底を突いて借用証書を発行した。経済の悪いニュースがこれだけあったにもかかわらず、これが景気後退だと経済学者が特定するまでに一年もかかったわけだ。彼らが不況を宣言するにはどれくらいかかるだろう。景気後退と不況の定義を改良する必要があるのは明らかだ。あるいは、もっと優秀な経済学者が必要なのかもしれない。私自身には景気後退と不況のシンプルな定義がある。昔から言われているように、「隣人が失業したらそれは景気後退だ。私が失業したらそれは不況だ」というものだ。

二〇〇八年、二〇〇〇万人以上のアメリカ人が職を失った。二〇〇九年二月だけでも六五万一〇〇〇もの雇用が失われた。

●不況は終わっていなかった

一歩下がって過去七五年間を振り返ると、前回の不況は終わらなかったと主張することもできる。今日の経済問題の多くは、前回の不況が残し、その後解決されなかった問題に端を発している。問題が私たちの世代に先送りされただけだ。例えば、社会保障制度は一九三三年に誕生したが、二〇〇八年に七五〇〇万人のベビーブーマーが引退し始めると、この制度にかかる費用は爆発的に増大する。前回の不況と闘うために生み出された解決策自体が、今日では大きな問題に膨れ上がっている。社会保障制度はまた、メディケア（高齢者向け医療保険制度）やメディケイド（州が運営する低所得者向け医療費補助制度）の設立につながった。これは社会保障制度の五倍くらい大きな経済問題だ。また連邦住宅局からはファニーメイとフレディマック（いずれも米国政府支援の住宅投資機関）が生まれ、この二つは今日のサブプライム禍の中心にある。つまり、一歩下がって過去七五年間を振り返ってみると、前回の不況は終わっていないと言える。それを食い止めるために生み出された社会主義的な解決策にかかる費用がどんどん高くなっていっただけだ。

●解決策か、茶番劇か？

以下に世界大恐慌に対応するために政府が打ち出した解決策を要約する。

1．社会保障制度、メディケア、メディケイド

現在、これらは六五兆ドルの問題に成長し、ますます拡大している。

2．連邦預金保険会社（FDIC）

ＦＤＩＣは預金者よりも銀行家を守る。預金を保障することによって、ＦＤＩＣはより大きな危険を冒す銀行家に見返りを与え、用心深い銀行家を罰し、銀行詐欺を隠した。実際には預金がより大きな危険にさらされるにもかかわらず、預金保険は預金者に間違った安心感を与える。ＦＤＩＣは経済危機と信用不安のひ

とつの原因になった。これについては次章で詳しく述べる。

3．連邦住宅局（FHA）

FHAによって政府が住宅を管理するようになり、ファニーメイとフレディマックという、最近のサブプライム禍の中心的存在で、納税者のお金を何十億ドルも使っている二つの政府支援機関が設立された。今、ファニーメイはAIGより大きな経済問題となっている。

4．失業保険

失業保険は一九三五年に生まれた。一般的に、保険金は二六週間受け取ることができる。事態が非常に深刻になれば連邦政府は保険金の受取期間を延長できる。二〇〇八年六月、議会は一三週間の延長を決定した。ちょうど同じころ、レイオフの増加はさらに加速した。

5．ブレトンウッズ協定

一九四四年、第二次世界大戦が終結に向かっていたころ、ニューハンプシャー州の保養地ブレトンウッズに世界の金融の指導者が集まり、国際通貨金融会議が開かれた。会議の結果、国際通貨基金（IMF）と世界銀行が設立されることになった。この二つの機関は世界の人々の利益のために創設されたと一般には思われているが、実際は多くの弊害を生んだ。中でも顕著なのは、不換紙幣本位制が世界中に広まったことだ。

一九七一年、ドルの金兌換が停止になると、IMFと世界銀行は世界の他の国に対しても、仲間外れになりたくなければ金本位制をやめるようにと要求した。今日の世界的な危機が広まったのは、世界経済がモノポリーで使われるようなおもちゃのお金の上に築かれているからだ。

ロバートから一言

一九四四年の世界は本質的にはドル本位制を忠実に支持し、米国ドルが世界の準備通貨になっていた。それは米国民が税金をドル通貨で納めなければならないのと同じように、世界中の国々が貿易の決済をドル通貨で行わなければならないことを意味していた。今日、米国がこれほど裕福な国でいられるのは、米国が刷ったドル紙幣という合法化された贋金で私たちの借金や貿易の代金を支払うことができるからだ。アルゼンチンや中国といった国々が自国の通貨を世界の準備通貨にすることができたら、そうした国々も裕福になるだろう。危険なのは、もし米国ドルの信頼性があまりにもひどく失われた場合、中国のような国が新しい準備通貨を造る道を選ぶ可能性が現実にあることだ。そうなったら米国はおしまいだ。もはや贋金を使って生きていくことができなくなるからだ。

6．雇用創出計画

前回の不況で、政府の雇用計画が始まった。そのひとつが資源保存市民部隊（ＣＣＣ）だ。この政府計画は、失業者にお金を払い、政府が主導する資源保存計画を実行させた。公共事業促進局（ＷＰＡ）というものもあった。この政府計画は、人々にお金を払って橋の建設など公共事業を行わせ、芸術、演劇、メディア、読み書き能力向上などの大規模な事業を推進した。一時期はこれが米国最大の雇用基盤となっていた。

二〇〇九年、世界各国の政府は、再び雇用創出計画に出資している。政府が雇用創出計画を支援する第一の目的は、人々を食べさせることだ。そうしなければ、人々は政府を攻撃し始めることは歴史が示している。政府高官が最も恐れているのは政治不安だ。政治不安は革命を引き起こすことがある。前回の不況は終わっていない。問題は先送りにされ、今日ではますます大きくて金がかかる危険なものになっている。

●二種類の不況

歴史を通じて、不況には基本的に次の二つの種類があった。

1．デフレによって引き起こされる不況

2. インフレによって引き起こされる不況

米国が経験した前回の不況は、デフレによって引き起こされた。まったく同じ時期にドイツが経験した不況は、インフレによって引き起こされたものだった。米国の不況がデフレによって引き起こされた理由のひとつは、形の上では米国ドルにまだ本物の価値があったことだ。それは金や銀に裏づけられたお金、兌換紙幣だった。兌換紙幣とは基本的に、米国財務省の金庫の中に保管されているはずの金や銀の受領証だった。

一九二九年に株式市場が暴落したあと、恐怖が広まり、アメリカの人々はドルにしがみついた。経済は収縮し、企業は倒産し、人々は職を失い、不況が始まった。政府はお金を印刷して問題を解決しようとはしなかった。なぜなら、政府が規則を拡大解釈することもあったとはいえ、厳密に言えばお金を印刷することは違法だったからだ。この場合は預金者が勝者となった。お金は貴重でまだ有形資産価値があったからだ。そしてデフレが始まると不況が引き起こされた。

ドイツの不況がインフレによって引き起こされたのは、ドイツのお金はもはや本物のお金ではなかったからだ。それはおもちゃのお金、政府が発行する借用証書であり、無から作られた不換紙幣だった。

ドイツのライクスマルクは紙切れにインクで印刷しただけのおもちゃのお金で、何にも裏づけられていなかったため、ドイツ政府はひたすら印刷機を回し続けた。それによってドイツ政府は自国の経済問題を解決しようとした。この場合、預金者は敗者となった。なぜなら、お金がどんどん供給されるにつれてお金の価値はどんどん下がったからだ。そしてインフレが始まると不況が引き起こされた。

ドイツのライクスマルクをいっぱいに積んだ手押し車を押してパン屋にパン一個を買いにいった女性の有名な話がある。彼女がお金を取りにパン屋から出てきてみると、手押し車は盗まれていたが、ライクスマルクはそのまま残してあった。この笑い話はハイパーインフレーションの圧倒的な影響を示している。

●次の不況に備える

そこで問題は、不況が迫っているとすれば、それが米国型の不況か、ドイツ型の不況かということだ。次の不況では現金は王者となるだろうか、それともゴミとなるだろうか？

たいていの人は米国型の不況の再来に備えている。この人たちは現金預金にしがみつき、勤めた会社からは安定した企業年金をもらい、政府からは社会保障給付小切手をもらって、借金を減らし生活費を節約し生活をシンプルにすることによって安心を得ている。

このような人々は米国型の不況にはよく備えているが、ドイツ型の不況が起こったら破産させられるだろう。今、多くの投資信託のマネージャーは、市場からいち早く撤退し現金を豊富に持っているため、うまくやったと思っているだろう。しかしドイツ型の不況が迫っているとすればどうだろう？　現金は王様になるだろうか？　その時になっても、自分はうまくやったと彼らは思うだろうか？

ドイツ型の不況に備えている人もわずかながらいる。彼らは金貨や銀貨、いくらかの現金を蓄え、インフレ調整される商品に投資する。投資の例としては、石油、食糧、金や銀、政府支援の住宅などがある。

> 読者の感想
>
> 私はデトロイト郊外のメトロデトロイトに住んでいますが、ここでは恐慌がもう始まっています。アメリカの恐慌とかドイツの恐慌とかいうことではなく、中流層とそのライフスタイルが消滅しているのです。
>
> —cindyri

●地平線の向こうから近づいてくるもの

私個人は米国型ではなくドイツ型不況がやってくると予想している。以下にその根拠をいくつか挙げよう。

1．ワールブルク効果

連邦準備制度理事会の創設者のひとりに、ポール・ワールブルクがいた。彼は、ヨーロッパのロスチャイルド家とワールブルク家の代表だった。彼はまた、ドイツとオランダに支社があるM・M・ワールブルク＆カンパニーの一員だった。彼の兄弟のマックス・ワールブルクは、第二次世界大戦以前にドイツ帝国皇帝の経済顧問を務め、ドイツ帝国銀行の役員だった。ワールブルク兄弟はどちらも金反対主義で、ビジネスのニーズに合わせて拡張したり縮小したりできる伸縮自在のマネーサプライを採用するべきだと主張した。つまり彼らは不換紙幣に賛成していた。もちろん、これは一般にインフレにつながる。インフレは中流階級や預金者に課せられる目に見えない税金だ。通貨についてのワールブルクの哲学が招いた悲惨な結果は、ドイツ史に残っている。ユダヤ人であったマックスは一九三八年にドイツから脱出した。だがその時すでにハイパーインフレーションが始まっていた。この兄弟が打ち出した通貨の哲学は、連邦準備制度理事会が何兆ドルもの資金を経済に供給している今のアメリカで実践されている。

また、一九一三年以前にはアメリカに所得税は存在しなかったことも注目すべき事実だ。所得税が始まったのは、連邦準備制度理事会に利息を支払うために必要な現金を政府に提供するためだった。つまり、インフレという目に見えない税金も、私たちのポケットからお金を取ってそれを金持ちのポケットに入れる所得税という公然の税金も、実質的には連邦準備制度理事会の責任だということになる。

2．お金を刷って負債を抜け出す

一九二九年の暴落は株の信用買いが引き金になった。二〇〇七年の暴落は不動産の信用買いがきっかけだった。しかし主な違いは、先ほども述べたように米国政府は一九二九年のデフレを抜け出すために必要なだけのお金を刷ることができなかったことで、それはドルがまだ金に固定されていたからだ。現在、ドルは自由に変動する通貨で、それを裏づけているのは米国政府の誠意と信用だけだ。今や負債を消し去るために好きなだけお金を刷る権限を持っている政府は、果たしてどうするだろうか？

3．愚か者の金

ルーズベルトは一九三三年、金を引き渡すようアメリカの国民に呼びかけた。人々は金一オンスと交換に二〇ドル二二セントの紙幣を渡された。次にルーズベルトは金の価格を一オンス三五ドルに引き上げた。つまり国に引き渡した二〇ドル二二セント分の金につき、国民は約一五ドル、五八パーセントをだまし取られたことになる。金貨を持ち続けていることが判明した場合、一万ドルの罰金と一〇年の刑期を科せられた。この政策のひとつの目的は、世界で唯一の通貨としての紙幣に人々を慣れさせることだった。もうひとつの目的は、米国政府が紙切れのドルを刷りすぎてそれを裏づけるだけの金を準備していないこと、つまり米国政府が破産しているという事実を隠すことだった。

一九七五年、ジェラルド・フォード大統領はアメリカの国民が再び金の実物を所有することを認めたが、それはニクソンがドルと金の結びつきを永遠に断ち切ったあとのことだった。アメリカの政府や銀行を支配する者たちがいつでも好きなだけお金を印刷できるのだから、金などどうでもよくなったということだ。

今の時代、たいていの人は紙幣にしか慣れていない。ほとんどのアメリカ人はどこへ行けば金貨や銀貨を買えるかも、なぜ金貨や銀貨を買うべきかも知らない。彼らにわかるのは、仕事が消えてなくなっていること、自分の家の価値が下がっていること、そして退職用貯蓄が株式市場とともに沈んでいることだ。多くの人は政府の緊急援助資金を切望している。だがこれはおそらく、彼らがデフレよりハイパーインフレーションを無意識に選んでいることを意味する。

4．手押し車に積んで運ぶお金

先に述べたように、一九四四年にブレトンウッズで開かれた会議により、世界銀行とＩＭＦが設立された。これらの機関は連邦準備制度理事会やヨーロッパの他の中央銀行の延長だ。ＩＭＦと世界銀行は、世界の銀行に対し、お金を第二次世界大戦前のドイツの通貨のような金や銀に裏づけられていない通貨、不換紙幣へ移行するよう要求した。言い換えれば、米国、ＩＭＦ、そして世界銀行は、ドイツ型の貨幣制度、手押し車に積んで運ぶお金を世界へ輸出し始めたということだ。
一九七一年までは、米国ドルはＩＭＦが使用する主要通貨だった。ドルは一オンス当たり三五ドルで金と交換できたため、発行できる国際貨幣の量には限りがあった。ＩＭＦが真の世界の中央銀行として機能するためには、無限に偽金を発行する権限が必要だった。一九七一年八月一五日、ニクソン大統領は、アメリカはドルの金兌換を停止するという大統領命令に署名した。一九七一年、米国ドルは世界のためのおもちゃのお金になった。

●世界のお金は手押し車に積んで運ぶお金

今では、世界の主要通貨はどれも基本的にはおもちゃのお金、手押し車に積んで運ぶお金になっている。だから私たちは自らに問わなければならない――次の不況は米国型のデフレ不況になるだろうか、ドイツ型のハイパーインフレーション不況になるだろうか？　現金は王者になるか、それともいずれゴミになるか？　預金者は勝者になるか、敗者になるか？　年金受給者は勝つか負けるか？　物価は下がるか上がるか？

ロバートから一言

いまＦＲＢと財務省はデフレを食い止めようとしている。デフレはインフレよりもはるかに悪く、食い止めるのもかなり難しくなる。だから様々な戦術が実行されて成功しているし、経済もインフレに戻っていくだろう。だが、これは重大なことなのだが、万が一にも経済刺激策が功を奏さず、膨大な量のお金を刷ることになったら、今度はハイパーインフレになる。ハイパーインフレがもし起こってしまったら、それは恐慌と同じくらい悪い状況になる。それがつい最近起こったのがジンバブエで、報道によれば卵を三個買うのに一〇〇億ジンバブエドルかかったということだ。考えられないようなことが起こって米国がハイパーインフレになったら、それは米国ドルの破滅を意味する。もしそうなったら、世界経済は崩壊するだろう。この国のリーダーたちはそれを一番恐れているのだ。

来るべき不況に備える第一歩は、歴史を知り、事実を確認し、未来を見通し、自分で決断を下すことだ。そのあとで、貧乏父さんの不況の解決法に従うか、金持ち父さんの不況の解決法に従うかを決める。景気がどんどん悪くなっている今、私が思い起こすのは、同じ不況の影響を受けながら、金持ち父さんはますます金持ちになり、貧乏父さんは貧乏のままだったことだ。

読者の感想

いまは現金が王様ですが、それは海外の国々の通貨がいまだに米国ドルに固定されているからです。ＦＲＢがお金を刷り続ければ、ドルは準備通貨としての魅力をますます失っていくでしょう。そうなれば他の国々は、（おそらく）ドル固定制をやめて何か他のもっと安定的なもの、例えば金《ゴールド》に裏付けを求めるようになるでしょう。私たちがハイパーインフレを経験するのはその時です。

―deborahclark

●負債を輸出する

不況など起こらないということもあり得る。オバマ大統領には世界をまとめる力があり、世界は永遠に無からお金を印刷し続けることができるかもしれない。世界の国々は、自国の商品やサービスに対する支払として、米国最大の輸出品である負債を受け取り続けるかもしれない。世界がアメリカの負債である財務省短期証券や国債をお金として受け取り続ける限り、メリーゴーラウンドは回り続ける。しかし世界が米国ドルを受け取るのをやめれば、音楽は鳴りやみ、その後の不況は前回の世界大恐慌より大規模なものになる。

二〇〇九年三月一八日水曜日、連邦準備銀行はさらに一・二兆ドルを経済に注入すると世界に発表した。これは何を意味するのだろう。私たちは離陸のためにシートベルトを締めるべきだろうか、それとも不時着に備えるべきだろうか？　これが何を意味するかというと、連邦準備銀行は、ドイツ政府が前回の不況の時にしたように、本格的にお金を刷り始めたということだ。通常の経済においては、米国財務省が債券を発行すると、中国、日本、イギリスなどの国や、個人の投資家がその債券を買う。だが連邦準備銀行が私たちの債券を買う時、これは米国が本格的にお金を刷り始めたことを意味する。これは経済が破れた気球のように力を失い続けていることを意味する。

ご存じかもしれないが、連邦準備理事会のベン・バーナンキ議長は前回の不況を手本としている。彼は何度も、経済が沈まないようにお金を刷り続けると述べている。ある時は、経済を救うためにヘリコプターからお金を投下すると言い、「ヘリコプター・ベン」というあだ名がついた。二〇〇九年三月一八日の行動は彼の意志の再確認だった。つまり、どんなことをしてもインフレに向かわせるということだ。彼がやりすぎてマネーサプライが膨らみすぎたら、私たちはドイツ型の不況を見ることになるだろう。

●お金についての新ルールその4：悪い時に備えれば、良い時ばかりが訪れる

私は日曜学校に通っていた時、エジプトのファラオが心を乱される夢を見たという話を聞いた。その夢の中では七頭の肥えた牛が七頭のやせた牛に食われていた。不安になったファラオはこの夢を判断してくれる人を探した。ようやく見つかった奴隷の若者は、この夢は豊作が七年続いたあと飢饉が七年続くという意味だと言った。ファラオはただちに飢饉に備え始めた。エジプトはその後、強力な国家となり、その地域の人間を食べさせ続けた。

一九八三年にフラー博士の著書『巨人たちの世界的現金強奪』を読み、私は経済危機に備え始めた。そして今、私とキム、そして私たちの会社や投資は繁栄し続けている。それは私たちが常に苦しい日々のために備えているからだ。お金の新ルールその4は「悪い時に備えれば、良い時ばかりが訪れる」というものだ。これについては本書の中でさらに説明する。

●好況しか知らない人たち

私の世代はベビーブーム世代で、この世代とその子供たちはこれまで史上最大の好況しか見ていない。ベビーブーマーは不況がどんなものか知らない。ほとんど好況時の世の中しか見ていないからだ。ベビーブーマーたちは幸運にも大好況の中で育った。この好況は、世界中のお金がおもちゃのお金になった一九七一年に始まった。私の世代の人間の多くは手押し車に何杯分ものお金をかせいだ。二〇〇七年の暴落のあと、私の世代の人間の多くは手押し車に何杯分ものお金を失った。だがお金がないことより深刻なのは、彼らには時間がないかもしれないことだ。

私は自分の世代の人間とその子供たちが、経済的下降とこれから来るかもしれない不況に備えていないのではないかと危惧している。拡大する経済しか知らない人間は、収縮する経済やハイパーインフレーション経済の中で暮らす用意ができていないかもしれない。前回の不況を経験した人々を探してランチに誘うことはいい練習になる。私はドイツの不況とアメリカの不況、それぞれを生き抜いた人々とランチに出かけたことがある。これは次の不況に備える良い方法だ。あなたはどんな準備をしているだろうか。

読者の感想

最初に言っておきたいのですが、ある程度の恐慌はもうそこまで迫ってきていると思います。そして、大半の人は不意打ちを食らうことになるでしょう。私もそうですが、ほとんどの人が経済成長の時代しか経験していないからです。次の恐慌を生き延びる術は実物資産にあると私は見ています。理想的には、一つの実物資産からキャッシュフローを得ながら現物の金や銀に投資できれば、米国ドルが紙切れになったとしても、キャッシュフローや通貨の損失を相殺することができます。

——dkosters

第五章

私たちのファイナンシャル・インテリジェンスに対する陰謀

●銀行のお金を盗むいちばんの方法

問い：銀行家と銀行強盗ジェシー・ジェームズの違いは？
答え：ジェシー・ジェームズは銀行の金を外から盗んだ。銀行家は中から銀行の金を盗む。
問い：銀行の金を盗むいちばんの方法は？
答え：銀行の金を盗むいちばんの方法は、銀行を所有することだ。

——ウィリアム・クロフォード（カリフォルニア州貯蓄貸付組合局長）

●知性ある人々

人が進化するようにお金も進化する。今これほど多くの人が経済的な危機に直面している理由のひとつは、お金が進化したのに私たちがそれに合わせて進化しなかったことだ。私たちが進化しなかった理由のひとつは、私たちのファイナンシャル・インテリジェンスに対する陰謀があり、進化が妨げられていたことだ。

お金のことになるとたいていの人は知性がある。一〇歳児でさえ五ドル札と五〇ドル札の違いを知っている。五ドル札か五〇ドル札のどちらかをやると言われたら、ほとんどの子どもは五〇ドル札を選ぶ。

だが、持って生まれた知性を下げるために、私たちはお金について知らされていない。これは銀行という、お金を作り出す複雑でわかりにくいシステムによって達成された。いろいろな意味で現代の貨幣制度は論理的な人間にとっては意味をなさない。論理的に考えて、どうすれば何兆ドルものお金を何もないところから作り出すことができるのだろうか？

読者の感想

皆さんは契約書にイニシャルサインをする時、内容をよく確認せずに、あるいはろくに説明も受けずに、「ここと、ここ、それからここにもサインをお願いします」と言われるがままに署名したことがどれくらいありますか？　このビジネス慣習は、顧客の手続きを簡略化するためとよく言われるのですが、ほとんどの場合、顧客をますます無知にするための手続きなのです。

――dafirebreather

●おとぎ話とマジック・ショー

子どものころの私はおとぎ話を信じていたが、七つか八つになるころには、おとぎ話は子どものための作り話だと気づいていた。だから私はアメリカの大統領が希望を信じるよう国民に呼びかけている一方で、連邦準備制度理事会が紙幣を刷り、無から何兆ドルものお金を作り出しているのを見ると、この国の指導者たちは金のガチョウの物語を世界中の人々に信じさせようとしているのだろうか、と考える。どうやら指導者たちは、金の卵を生む魔法のガチョウを見つけ、無から富を作り出しているようだ。この物語が金のガチョウの寓話と同じ結末にならないことを願いたい。

子どものころは魔法も信じていたが、そのうち魔法ではなくただのトリックや手品だと知った。残念なことに現在お金が生み出されている方法もこれと同じで、ただの手品、マジックショーだ。米国財務省は財務省短期証券を発行し、連邦準備制度理事会はこの債券のために魔法の小切手を書く。小切手は商業銀行に預金される。商業銀行は地方銀行に小切手を発行し、地方銀行はより小規模な銀行に小切手を発行する。

だがトリックはこれだけではない。本当のマジックは各銀行でマネーサプライが増えることだ。銀行は一ドル受け取ると、部分準備銀行と呼ばれる手品のおかげで、より多くのお金を印刷できる。これについてはこの章でさらに詳しく説明する。これはどんな銀行でも使えるトリックだ。銀行は、魔法のお金を借りるためなら自由を奪われてもかまわないと思うくらいせっぱ詰まった、私やあなたのような人を探せばいいだけだ。せっぱ詰まっていればいるほど利息は高くできる。

大小を問わずすべての銀行は、実質的にお金を印刷するライセンスを与えられている。銀行からお金を盗むのに覆面は必要ない。銀行を所有すればいいだけだ。

今の時代、お金というものを理解するのにみんな苦しんでいる。誠実で勤勉な人間は、銀行が魔法のお金を作るのを見てわけがわからないと思うだろう。大金持ちの陰謀は、正直な人間には理解できない貨幣制度によって私たちのファイナンシャル・インテリジェンスを低下させている。銀行を所有することはお金を印刷するライセンスであるだけでなく、お金を合法的に盗むライセンスでもある。

私は銀行の人々を泥棒と呼んでいるのではない。銀行家もほとんどは正直な人々で、この強盗がどのように行われているかをまったく知らない。多くの銀行家は顧客の富を盗んでいることを自覚していない。銀行家もファイナンシャル・プランナーや不動産業者と同じように客と握手して「どういったご用件でしょう?」と聞く。たいていの銀行家はただ自分の仕事をしているだけで、私たちと同じように生計を立てようとしている。私たちの富を盗むのはお金を創造するシステムであり、同じシステムが人を裕福にもする。

●お金の進化

人間社会が高度に進化し、高度な取引の方法が必要になるにつれて、お金は進化してきた。

以下に、お金の進化の段階と、本物のお金が魔法のお金へと進化した流れをごく簡単に説明する。

1.物々交換

最初の貨幣制度のひとつが物々交換だった。物々交換とは、商品やサービスを他の商品やサービスと交換することだ。例えば、ある農民がニワトリを持っていて靴が必要だったら、ニワトリと靴を交換することができる。物々交換の明らかな問題点は面倒で時間がかかることだ。相対的な価値を測るのが難しい。靴職人がニワトリを欲しがらなかったらどうなる？　ニワトリを欲しがったとして、彼の靴にはニワトリ何羽分の価値があるだろう？　もっと手っ取り早くて効率的な交換手段が必要で、そのためにお金が進化していった。

ところで、経済が下降を続けて経済的に苦しい状態が続けば、物々交換が増えるだろう。物々交換の良いところのひとつは、政府が税金を課すのが難しいことだ。税務署はニワトリでの支払を受け付けない。

2. 商品貨幣

交換のプロセスのスピードを上げるため、特定の集団は価値を表すものとして形のあるものを認めるようになった。商品貨幣の初期の例に貝殻がある。他に、石、色のついた宝石、ビーズ、牛、ヤギ、金、銀なども使われた。ニワトリを靴と交換する代わりに、養鶏家は色つきの宝石六つと交換に靴職人から靴をもらう。こうして商品貨幣を使うことで交換のプロセスのスピードが上がり、短時間で多くの取引を行うことができるようになった。今でも金と銀は国際的に貨幣として認められている商品だ。これは私がベトナムで学んだ教訓だ――紙幣が通用するのは国内だけだが、金は国際的でたとえ敵陣でもお金として認められる。

3. 兌換紙幣

貴金属や宝石を安全に守るため、裕福な人々は金、銀、宝石を信頼する人に預け保管させた。その人は、預かった貴金属や宝石の受領証を裕福な人に渡す。これが銀行業の始まりだ。兌換紙幣は最初のデリバティブ（金融派生商品）のひとつだった。繰り返しになるが、デリバティブとは「別のものから派生したもの」という意味で、オレンジジュースがオレンジから派生し、卵がニワトリから派生するのと同じだ。お金が有形の価値がある品物から受領証という価値があるデリバティブへと進化すると、ビジネスは加速した。

昔、商人が砂漠を旅して市場から市場へと移動する時、盗難を恐れて金銀は持ち歩かなかった。代わりに金、銀、宝石を預け、受領証を持ち歩いた。受領証は彼が所有し預けている貴重品のデリバティブだった。

遠い土地で商品を購入した場合、商人は受領証、つまり価値があるデリバティブで支払をした。

売り手は、その受領証を自分の銀行に預けた。すると、ふたつの都市の銀行は、金、銀、宝石をひとつの銀行から砂漠の向こうのもうひとつの銀行へ移動する代わりに、買い手と売り手の口座を照合し、受領証に対する貸し借りで帳尻を合わせた。これが現代の銀行業と貨幣制度の始まりだ。この時もお金が進化し、ビジネスが加速した。現代における兌換紙幣は、小切手や銀行為替手形、電信送金やデビットカードだ。銀行の主要事業を三代目ロード・ロスチャイルドは以下のように説明した。「お金を、そのお金が今あるA地点から、それが必要とされているB地点へ移動する手助けをすることだ」

4. 部分準備兌換紙幣

貿易によって富が増えると、銀行の金庫は金、銀、宝石などの貴重な商品でいっぱいになった。銀行は間もなく、顧客が金、銀、宝石そのものはほとんど必要としていないことに気づいた。取引をするには受領証のほうがずっと便利だった。受領証は軽く安全で持ち運びがしやすい。さらに利益を上げるため、銀行は富を保管する仕事から富を貸し付ける仕事へ移行した。顧客がお金を借りに来たら、銀行はただ利息をつけた受領証を発行すればいいだけだった。言い換えれば、銀行は自分のお金がなくてもお金を増やすことができた。こうして銀行は実質的にお金を印刷するようになった。

金融用語の「in kind（現物）」はドイツ語の kinder から来ている。これは子供という意味で、kindergarten（幼稚園）という言葉も文字通り訳すと子供の園になる。現物という金融用語が生まれたのは、借り手が牛を担保として銀行からお金を借りた時だ。借り手の牛が担保になっている間に子牛を産めば、銀行はローンの取り決めの一環として子牛を自分のものにできた。これが利息の支払の始まりだ。銀行家の言葉で言えば「payment in kind（現物払い）」ということになる。

銀行は利息の支払、現物払いで利益を得たため、次第に銀行は金庫にあるお金を上回る額の融資をするようになった。ここからマジックショーが始まる。銀行はシルクハットからウサギを引っぱり出した。例えば、金庫には一〇〇〇ドル相当の金、銀、宝石しかなくても、その一〇〇〇ドル相当の貴重品と交換できる受領証は二〇〇〇ドル分発行した。この例では、銀行には二対一の部分準備がある。金庫にある金、銀、宝石の一ドル分に対して二ドル分の受領証があるということだ。銀行にあるお金は流通している受領証の一部でしかない。銀行は、厳密に言えば持っていないお金を貸して利息を集めている。あなたや私が同じことをしたら詐欺や偽造と呼ばれるが、銀行がこれをするのは完全に合法だ。

流通するお金が増えると人々は裕福な気分になった。マネーサプライが膨張しても、みんなが同時に自分の金、銀、宝石を返してくれと言わなければ何の問題もない。現代の経済学者なら「マネーサプライが増えて経済が成長した」と言うだろう。

連邦準備制度理事会などの中央銀行が誕生するまでは、多数の小さな銀行が自分でお金を発行していた。これらの銀行の多くは、欲を出して金庫にある金、銀、宝石を大幅に上回る部分準備の兌換紙幣を発行し、顧客による引き出しの要求に応えられなくなると破産した。これがイングランド銀行や連邦準備制度理事会などの中央銀行が設立された理由のひとつだ。中央銀行の目的は、お金の形を自らが発行するお金に統一し、部分準備制度を規制することだった。

米国の憲法に署名した建国の父たちは中央銀行に激しく反対したが、連邦準備制度理事会は一九一三年、ウッドロー・ウィルソン大統領と米国連邦議会の承認を受けて誕生し、この時にアメリカの大金持ちは米国財務省と協力関係を結んだ。アメリカにあるすべてのお金はこのパートナーシップが支配することになり、他の銀行はお金を発行することができなくなった。マイアー・アムシェル・ロートシルトが一世紀近く前に言った言葉は非常に予言的だった。彼は、「国のマネーサプライを支配する力を私にくれるなら、誰がルールを作るかはどうでもいい」という言葉を残している。

今日、オバマ大統領と米国連邦議会はルールを変え、新たに施行することによって経済危機を解決しようとしている。だが、ロートシルトが言ったように、大金持ちの陰謀にルールは関係ない。世界の中央銀行を支配する銀行カルテルが気にすることは、苦闘する経済に緊急援助や景気の刺激のためのお金を大統領と議会がどれだけ注入するかということだけだ。カルテルが求めているのは、そのお金に対する利息の支払、救済措置や景気刺激策のために生み出される何兆ドルもの魔法のお金だ。

二〇〇九年現在、大統領と議会は新たに八〇〇〇億ドルの緊急援助資金を投入することを話し合い、経済にお金を注入するための一連の政府事業が考案された。そのほとんどが秘密裏に行われ、「プライマリー・ディーラーに対する窓口貸出」や「コマーシャル・ペーパー買取支援制度」といった奇妙な名前がついている。これら事業については、マスコミでもほとんど取り上げられない。だが新たに設立されたこの事業により、連邦準備銀行は少なくとも三兆ドルを貸出用として、そして五・七兆を個人投資家への保証として注入している。

連邦準備理事会のバーナンキ議長とオバマ大統領は、どちらのほうが力を持っているだろうか?

読者の感想

これは実に興味深い質問ですね。このテーマについて読み進んでいけばいくほど、FRBはお金をコントロールするために政府が作り出した社会主義的な存在にすぎないのではないかと私には思えてくるのです。だからこそ、どの存在がより強大な権力を持っているかではなく、彼らが一緒になって市民より強大な権力を有することが、私には心配です。

——rdeken

これは銀行家による世代間の銀行強盗だ。陰謀があるという考えに賛成でも反対でも、現実には何兆ドルもの魔法のお金と利息を未来の世代が支払わなければならない。私たちは今日の失敗のつけを払うために子供たちの未来を使っていることになる。

5．不換紙幣

一九七一年にニクソン大統領が米国ドルを金本位制から切り離すと、米国は金庫に金、銀、宝石などが何もなくてもお金を作れるようになった。

理論的に言えば、一九七一年までの米国ドルは金のデリバティブだった。だが一九七一年以降、米国ドルは負債のデリバティブになった。ドルを金から切り離したことはとんでもなく大規模な銀行強盗だった。

不換紙幣は政府の誠意と信用だけに裏づけられたお金だ。政府と中央銀行によるお金の独占を尊重しない者がいたら、政府は詐欺と偽造でその者を刑務所に送ることができる。お金が不換紙幣になったことは、税金など政府に支払うお金はすべてその国の通貨で支払わなければならないことを意味する。税金をニワトリで払うことは認められない。

●硬貨を削る、質を下げる

お金が商品貨幣だった時、特に金貨や銀貨が使われていたころにはお金を盗まれてもわかりやすかった。ローマ時代には詐欺師は硬貨の縁を削りとって人をだましていた。だからローマ時代の硬貨は不規則で奇妙な形をしている。現代の硬貨の多くが周囲に溝を掘ってあるのもそのためだ。米国の二五セント硬貨を受け取った時、縁が滑らかで不規則な形をしていたら、それは誰かが金属の一部を削りとったもので硬貨として価値がないことがわかる。誰かにお金を盗まれたということだ。お金のことになると人は知性を持っている。だが、目で見て触れて感じられるものでなければならない。

ローマ時代には通貨の品質を下げる詐欺もあった。つまり、政府は純粋な金や銀の硬貨を作らず、金や銀に錫や銅などの卑金属をまぜて硬貨を鋳造した。このような硬貨は物質的な価値がなくインフレを促進した。インフレとは価値が下がったお金から派生したものだ。

一九六四年、米国政府はローマ政府と同じように銀貨を卑金属硬貨に変えた。溝が掘られた硬貨の縁のところに銅の色が見えるのはそのためだ。溝をつけることで人々が硬貨の縁を削りとることは防止できたが、政府が銀の純度を下げることで硬貨の価値を削りとったというわけだ。一九六四年以降、誰も硬貨を削らなくなった。硬貨に価値がなくなったからだ。

一九六四年に高校生だった私は、すぐに古い銀貨を手当たり次第に集め始めた。なぜかよくわからなかったが、そうしなければならない気がした。何かが変わりつつあり、これからは硬貨でなく本物の銀を持っていたほうがよさそうだと思った。それから何年もたって、私は自分がグレシャムの法則に従ったのだと知った。グレシャムの法則によれば、悪貨は良貨を駆逐する。前の章で書いたベトナム人の果物売りと同じように私はマネーシステムの変化に対応していたということだ。私は悪いお金を良いお金と交換し、良いお金である銀貨をコレクションに加えた。その銀貨の一部は今も手元にある。

●目に見えない銀行泥棒

今の時代も、私たちのお金の一部を削り価値を下げる行為は続いている。形が変わっただけだ。お金が目に見えない負債のデリバティブになったため、銀行による銀行強盗も目に見えなくなった。つまり、銀行がどのようにお金を盗んでいるかはたいていの人には見えない。

以下に現代の銀行家が銀行から盗む方法をふたつ紹介する。

1．部分準備銀行

準備比率の限度が一二対一だとして（この比率は経済状況によって変わる）、あなたの地元の銀行に一〇〇ドル預けたら、その銀行はこの一〇〇ドルをもとに一二〇〇ドルまでの貸付をすることが認められる。これが行われると、あなたのお金は削られ水増しされて、インフレが促進される。

例えば、銀行があなたの預けた一〇〇ドルに年率五パーセントの利息を払うとする。そうすると年に五ドルの利息が支払われることになる。一方で、銀行は年一〇パーセントの利率で一二〇〇ドルを貸付けることができ、一二〇ドルが利息として銀行に支払われる。銀行は、部分準備制によってあなたが預けたお金の価値を下げ、その一〇〇ドルをもとに一二〇ドルの利益を上げたことになる。あなたが得たのは五ドルだ。

部分準備銀行制度は、硬貨を削りその価値を下げるための、現代的で目に見えない方法だ。これはごく少数の人しか気づかない現代版の銀行強盗で、あなたが利用する地元の銀行を含めてすべての銀行がこのように無からお金を作り出すことができる。預金すると銀行は「ありがとうございます」と言う。そしてまるで魔法のようにさらに多くのお金を印刷できる。あなたが預けたお金より多くのお金を銀行が貸付ける時、マネーサプライが拡大しインフレが促進される。

一九八三年六月、投資銀行の頭の良い人間が、何千もの住宅ローンをパッケージにし証券化して債務担保証券（CDO）と呼ぶことを思いついた。これは負債のデリバティブだ。彼らは国債や社債に代わる選択肢として世界中でCDOを売った。ムーディーズやS&Pなどの格付け会社は、この組み直された負債に投資適格格付けを与え、AIGなどの保険会社やファニーメイやフレディマックは、クレジット・デフォルト・スワップで取引に保険をかけた。これらの疑似保険会社が保険ではなくスワップという言葉を使ったのは、保険証券にはそれを裏づけるお金を準備することを義務づけられているからだ。スワップはお金に裏づけられていない。これがAIGなどの会社が住宅ローン市場が暴落した時に破綻した大きな理由だ。これは交通事故に遭ったあとで、自動車にかけた保険の保険会社が破産したことを知るのと同じようなことだ。

このCDOの需要が伸びると、住宅ローン会社は需要を満たすために頑張り、ついにお金を貸付ける新しい顧客を見つけた。お金が欲しくてしかたがない、頭金ゼロで新しい家を買ったり、以前に買った家の住宅ローンを借り換えて家を担保にできるだけ多くのお金を引き出そうとしたりする人々だ。新たな単語がアメリカのボキャブラリーに加わった——サブプライムだ。

最初は何の問題もないように思えたが、そのうちにサブプライムの借り手たちは月々の返済ができなくなり、負債の上に建てられた家は二〇〇五年に崩壊し始めた。この経済危機の発端は、連邦準備制度が部分準備制度によって持っていないお金を貸す力を銀行に与えたことだ。問題は、連邦政府がこのデリバティブのつけを払おうとしたことだ。その債務残高は六〇〇兆ドルを超えると推測された。

政府がつけを払うことは、現代の銀行家が自分の銀行から盗むふたつ目の方法、預金保険につながる。

2. 預金保険

預金保険は、預金者ではなく銀行を守る。アメリカには預金を守る連邦預金保険公社（FDIC）があるが、その主要な目的は、シティグループ、バンクオブアメリカ、JPモルガン・チェースなど、そもそもこの危機を引き起こす原因となった大手銀行を守ることだ。

預金者が預金を引き出そうと大挙して銀行に押しかけることを「銀行取付け騒動」と呼ぶ。FDICは、銀行が取付け騒ぎに直面しないようにするために存在している。一九八〇年代に貯蓄貸付の危機が起こった際には、預金に最高五万ドルの保険がかけられた。貯蓄貸付組合が危機に直面すると、預金保険の上限は一〇万ドルに引き上げられた。二〇〇七年に経済危機が始まった時、保険は二五万ドルに増額された。このように保険が増やされたのは、たとえ銀行が破綻しても預金者はお金を失わないという安心感を与えるためだ。二〇〇七年から二〇〇九年までの間、銀行の破綻は増えているにもかかわらず取付け騒動はほとんど発生していない。その理由のひとつは、FDICが守ってくれると預金者が安心していることだ。

FDICは役に立ってはいるが、無能で強欲で不正直な銀行家を守ってもいる。経済的なセーフティネットで安心感を与えることにより、FDICは預金者のお金でますます大きなリスクを冒す銀行家が報われるようにしている。銀行は保険料を払っているとFDICは言うが、実際にはFDICは今日の損失額を払えるだけのお金を持っていない。そのため救済措置という形で納税者が支払うことになる。銀行家は何十億ドルも持って逃げる。つけを払わされるのは私たちだ。

●すべての銀行は平等ではない

私たちは今、「救済《ベイルアウト》」という言葉を繰り返し聞かされているが、現実にはすべての銀行が救済されるわけではない。救済は最大手の銀行だけのためのものだ。

それほど大規模でない銀行が破綻すると、FDICは一般に事態を収拾するために「払戻し《ペイアウト》」という手段をとる。例えば、あなたと私が小さな銀行を所有していて不良貸付をたくさんしすぎたら、FDICは単純に銀行を閉鎖して預金者にお金を返す。私たちと投資家たちは銀行を始めるために投資した資本をすべて失う。払戻しは政治的影響力を持たない小さな銀行のための救済策であることが多い。

ふたつ目の選択肢は「売却《セルオフ》」だ。売却は、大手銀行が経営不振の銀行を買収する時に起こる。最近の経済危機でこれは何度か起こった。最も有名な例は、JPモルガンによるワシントン・ミューチュアルの買収だ。これは大手銀行が簡単に市場シェアを増やす方法となる。FDICは経営不振の銀行を金曜に買収し、月曜にはより大きな銀行の支店としてオープンする。これは売却であって救済ではない。

救済は一般に大手銀行と政治的影響力を持つ銀行家だけを対象に実行される。これは最も大きなリスクを冒し、経済に深刻な損害を与える可能性が最も大きい銀行、大きすぎてつぶせない銀行でもある。FDIC元議長のアービン・スプレーグは、著書『銀行　破綻から緊急救済へ――連邦預金保険公社理事会・元議長の証言』（原題 Bailout）で次のように書いている。「救済の場合、銀行は閉鎖されず、保険に入っているかどうかにかかわらず、誰もが完全に守られる。例外は、首になる経営者と、株式価値を大幅に希薄化される株主だ。ただしFDICがこのように優遇するのはごく少数の選ばれた銀行だけだ」

つまり、救済は大金持ちだけのものだということだ。JPモルガン・チェースやシティバンクのような大手銀行が経営困難に陥ると、納税者がすべての損失を補てんする。つまり二五万ドルの上限は適用されない。ヨーロッパの銀行が何百万ドルも預け、メキシコの裕福な男が何百万ドルもの預金を持っていたら、彼らのお金は全額支払われる。支払をするのは納税者だ。

あなたと私が最大手の銀行のようなリスクを冒したらすべてを失うことになる。救済されないからだ。簡単に言うと、ＦＤＩＣとは最大手の銀行を保護する煙幕だ。大手銀行がつかまったら政府が保釈してくれる。

●過ちが犯された

二〇〇九年、連邦準備制度理事会の元議長アラン・グリーンスパンは、過ちが犯されたと世界に対して認めた。彼はその責任を誰がとるかは言わなかった。もちろん、私たちはすでに知っている――納税者だ。

これまでに一八〇〇億ドル以上の納税者のお金がＡＩＧに注ぎ込まれた。その緊急援助資金のうち一億六五〇〇万ドルが損失を出した重役のボーナスを払うために使用されたことが判明すると、納税者の怒りがようやくバーナンキ連邦準備理事会議長、ガイトナー財務長官、オバマ大統領に届き、彼らは急にこの件について詳しく調べると述べた。ボーナスが誰に支払われたのか知りたがっている人は大勢いる。

だがそれより重要な問題は、そもそもＡＩＧのような保険会社がなぜ緊急援助資金を受け取るのかということだ。緊急援助資金は銀行のためのものではなかったのだろうか？　ウォールストリート・ジャーナル紙は極秘の書類を引用し、ＡＩＧの緊急援助資金のうち五〇〇億ドルは、ゴールドマン・サックス、メリルリンチ、バンクオブアメリカなどの企業と、いくつかのヨーロッパの銀行へ行ったと報道した。言い換えれば、ＡＩＧが緊急援助資金を受け取ったのは、世界の最大手の銀行に多額の借金があり、返済するお金がなかったからだ。二〇〇八年の第４四半期に、ＡＩＧは企業の赤字としては史上最高の額を計上した――約六一七億ドル、一時間当たり二七〇〇万ドルの赤字だ。

現時点ではＡＩＧがこの国の歴史上最も高くついた救済だ。だがそれを上回る規模の救済がおそらくフレディマックになるだろう。ＦＤＩＣの仕事が私たちの預金を保証することであるように、フレディの主要な仕事は住宅ローンを保証することだ。職を失う労働者が増えるにつれ、フレディの損失は蓄積していく。二〇〇九年三月、フレディは三万軒以上もの住宅を回収した。住宅の維持にはそれぞれ月三三〇〇ドルほどかかる。フレディマックの救済はＡＩＧよりはるかに高くつくと予測されている。

●バック・トゥ・ザ・フューチャー

本書の第一章で父親のブッシュ大統領の言葉を引用した。彼は「この政権は、アメリカの金融制度を守り安定化させ、このような問題が二度と起こらないよう恒久的な改革を導入する」と請け合った。彼が話していたのは一九八〇年代末から一九九〇年初めの貯蓄貸付組合産業についてだった。だが現在に生きているあなたや私は、このような問題が再び起こったことを知っている。

貯蓄貸付危機の際に、ジョン・マケイン上院議員はリンカーン貯蓄貸付組合の破綻と何十億ドルもの損失に関与した。ビルとヒラリーのクリントン夫妻はマディソン・ギャランティ貯蓄貸付組合に関与していた。さらに、ブッシュ家はシルバラード貯蓄貸付組合の破綻に直接関係していた。

フィル・グラム上院議員は、一九九七年と一九九八年、グラス・スティーガル法を廃止に導く手助けをした。この法律は前回の不況の時に、貯蓄銀行が貯蓄と投資の両方を扱うことを防止するために書かれた法律だ。グラス・スティーガル法がなくなると、銀行強盗は劇的な規模に膨れ上がった。興味深いのは、上院銀行委員会の議長だったグラム上院議員は、銀行、証券、保険の各産業から二六〇万ドルの選挙献金を集めていたことだ。連邦準備理事会のグリーンスパン議長、クリントン大統領、そしてクリントン政権の財務長官を務めたロバート・ルービンとラリー・サマーズ、そして現財務長官ガイトナーは、みんなグラス・スティーガル法の廃止にかかわっている。これがシティグループの設立につながった。そしてルービンはただちにホワイトハウスを後にして、この新たに設立された会社の経営執行委員会会長に就任した。

私が言いたいのはこういうことだ——大規模な銀行強盗には政治的影響力が必要で、だからこの国の政治家は救済に反応するのが遅い。体制がこれほど堕落しているなら、どうしてこれから起こる変化を私たちは信じることができるだろう？

読者の感想

これが適切な質問かどうか私にはわかりません。システムを変えることが私たちに可能かどうかもわからないので、それより、既存のシステムをどのように自分に有利になるように利用できるかと問うべきではないでしょうか。

—Rromatowski

私がいつも心に留めている最高の言葉は次のようなものです。「あなたがこの世で見たいと思う変化にあなた自身がなりなさい」(マハトマ・ガンジー)

—justemailme

●国の崩壊

一七九一年のこと、トーマス・ジェファーソンは今まさに私たちが経験しているような状況を理由に、中央銀行の設立に強く反対していた。憲法は議会に銀行を設立する権限など与えていないと指摘したのもジェファーソンだった。彼はさらに、たとえ憲法がそのような権限を与えていたとしても、それを行使するのは非常にあさはかなことだ、なぜなら銀行がお金を作ることを認めれば国家を崩壊させることにしかならないからだ、と述べた。ジェファーソンは、銀行業を常備軍にたとえることも多かった。

以前の章で書いたことを繰り返すと、ジョン・メイナード・ケインズは、マネーサプライを堕落させることについて次のように述べている。「既存の社会基盤を転覆させる最も狡猾で確実な方法は、通貨の価値を毀損することだ。そうすれば、経済の法則に秘められたあらゆる力が破壊に向かうように働き、それを感知できる者は百万人にひとりもいない」。言い換えれば、目に見えないものを突き止めるのは難しいということだ。今の時代、銀行は私たちの富を私たちの目の前で盗んでいる。どんな兆候を探すべきか知るまでは見つからない、隠れた盗みだ。

●お金についての新ルールその５：スピードが必要だ

この章の冒頭で、お金が物々交換からデジタルマネー、光の速さで移動するお金へと進化する過程を追った。今の時代、何十億ドルもかせいでいる人がいる一方で、いまだに時給七ドルで働いている人がいるのは、スピードの差によるものだ。今は、迅速に取引を実行できればできるほど、たくさんの利益を得ることができる。例えば、一般的な医師は、患者をひとりずつしか診ることができない。一方、グローバルなウェブビジネスを経営している高校生がいて無限の顧客を相手に一日二四時間取引ができるとすれば、彼は医師よりはるかに多くの額をかせぐ可能性がある。両者の差は、次章で説明するように、一方の仕事は頭脳労働的なもの（ウェブビジネス）で、もう一方は肉体労働的なもの（医師）だということだ。一方の仕事は指数関数的に富を生み出し、もう一方は直線的に富を生み出す。

今日、多くの人が経済的に苦労しているのは、単純にスピードが遅すぎるからだ。お金をかせぐペースが、銀行がお金を印刷するペースに追いつかない。金銭的な取引となると、たいていの人はまだ石器時代にいて、時給や月給、あるいは取引ごとに収入を得るか、不動産業者や株式仲買人のように手数料を得ている。将来的に成功するのは、ビジネスとお金が急速に変化していることを理解し、迅速に変化し、適応する能力と柔軟性を持っている起業家だ。

●世界の貨幣制度についてさらに詳しく知るために

貨幣制度についてさらに詳しく知りたい人には、以下のすばらしい二冊の本をお薦めする。

1．G・エドワード・グリフィン著『マネーを生みだす怪物』

これは陰謀の歴史についての分厚いが読みやすい本だ。私は三回読んだが、読むたびに百万人にひとりしか知らない世界に目を開かされる。この本は、連邦準備制度理事会が誕生した経緯と、お金が実際にはどのように作られるかについて詳細に解説している。グリフィンの発見の多くは、私の発見と重なっている。一九九四年に発表されたこの本を読むとまるで今の時代に書かれたように思えるし、世界経済についてのノンフィクションというより犯罪小説のようだ。

2．リチャード・ダンカン著『ドル暴落から、世界不況が始まる』

この本によって世界的な陰謀の全体像が見える。ダンカンは、連邦準備制度理事会の創設が決定されたジキル島での会合の結果として、現在、世界経済で何が起こっているかを解説している。ダンカンのこの本はまた、米国ドルがいかに日本、メキシコ、中国、東南アジア、ロシア、そして欧州連合などにおける景気の浮き沈みの原因となっているかを説明している。

いずれも聡明な著者による優れた書籍だ。この二冊を読めば、なぜ、どのようにして今回の経済危機が始まったのか、その全体像を深く理解できるだろう。

以上で『金持ち父さんの「大金持ちの陰謀」』の第一部を終える。第二部では、好景気の時も不景気の時もうまく乗り切る方法を学ぶ。何百万もの人々が、負債の洪水に囲まれ屋根の上に逃げて誰かが救ってくれるのを待っている今、少数だが前に進んでいる人もいる。今回の危機の歴史的な原因の一部を理解した今、世界的な問題の原因ではなく、個人的な解決法に集中しよう。第二部では陰謀に逆襲する。それでは第二部で会おう。

お金についての８つの新ルール

その**1** お金とは知識である。

その**2** 借金の活用法を学ぼう。

その**3** キャッシュフローをコントロールする方法を学ぼう。

その**4** 悪い時に備えれば、良い時ばかりが訪れる。

その**5** スピードが必要だ。

その**6** お金の言葉を学ぼう。

その**7** 人生はチームスポーツだ。メンバーは賢く選ぼう。

その**8** お金の価値はますます失われる。だからあなた自身のお金を印刷する方法を学ぼう。

第二部

陰謀に反撃する

はじめに　「陰謀ゲーム」で彼らの陰謀を打ち負かす

なぜ勝者は勝つべくして勝ち、敗者は負けるべくして負けるのか。

●歴史の重要性と未来

「ファイナンシャル・インテリジェンスとファイナンシャル・リテラシーを高めるために人々に教えるとしたら、あなたは何を教えますか?」と聞かれると、私はいつもこう答えている。「まず歴史を教えます。過去というレンズを通すと、未来がより鮮明に見えてくるからです」。本書の第一部を読んだが学ぶべきものは何もなかったと言う人も、歴史を学ぶことで将来への備えができるということだけは覚えていてほしい。『金持ち父さんの「大金持ちの陰謀」』の第一部では、米国の金融の歴史について説明し、その歴史がいまでもどのように繰り返されているのか、また大金持ちや権力者たちが中央銀行や多国籍企業、戦争、教育や政府の政策を介してどのように私たちの生活を操作してきたかについても話した。

長い歴史の中で、大金持ちや権力者たちは多くの善行を施したが、多くの悪行も為した。大金持ちが自分たちや一族の利益にばかり気を取られていたからといって彼らのあら探しをするつもりはない。私は、大金持ちを責めたりはせず、むしろ彼らの歴史を研究し、彼らのゲームを学び、彼らのお金のルールを意識して生きてきた。その過程でいくつか私自身のルールも作った。大金持ちのゲームのルールを知っている人のほとんどは、今はお金の問題で苦しんだりはしていない。だいたいにおいてお金の問題で苦しんでいるのは、ファイナンシャル・インテリジェンスが低く、お金についての古いルールに従って生きている人だけだ。

本書の第一部ではまた、経済を守るという名目でFRB（連邦準備制度理事会）が守っているのは、たいていの場合は最大手クラスの銀行、いわゆる「大き過ぎて潰せない」銀行だけだということも理解してほしかった。実際、ＦＲＢは大きくて権力の側にいる銀行を保護するために存在していると私は確信している。

ＦＲＢはこの金融危機にあって暗黙の了解で銀行を救済したが、その重役たちをクビにはしなかった。彼らの多くがこの危機を作り出す手助けをしたにもかかわらずだ。これは、景気の悪化によって打撃を受けた産業界とは様相が異なっていた。ゼネラルモーターズ社の前会長リック・ワゴナー氏はクビになったが、救済された銀行のトップはクビにはならなかった。なぜだろうか。政府は、与えうる最高の格付けであるスリーA（ＡＡＡ）を融資基準を満たさないサブプライムの債務に付けた格付け機関ムーディーズやスタンダード＆プアーズ（Ｓ＆Ｐ）を追及しなかった。海外の政府や年金基金がこれほどの不良資産に資金を投資したのも、このスリーAという格付けがあったからだ。この格付けもやはりおかしい。そしてこの不良資産を保証した保険業界の巨人ＡＩＧが、ようやく同グループが受け取った緊急援助資金が誰の手に渡ったかを明らかにしたのは、世論の強い圧力に根負けしたからだった。巨額の資金が、ゴールドマン・サックス、フランスのソシエテジェネラル、ドイツのドイツ銀行、英国のバークレイズ銀行、スイスのＵＢＳ、メリルリンチ、バンクオブアメリカ、シティーコープ、ワコビア銀行といった最大手の銀行に流れていた。

第三章で私は黙示録という言葉について触れ、それがベールをはぐという意味のギリシャ語からどのように派生したかについても話した。私にとって『金持ち父さんの「大金持ちの陰謀」』を書くことは、信じられないような作業になっている。こうして金融の歴史について書いている今この瞬間にも、歴史そのものが刻一刻と創られている。文字通り、本書の内容に呼応するかのように、金融の黙示録に予言されている出来事が私たちの目の前で進行している。ウォール街や政治家の強欲と無能を覆っていたベールがはがされつつある。

二〇〇九年四月一四日、ゴールドマン・サックスは、予想を上回る利益を得たうえ五〇億ドル規模の株式売却を行ったので、ＴＡＲＰ（不良資産救済プログラム）から受けていた公的資金を返済すると発表した。だが米国メリーランド大学のピーター・モリシ教授は、その夜放送されたＣＮＢＣの経済ニュースの中で、銀行がデリバティブを使ってギャンブルをしているという構造的な問題は解決されていないと指摘し、それどころかゴールドマン・サックスは、模範的な市民としてこれまで通りビジネスを続けようとしていると述べた。さらに彼は、「こうした金融機関が、デリバティブのデリバティブ、さらにそれを元にしたデリバティブを販売し続けるのを規制したり、ブランケンフェルド（発言ママ）に年間七二〇〇万ドルもの大金を支払うのを止めさせたりすることは必ずしも必要ではないという考え方こそが狂気だ」と発言した。これが、ベールがはがされ秘密が暴かれつつあることの一例だ。これが金融に関する黙示録なのだ。

ゴールドマン・サックスが財務的に成功しているのは、彼らがお金に関して健全な判断をしてきたからではなく、ニューヨークタイムズ紙が報じた通り、ＡＩＧを介して連邦準備制度（ＦＲＢ）が注入した公的資金で救済されたからというのが事の真相だ。ＦＲＢの仕事は困っている貧者を助けることではなく、困っている金持ちを助けることだからだ。だから弱小銀行がこのような緊急援助を受けることはない。零細企業もそうだし、ほかの支払いを滞らせてまで住宅ローンを誠実に支払っている人々も同じだ。

●『金持ち父さんの予言』が成就しつつある

必ず成就されるであろうもう一つの金融の黙示録は、年金と引退後に関する予言だ。簡単に言うと、引退後の保障が現実に消滅しつつある。米国の政府年金を支える年金給付保障公社（ＰＢＧＣ）は二〇〇九年四月、株式市場の暴落によって何千億ドルという公的年金の基金が不足していると公表した。これは、政府職員を無事に退職させるために、各州政府が増税しなければならないことを意味している。言い換えれば、できもしない約束をしていたために各州政府は苦境に陥っている。さらにこれは、「年金」という従来の考え方がもう終わっていて、将来息を吹き返すことはないことの証明でもある。

この年金危機については、二〇〇二年の著書『金持ち父さんの予言』に詳しく書いたし、史上最大の株式暴落が迫っていることについても説明した。たしかに最近の市場に大混乱はあったが、本当の大暴落はまだ起こってはいないと私は確信している。予言された大暴落の原因は、いわゆる401（k）型年金プランの欠陥にあるのだが、この年金プランは、崩壊しかけていた年金制度を立て直す試みとして一九七四年に米国連邦議会が成立させたものだ。『金持ち父さんの予言』を刊行した当時、株式市場は少なくとも数字の上では記録的な全面高だった。だから支配者層が、株式市場と投資信託が多くのアメリカ市民の引退後の問題を解決してくれると考えていたことはほぼ間違いない。案の定、ウォール街とマスコミは私のこの本を激しくこきおろした。

だが今日では、市場は記録的な高値から五〇パーセントも下落することがあり、同書に書いたように、近い将来に市場がさらに急落しても私は驚かない。もう誰も笑いごとだとは思っていない。市場がこれほど下げてもさらに激しい暴落が待ち受けていると私が確信しているのは、401（k）が、米国史上最大の人口を誇るベビーブーマー世代の退職資金を株式市場にむりやり投資させるための促進剤として働いているからで、そのことが株式と投資信託に対する巨大な需要を生んできた。ベビーブーマーたちは、定年退職すると生活費に充てるためにそのお金を引き出し始める――これは、株式を買っていた彼らが株式を売る側に転じることを意味している。株を買う人より売る人が多くなれば市場は下落する。だから、二〇〇九年現在四五歳以下で、株式市場の動きに連動する年金プランに加入している人は問題を抱えていることになる。株式市場はいずれ回復するから大丈夫だと思っている人が大勢いるが、市場は回復せず、ベビーブーマー世代が本格的に退職し始める二〇一二年から二〇一六年の間に下落し続けるだろう。「悠々自適の引退生活」などというものは、高齢者層にとっても若年層にとっても幻想になりつつある。

●古代の歴史がよみがえる

歴史について重要なことを一つ書いておく。アメリカ合衆国の建国の父たちは連邦準備制度のような中央銀行を作ることに反対した。初代大統領となったジョージ・ワシントンは、「大陸紙幣《コンチネンタル》」で彼の軍隊に支払をしなければならなかった時、政府発行のお金の痛みを味わった。この紙幣は、最終的にはその本当の価値に――つまりは価値ゼロになった。トーマス・ジェファーソン大統領は、中央銀行の創設に断固として反対していた。それなのに今日では、中央銀行が金融の世界をコントロールしており、私たちは、この金融危機を私たちのために解決してくれるようにと彼らに権力を与えた。だがこの危機はまさに、彼らが手助けして引き起こしたものだ。

端的に言えば、中央銀行は何もないところからお金を作り出し、自分で稼いでもいないお金について私たちに利子を課す。その利子は税金やインフレ、そして今日ではデフレといった形でも支払われていて、その結果として人々は失業したりマイホームの価値が無くなるという事態に追い込まれている。連邦準備制度の政策は、抽象的な存在ではない。それらは強力な行動の力であり、あなたのお金に関する幸福度を暗に明に決定づけている。

マイホームを購入する人なら誰でも、最初の二、三年の住宅ローンの支払はほとんどが銀行への利子の支払に充てられ、元本はほとんど減らないことを知っているはずだ。銀行は、自ら稼ぐどころか何もないところから作り出したお金について現実に利子の支払を受けている。本書の第五章が非常に重要なのは、部分準備銀行制度、すなわち、例えばあなたが預け入れた一ドルに対し銀行は一二ドルを貸し出せるとした銀行制度について説明しているからだ。部分準備銀行制度を通じて何もないところから実際にお金を作り出すのを銀行に許していることが、米国ドルの価値を落とし、さらには私たちの富を奪っている。今日、世界中の中央銀行は何兆ドルにも匹敵する紙幣を刷りまくっていて、それを借金や税金、インフレという形で私たちが支払わされているのだ。

●政府主催の現金強奪

一九一三年に連邦準備制度が創設されたとき、中央銀行と米国財務省証券に関する取引が成立した――これが政府主催の現金強奪だ。歴史とお金の成り立ちについてしっかり理解できていないと、本当のファイナンシャル教育はできない。「就職してお金を貯め、マイホームを買って、株や債券・投資信託に幅広く分散された金融商品に長期投資しなさい」と子供に言うのは、中央銀行の運用マニュアルに書かれているセリフをそのまま読み上げていることになる。それは、大金持ちたちが喧伝している成功神話だ。

だから本書では、基礎的な歴史についてずいぶん話してきたし、大金持ちの陰謀にまつわる数多くの事実を提示してきた。それもこれも、「陰謀ゲームで彼らの陰謀を打ち負かすのに自分にできることは何か」という問いに答えるのに必要な歴史に関する知識をあなたに備えさせるためだ。陰謀ゲームで彼らの陰謀を打ち負かすのにあなたにできることは何か?――この問いに対する答えは、本書の後半に書かれている。

●連邦準備制度はだれのための存在か

今日、多くの人々が大手銀行や政治家、この金融危機について不満を鳴らし、批判を口にし、愚痴を並べている。私に言わせれば、それは時間の無駄だ。G・エドワード・グリフィンが彼の著書『マネーを生みだす怪物』で述べたように、「ゲームの名は銀行救済《ベイルアウト》」だ。言い換えれば、あなたが今日目にしているのは、連邦準備制度による現実のゲームだ。この制度は、大手銀行が政治的な力を得て大儲けした後に破綻し、最後には納税者によって救済されるように設計されている。その過程で金持ちはますます金持ちになり、貧しい者はますます貧しくなる。連邦準備制度はあなたのためにあるのではない。それは、「権力の側にいる大金持ち」のためにあるのだ。

読者の感想

私が一番びっくりしたのは、AIGの裏口からゴールドマン・サックスといった大手銀行に巨額のお金が流れていたことです。それに、さらに大きな現金強奪が水面下で起こっている間、一般大衆に対してはそれを隠蔽するための煙幕が張られていたことです。昨日、増税に反対するデモのニュースをテレビで見ていたのですが、紙幣の増刷に反対する様子がまったくなかったのは興味深いことでした。彼らの主な主張は子供たち世代への課税に反対ということでした（これには私も賛同します）。連邦準備制度がマネーサプライを増やすことによって起こる本当の増税について分かっている人は誰もいないようでした。

——herbigp

●連邦準備制度は廃止されるべきか

連邦準備制度（ＦＲＢ）は廃止すべきだと主張する人々もいる。問題は、「それに代わる存在があるのか」ということだ。制度の廃止はどれほどの混乱を引き起こすのだろうか。そしてその収束にはどれだけの時間を要するのだろうか。

ＦＲＢに対して毒づいている暇があったら、「自分の経済状態に対するＦＲＢの影響を最小限にするために自分にできることは何か」と問いかけたほうがいい。私自身はずいぶん前に、金持ちのゲームを研究し、自分のルールに従ってゲームをプレーしようと決心した。一九八三年、フラー博士の『巨人たちの世界的現金強奪』を読んだ私は、金持ち父さんから教わった知識と経験を駆使して、金持ちのゲームを他の人とは違うやり方でプレーしてきた。この危機に対する備えを何年も前に始めていなかったら、私も今頃は、溶けていく自分の年金や下がる一方のマイホームの価値を茫然と眺め、まもなく仕事も年金も健康保険も失うことを怖れながら老いていくだけのベビーブーマーの一人になっていたかもしれない。最悪の場合、私の実の父である貧乏父さんのように、社会保障制度やメディケアを通じて政府の世話になるという事態を迎えていたかもしれない。

本書の第一部のテーマは歴史であり、歴史が今もどのように繰り返されているかについて説明した。いまやあなたも、未来をはっきり見るのに必要な歴史に関する知識を得た。第二部では未来に重点を置いて、あなたが大金持ちの陰謀に邪魔されずに繁栄するのに役立つお金の新ルールを提供し、陰謀ゲームで彼らの陰謀を打ち負かすためにどんな備えをしたらよいかについて説明していく。

第二部は第六章から始まるが、この章では経済の現状について触れ、経済は再生するのかという問いについて考えていく。

第七章からは、私自身がどのように備えてきたか、将来に備えるために今何をしているか、そしてあなたはどのような備えができるかについて話す。あなたは、どのようにすれば陰謀を企てる者たちのゲームで彼らを打ち負かすことができるのか、そして、どうすれば大金持ちの陰謀から脱出できるかを学ぶことになる。

読者の感想
どの時代にも、どんな経済状態にも備えてきた人はいました。誰かにできたことなら、私にだってできます。あなたをはじめ何人かの人は、人生を自ら切り開いて成功した人々です。あなた自身の体験から学ばせてもらっていることを嬉しく思います。そして今度は私も、できるかぎり多くの人を手助けするつもりです。
deborahclark

第六章

私たちは今どこにいるのか

●経済は回復するのか？

二〇〇九年三月二三日、ダウ平均株価は四九七ドル高の急騰を記録。まれに見る急反発だった。二週間足らずで一二二八ドル上昇したことになる。

これを書いている二〇〇九年四月現在も、ウォール街では反発が続いている。なかには最悪の時期は終わったと思い、あわてて株取引を再開している人たちもいる。一方、今回の持ち直しは「弱気市場の反発《ベアーズ・マーケット・ラリー》」、私の好きな言葉を使うと「お人よしの反発《サッカーズ・ラリー》」だと考えている人たちもいる。サッカーズ・ラリーは相場が底を打ったと思い、安い株を買いあさって次の昇りエレベーターに乗ろうとする人たちを吸い寄せる。エレベーターはしばらくの間は上昇するが、何の前触れもなく弱気なクマがケーブルを切ってしまう。上がったときよりも速いスピードでエレベーターが落ち始めると、欲どころではなくなり人々はパニックに陥る。

今、誰もが知りたがっているのは、「危機は脱したのか？　経済は回復するのか？」ということだ。

私の答えは「いや、経済は回復しない。経済は次の段階へ進み、回復するのかと尋ねている人たちは取り残されている」というものだ。

『金持ち父さんの「大金持ちの陰謀」』第二部の実践編に進む前に、この章では、政府の介入にもかかわらず世界がどのように前回の恐慌を乗り切ったかを説明しつつ、現在に生かすために過去の持つ意味を検証していく。歴史を少し知ることで現在がより明確になり、未来もより見えやすくなる。

読者の感想
経済が完全に回復することはないだろう。これまでもそうだったが、これからも絶えず変化し展開していく。その変化が良い方に向かうのか悪い方に向かうのか、それはその時にならなければわからない。だが、経済全体がどちらに進もうと、私たちは皆、繁栄する準備をするためにここにいる。—ジェローム・ファツァーリ

●一九五四年の新しい経済

すでに述べたとおり、一九五四年にダウがようやく三八一ドルという前回の最高値へと再浮上するまで、米国の経済は大恐慌から回復できなかった。この年に経済が回復したいくつかの理由を以下に挙げる。

1. 第二次大戦世代が家庭を持ち始めていた。戦争が終わった時、兵士たちは帰還し、大学へ行き、結婚し、子供を作った。一九五〇年代に入ると、住宅ブームおよびベビーブームがやってきた。
2. 一九五一年にクレジットカードが初めて登場し、買物はアメリカの国技となった。郊外に住宅地が出現し、ショッピングセンターが雑草のように次々誕生した。
3. 州間高速道路が建設され、自動車産業が活気づいた。ドライブインは若者のたまり場となり、ファーストフード産業が誕生した。一九五三年、マクドナルドがフランチャイズ展開を始め、生まれたばかりのファーストフード業界の花形となった。
4. テレビが全米で社会現象となり、ベビーブーマーたちはテレビで育った最初の世代になった。人気番組「エド・サリヴァン・ショー」によって娯楽産業が活況を呈し、スポーツのスター選手が新たな超大金持ちになった。広告が人々の日常生活にまったく新しい影響を与えるようになった。
5. ボーイング社が７０７型機を開発し、ジェット機時代が到来する。パイロットや客室乗務員が突如あこ

がれの仕事となる。飛行機の利用に対する需要増加に対応するため大きな空港が建設されるようになり、巨大空港はそれ自体がひとつの産業となった。自動車での旅行で疲れた人々を迎えるため、あちこちにホテルや滞在型の総合レジャー施設が誕生し、観光事業が活況を呈した。運賃の低下と移動時間の短縮によってハワイを訪れる観光客が増えたおかげで、金持ち父さんはとても金持ちになった。

6. 労働者は、会社の年金や健康保険を一生期待することができた。退職後のための蓄えや医療保険の保険料などの負担がなく、労働者は今より自由にお金を使うことができた。

7. 中国は貧しい共産主義国だった。

8. 米国は新しい経済大国および軍事大国となった。

●五五年後の変化

五五年前、新しい経済に弾みをつけた要因の多くは、二〇〇九年の今、勢いを失っている。

1. ベビーブーム世代は引退し、第二次大戦世代の親といっしょに社会保障やメディケアの受給者になり始めている。

2. 郊外はサブプライム問題の爆心地となっている。郊外の人々が苦しむなか、大規模なショッピングセンターは困難な状況に直面し、小売店は廃業し、オンラインショッピングが急増している。

3. 幹線道路や橋は大規模な修理を必要としている。自動車産業は瀕死の状態にあり、時代遅れになっている。昔から言われていた「ゼネラルモーターズが進む方向に、米国も進む」という言葉は、かつてないほど真実味を帯びている。

4. テレビ局は広告主を失いつつある。広告主の多くがウェブに乗り換えているからだ。

5. パンアメリカン航空などの大手航空会社は過去のものとなり、ユナイテッド航空などの巨大企業は生命維持装置につながれている。今や、人々は机にすわったままインターネットを介して世界中の人を訪ねることができる。

6. 人間はより長く生きるようになったが、多くの人が太りすぎで健康状態も悪い。糖尿病は新しい社会問題となり、医療制度は破綻寸前だ。健康管理に費用がかかりすぎて多くのビジネスがつぶれ、大勢が職を失っている。

7. 年金制度が破綻しそうになっている。退職後、企業年金や医療保険に頼れる労働者は少ない。七八〇〇万人のベビーブーマーたちがメディケアや社会保障制度に頼るようになったら、政府プログラムにとっては大惨事となるだろう。

8. 中国はまもなく地球上でもっとも裕福な国になるだろう。現在、中国は世界の準備通貨を米ドルから他へ変えようとしている。もしそれが実現したら米国は破滅してしまう。

9. 米国は地球最大の債務国となり、その返済能力を超える債務を軍が生み出している。

ここでさっきの問いに戻ろう。経済は回復しているのか? 私はそうは思わない。前回の恐慌から私たちを引っ張り上げてくれた好景気は死にかけている。古い経済が回復するのを待つ何百万人もの人たちが取り残されようとしている。人々の仕事は時代遅れになり、テクノロジーに取って代わられるか、より安い労働力を持つ国にアウトソーシングされ、失業率が上がっている。これは、今まで以上に持てる者と持たざる者、金持ちと貧乏人の差が開くことを意味する。中流層は溶けてゆく流氷のように小さくなっていくだろう。

●米国の将来

誰でも直接またはテレビで、貧困に苦しむ人々や彼らが暮らすスラム街を見たことがあるだろう。目にするたびに私は立ち止まり、どうしたらこの問題を解決できるのか考えさせられる。

機会があったら、南アフリカのケープタウンにぜひ行ってみてほしい。ケープタウンは世界でもっとも美しい街のひとつだ。豊かで現代的であり、刺激的で活気にあふれている。そして、この街は世界の将来を映し出していると私は思う。空港から街へ向かう途中、目にするのは何マイルも何マイルも続くスラム街と、文明的な生活との境界で何とか生きている何十万人もの人々だ。車でスラム街の横を通りすぎ華やかなケープタウンに近づくとき、米国の将来を見ているのではないかと思うことがある。いつの日か米国の中流層はスラム街に住むのではないかと考えてしまう。

読者の感想

ベビーブーマー世代の中でも年長組の私には、定年退職が差し迫っているのですが、おおむね悲観的にならざるをえません。健康が損なわれる前に被った損失を取り戻すことができるとは到底思えません。とくに平均寿命が延びているので、老後にどれだけ生活の質を保てるのかとても不安です。

―jeue1152

私は挑戦することが大好きなので、将来については楽観していますし、状況がどうなるかにはとても興味があります。アメリカ国民は新しいやり方で立ち直るでしょう。でも、それには時間がかかるだろうし、まったく違った考え方をしないといけないだろうと想像しています。

―annebecker

●一九八七年の暴落

現在、中流層がますます貧しくなり、金持ちと貧乏人の差が大きくなっている原因のひとつは、一九八七年の暴落と二〇〇七年の暴落の違いにある。

一九八七年一〇月一九日、私はロサンゼルスからオーストラリアのシドニーへ向かう便に乗っていた。燃料補給のためホノルルに着陸した際、飛行機から降りてターミナルの公衆電話から友人に電話をかけた。

「株式市場が暴落したって聞いたか?」友人は言った。

「いや、聞いてない。飛行機に乗っていたから」と私は答えた。

「かなり深刻だぞ。ダウは今日二三パーセント下がった。大勢の人が文無しになった」

「その人たちにとっては悪いことだが、私にはいいニュースだ」と私は答えた。「金持ちになるチャンスだ」

一九八七年から一九九四年にかけて、妻のキムと私はビジネスを構築するため一所懸命働き、持っていたお金をすべて投資した。多くの友人や親戚には頭がおかしくなったと思われた。彼らはひっそり暮らし、景気が回復するのを待っていた。投資をする代わりにマットレスにお金を詰め込んでいた。一九九四年にはキムと私は経済的自由を手に入れ、一九九五年に上げ相場が始まった時には多額の利益を上げることができた。何もしなかった友人の多くは未だに金銭的な問題を抱えている。

> 読者の感想
>
> そう、一九八七年のことを覚えています……もっと自立したいと思い、脱サラして自分のビジネスを始めた年です。スーパーアニュエーション（年金プラン）の積立金を会計士の助言に従ってプライベートファンドに投資しました。複数のファンドに振り分けずになぜ一つのファンドに投資するのかと質問したのを覚えているのですが、そのときの会計士の答えは、こんな少額ではそんな手間をかける意味がないということでした。それは、市場が大暴落して私が汗水たらして稼いだ（一〇年分の）老後の資金が一瞬にして半分になる数か月前のことでした。私のお金に関するトレーニングはまだ始まってすらいませんでした。
>
> ——10 billion

●二〇〇七年の暴落

二〇〇七年の暴落は、一九八七年の暴落とは違う。これまでと同じように市場が回復するかどうかはわからない。一九五四年の好景気をもたらした多くの産業は今死にかけている。今回はいろいろなことが違う。

一九八七年と二〇〇七年の暴落の大きな違いはインターネットの台頭だ。インターネットはあらゆるものを変化させている。インターネットは、有害なものとなったドルや破産した政府とともに、人々が取り残され失業率が上昇している主な原因のひとつだ。

インターネットが世界中で引き起こしている変化は、一四九二年にコロンブスがアメリカ大陸を発見した時に比べ、一〇〇万倍も劇的なものだと私は思う。コロンブスのような探検家たちが世界に新しい富をもたらしたのと同様に、インターネットは今日の探検家にさらに大きな富の世界を開いている。

しかし、コロンブスとインターネットの間には著しい違いがある。コロンブスがもたらした変化は目に見えるものだった。略奪された富を積んだ船や積荷を、先住民や彼らが暮らす土地の絵を、人々は見ることができた。

それに対し、インターネットの世界は目で見ることができない。インターネットの世界は目に見えるものではなく、頭脳で見なくてはいけない。人々が取り残されているのはそのせいだ。世界を作り直している変化を見ることができないからだ。盲目になり、時代遅れになってしまっている。

●あなたは時代に取り残されているか？

かつてバックミンスター・フラー博士は、変化が目に見えなくなった時、その変化の速度は幾何学級数的に上がると言い、この概念をある論文で「加速する加速度」と呼んだ。その例としてフラーは航空技術の急速な進歩を挙げた。前世紀に飛行技術がどれだけ急激に発展したかを考えてみてほしい。一九〇三年、ライト兄弟が初めて飛行機での持続飛行に成功した。一九六九年には、初めて月に人間を着陸させた。そして現在、秒速七七四三マイルで進むスペースシャトルがあり、近いうちに火星まで飛べるようになるだろう。これが加速する加速度の例だ。テクノロジーと、そのテクノロジーがビジネスに与える影響がほとんど追いつけないほどの速度で変化している。

一九八〇年代初頭に行った講演で、フラーは二〇世紀の終わりまでに大躍進する新しい技術について話した。テクノロジーが進歩する速度を追跡し、未来を予測することができると彼は主張した。講演でフラーが語ったことのひとつが心に残っている。「私たちは目に見えないものの世界に突入しつつある」と彼は言った。わかりやすくするため彼はこう付け足した。「仰向けに寝転がって雲を見ても、雲が動いているのはわからない。しばらく目を閉じて、再び上を見た時に初めて変化に気づく」と。

フラー博士は心配していた。彼が伝えようとしていたのは、近い将来何百万人もの人々が仕事を失うだろうということだった。人々の視界からまったくはずれたところで機能する技術や発明によって、仕事を失うだろうと。フラーの言葉をよく覚えている。「自分の方に向かってくるのが見えないものをよけることはできない」と彼は言った。

その具体例として、フラーは馬から自動車への進化について語った。「人間は自動車を実際に見ることができた。それは目に見える変化だった。車が自分に向かってきたらよけることができる」。車は目に見えるものだったので、人は順応し、自分の生活を変えることができた。しかし、未来の発明は目に見えないものになるだろうと彼は言った。そのため、人間は自分たちの生活を変えているものを見ることができなくなると。そして次のように簡潔に話を終えた。「人間は目に見えないものに押し倒されるようになる」

現在、人々は目に見えず理解できないものに押し倒され、時代から取り残されている。自分たちの技術がもはや必要とされなくなったために、何百万人も失業している。彼らは時代遅れになってしまったのだ。

●高速でビジネスを

一九七〇年代に初めて事業を立ち上げた時、私はすぐにユナイテッド航空とパンアメリカン航空で数百万マイルの移動をするようになっていた。今は自分のオフィスにすわってウェブを使い、より短い時間により少ない労力でより多くの人々と接触し、しかもそのすべてをずっと少ない費用で行っている。私は以前よりお金を儲けることができるようになったが、航空会社は苦境に陥っている。私のようなビジネス旅行者が世界中の人々と仕事をするのに、より早くより安い方法を見つけてしまったからだ。

一九六九年、私はニューヨーク州キングスポイントの米国商船アカデミーを卒業した。当時、私たちは世界でもっとも高給取りの卒業生だった。多くの同級生は、ベトナム戦争水域で貨物船に乗れば、卒業してすぐに年間八万から一五万ドルかせぐことができた。二二歳の若造には悪くない初任給だ。

卒業後、私は二、三カ月スタンダード・オイル社のタンカーで働いた。しかし、弟がベトナム戦争で戦うために入隊した時、私は高賃金の仕事を辞め、海兵隊のパイロットとして志願した。収入は月約五〇〇〇ドルから月二〇〇ドルに減った。ショックだった。

現在、同級生のなかには未だに船に乗っている人たちもいる。その多くは年間約四〇万ドルかせぎ、引退後は年間二〇万ドルの年金を受け取るだろう。大学教育への見返りとしては悪くない。

私は戦争が終わったあと、航海の仕事に戻ったり、航空会社でパイロットになったりせずに、起業家になることを選んだ。今はその選択の恩恵を受けている。

同級生と私の間には二つの主な違いがある。第一の違いは、私の仕事の九〇パーセントは頭脳労働であり、彼らの仕事の九〇パーセントは肉体労働だという点だ。彼らは給料をもらうために船を動かさなくてはならない。私は寝ている間もお金をかせいでいる。第二の違いは取引速度だ。同級生は週五日間働き、月払いで給料をもらう。私は毎日二四時間週七日間、一年三六五日働き、分単位でお金をかせいでいる。働くのをやめてもお金は入ってくる。その方法は今後の章で説明していくつもりだ。

フラー博士が言った加速する加速度を理解してから、私は常に時代の先を行くため断固とした行動を取ってきた。時代遅れになるつもりはない。景気が回復するのを待つ気もない。加速する経済の先を行くように一生懸命働いている。

●パブロフの犬

第一部で語ったように、今日の金融危機の種が植えられたのは、私の見るところ一九〇三年に米国の教育システムが乗っ取られた時だ。学校では未だにお金に関するきちんとした教育が行われていない。

米国に奴隷制度が存在した不幸な時代、奴隷は教育を受けることを禁じられていた。州によっては、奴隷に読み書きを教えることは犯罪ですらあった。教養のある奴隷階級は危険だからだ。現在、私たちは子供たちにお金の知識を与えられずにいる。これは奴隷を——賃金の奴隷を——作る新たな方法だ。学校を卒業すると、ほとんどの子供たちは仕事を探し始め、貯金をし、家を買い、投資信託に長期的な分散投資をする。

何百万もの人々が仕事を失っている今はどうだろうか? 彼らは学校に戻って再び教育を受け、別の仕事を探し、何とか貯金をしようと努力し、ローンを払い、引退後のために投資信託に投資する。そして自分の子供にも同じことをするよう教えるのだ。

イワン・パブロフは、犬の消化器官の研究により、一九〇四年にノーベル生理学・医学賞を受賞した。「パブロフの犬」は今では条件反射を指す言葉になっている。高賃金の仕事を手に入れるために学校へ行き、家を買うために貯金をし、株や投資信託に分散投資するのは条件反射の一例だ。なぜそうするのか、多くの人ははっきりと説明できないだろう。彼らはただそう教えられたからやっているだけ、つまり条件反射なのだ。

●従業員から起業家へ

一九七三年ベトナム戦争から帰還すると、失業した貧乏父さんがひとりぼっちで家にいた。ハワイ州副知事選に出馬したが落選したのだ。父は賢く、教養があり、働き者だったが、五〇歳で人生の敗者になった。教育システムのなかではスターだったが、ビジネスや政治の世界には適応できなかった。学校では生きていけたが、実社会では生きていけなかった。

父からのアドバイスは、学校へ戻って博士号を取り、政府の仕事に就けというものだった。父のことはとても愛していたが、私の人生は父の人生とは違うと思っていた。家を出てワイキキへ車を走らせ、二七歳で再び私は金持ち父さんに弟子入りした。それは私が今までに下したもっとも賢い決断だ。起業家になるため、私は従業員の条件反射をうち破ったのだ。

歴史は、条件反射を無視し、自らの道を築いた成功者たちの物語にあふれている。ライト兄弟やヘンリー・フォードは高校を卒業しなかった。ビル・ゲイツや、マイケル・デル、スティーブ・ジョブズは大学を卒業していない。グーグルのセルゲイ・ブリンは、スタンフォード大学の博士課程を途中でやめている。マーク・ザッカーバーグはハーバード大学の寮の部屋でフェイスブックを立ち上げ、カリフォルニアへ旅行に出かけて学校へは戻らなかった。世界を変えたこの人たちは皆、仕事を見つける必要がなくなったので学校をやめている。彼らはアイデアを持ち、そのアイデアを実行する勇気を持っていた。彼らはビジネスを始め、他の人々のために仕事を作った。今、起業家精神は世界中で噴出している。重要なのは、もっとも成功している起業家たちが情報化時代であることを理解していることだ。大半の人が見ることのできない変化を、彼らは見る力を持っている。

●今とは違う未来

今の世界には未来を変えていく新しい世代がいる。それは、一九九〇年以降に生まれた子供たちの世代だ。この子供たちはインターネットの存在する世界しか知らない。彼らは一九九〇年以前に生まれた人たちとは違う。彼らは異なる世界に生まれ、異なる未来を築き上げていく。どのような未来になるか、はっきりとはわからない。ただ彼らが見る未来は、私が見る未来とは違うということはわかる。

また、金持ちと貧しい人の格差はさらに広がるだろうということもわかる。低賃金の国々が世界規模で競争し、企業が光の速さで海を越えて意見を交換し合うなか、高賃金、終身雇用という考えは非現実的になりつつある。仕事は人件費の安い国々へ移っていってしまう。近いうちに、安い情報端末とインターネットへのアクセスを確保した若い起業家たちが、スラム街から抜け出し、世界を変える日がやってくるだろう。現状に満足している裕福な人たちが、自分たちのぜいたくな世界がかき乱されていくのに気づくなか、若くハングリーな起業家たちが世界の未来を変えていくだろう。そのなかにはスラム街出身者もいる。

産業時代には、石油や金属、木材、食糧など世界の天然資源は金持ちの国々が支配していた。情報化時代が発展していくにつれ、金持ちで力のある国々は、世界の真の天然資源——私たちの頭脳——を独占することができなくなっていく。インターネットの目に見えない世界では、世界中の優秀な才能が解き放たれ、何百年と続いてきた階級による区別はなくなり、新しいメガリッチ層が台頭するだろう。

新しい経済の到来とともに、新しい富が爆発的に増えるだろう。新たな百万長者や億万長者が誕生し、お金は超高速で生み出されるようになる。問題は、あなたが新富裕層になるか、新貧困層になるかだ。一九五〇年代、金持ち父さんは新しい経済の到来を予測し行動を取った。貧乏父さんは新しい経済によって押しつぶされてしまった。彼は経済的自由よりも経済的安定を選び、最後にはどちらも失った。

●そして、私たちは今どこにいるのか？

株式市場は、いつかは回復するだろう。だが、三八一ポイントの史上最高値まで市場が持ち直すのに一九二九年から一九五四年までかかったことを忘れないでほしい。株式市場が実際に回復した時には、ダウ平均は新しい企業によって構成されているだろう。市場は新たな優良安定企業が支配しているだろう。人口が増え、仕事が戻れば不動産市場もいずれは回復するだろう。しかし、古くからある邸宅には新たな一家が住むようになり、ホームレスももっと増えているだろう。

だが、古い経済、つまり私たちが知っている経済はもう戻ってはこない。経済は進化したのだ。一九五四年ごろに誕生した古い経済は死にかけている。今、新しい経済が生まれようとしている。一九九〇年以降に生まれた子供たち、目に見えない高速のウェブの世界しか知らない若者たちによって導かれる経済が生まれようとしている。

●賢い人と、間違ったビジネス

縮小していく中流層についての本『あなたに金持ちになってほしい』をドナルド・トランプと共同で執筆していた時、私はドナルドのある言葉に強く感銘を受けた。「私より頭のいい同級生はたくさんいたが、今私は彼らよりはるかに多く金をかせいでいる。そのひとつの理由は、私が起業家であり、彼らは大企業で働く従業員になったことだ。もうひとつの理由は、彼らが間違った産業で働いていることだ。彼らは死にかけている産業で働いている」と彼は言った。

ドナルドの言葉を聞き、私は自分の人生を振り返った。貧乏父さんのアドバイスに従っていたら、私自身も死にかけた産業で従業員となって働いていただろう。現在、米国商船アカデミーの卒業生は仕事を見つけるのに苦労している。米国商船アカデミーが死にかけている理由は、ゼネラル・モーターズが死にかけている理由と同じだ。商船員の賃金があまりにも高額なため、船会社はより低賃金の国に船を移動させてしまった。労働組合は自分たちに高い値段をつけすぎ、仕事を失ってしまったのだ。

セントラルパークと五番街を見渡せるドナルドのオフィスにふたりで座っている時、もし貧乏父さんのアドバイスに従っていたら自分はここにはいなかったということに気がついた。そのアドバイスは、前回の不況の時に貧乏父さんの経験から生まれ出た信条だった。新たな不況の可能性が現実味を帯びるなか、ドナルドと私は、恐れるのではなく、この先に待ち受けている課題や困難な時に立ち向かう準備をしている。困難な時代はこれまでにも経験しており、毎回私たちはより賢くより裕福になってその時代を抜け出てきた。

●今後の経済を予測する

これを書いている二〇〇九年四月現在、世界は経済が少しよくなったと感じている。人々はより楽観的になっている。株式市場も反発している。金や預金口座から現金が流れ始め、株式市場に戻りつつある。前述のとおり、これはただの下げ相場の反発、お人よしの反発、つまり、もっとも危険なたぐいの市況回復でしかないと私は考えているが、間違っているかもしれない。

以下の理由から、最悪の時期はまだ終わっていないと私は感じている

1．古い産業が死にかけている。

年配者の多くは、こうした古い企業の配当に頼っている。この危機で、収益は減少し、多くの企業が配当を削減している。GEは六八パーセント、JPモルガンは八六パーセント配当を減らしている。つまり、GEの配当から得る月一〇〇〇ドルで生活していた退職者は、現在三二〇ドルしかもらっていない。JPモルガンの配当で生活していたなら、今もらえるのは一〇〇〇ドルではなく一四〇ドルだ。

2．今後税金が上がる。

米国が何兆ドルもの紙幣を印刷し続けていくなか、増税によってこの問題のつけを払わされるのは私たちの子供や孫たちだ。税金はしばしば生産する者を罰したり、不正を働く怠惰で無能な人間にほうびを与えることがある。

例えば、最近ホワイトハウスは所得から控除できる慈善寄付の上限を発表したが、これは裕福な人たちにマイナスの影響を与えるだろう。二〇〇六年、米国人のうち四〇〇万人は二〇万ドル以上の総所得をかせいだ。これは米国人全体の三パーセントにも満たないが、彼らの寄付した額は慈善寄付全体の四四パーセントを占めた。今回、所得控除の上限を定めたことにより、多くの慈善団体が閉鎖し、さらに多くの人々が政府からの援助を必要とするようになり、政府は再び増税しなくてはならないだろう。

米国では、金持ちを痛めつけてやろうという雰囲気が高まっている。この感情は、裕福な人々の税率を九

〇パーセントに上げようとしているジェリー・マクナーニ下院議員（カリフォルニア州・民主党）の行動によって体現されている。その上、大衆は働く富裕層――税金を払い、仕事を生み出し、慈善寄付をする人たちでさえも痛めつけようとしている。真の金持ちであり、政治家や連邦準備局に影響を与えることができる人たちは、無傷のままだ。

3．米国は世界最大の借金国だ。

米国の国内総生産（ＧＤＰ）は一四兆ドル強。今年の現時点で救済措置に使ったドル総額はＧＤＰの約半分に達する。

4．中国が米ドルの準備通貨としての地位を脅かしている。

二〇〇九年三月、中国は世界の準備通貨をドルから他のものに変えようと真剣に議論を始めた。長期的には、これは米国がおもちゃのお金で支払ができなくなることを意味している。

5．米国の消費者は多額の借金を抱え、火の車である。

労働統計局によると、米国経済の約七〇パーセントは個人消費によって促されており、世界中のほぼすべての国はその経済力を米国の消費者の力に頼っている。米国の消費者が消費をしなくなったため、世界は困っている。平均的な米国人は貯金が少ないので、景気後退には長くは持ちこたえられない。景気後退が長引くと、米国の消費者はお金がつきてしまい、世界は不況に陥る。

6．失業率が上昇している。

世界中で大小すべての事業が経費を削減しようとしている。いちばん手っ取り早い方法は、従業員を解雇して人件費の負担を減らすことだ。

二〇〇九年三月現在、公式な失業率は八・五パーセントだ。この月、労働統計局によると、米国では約六九万四〇〇〇もの職が失われた。しかしこの失業統計には、三〇日間仕事を探さなかった失業者や仕事が見つかるまでパートタイムの仕事をしている人たちは含まれていない。このような人たちの数を公式な数値に加えると、実質的な失業率は一九・一パーセントだとshadowstats.comは指摘する。世界大恐慌では、失業率は二四パーセントに達した。このままではもうすぐ同じ状態になるだろう。

7．テクノロジーは目に見えず、比較的安価だ。

今日、企業はより少ない従業員でより多くのビジネスを行い、より大きな収益を上げることができる。これは失業者の増加につながる。

8．学校制度は、生徒たちが情報時代に対応できるような教育をしていない。

テクノロジーやその用途はあまりにも急速に変化しているため、大学の卒業生たちは現在の市場で成功する準備ができていない。ほとんどの大学生は卒業証書をもらった瞬間に時代遅れになってしまう。

9．倹約は今カッコいいことになっている。

この三〇年のあいだ、人々は金持ちに見せるために借金をした。最新のデザイナーバッグを持ったり、高級車を運転したりするのはカッコいいことだった。今はその反対だ。今、人々は質素であることを誇りに思い、より賢明にお金を使うようになった。これは経済危機を悪化させるだけだ。本書の第一部からわかるとおり、経済を拡大させる唯一の方法は、私たちが借金をすることだ。倹約はカッコいいかもしれないが、経済の建て直しには役立たない。米国中の人が消費をしなくなったら、失業率は上がり、中小企業は倒産してしまう。

●「クマより速く走れるかな？」

昔、こういうジョークがあった。

二人の友人が森のなかを歩いていたら、突然クマが飛び出し、襲いかかってきた。

「クマより速く走れるかな？」一人が聞いた。

もう一人は答えた。「クマより速く走れなくても大丈夫さ。君より速く走ればいいんだ」

今の世の中はこれに似ていると思う。たくさんの事業がつぶれるだろうが、強い事業は生き残りさらに強くなる。残念ながら、私と同じベビーブーム世代の多くは将来への準備ができていない。彼らはあまりにも長く、あまりにも楽に生きてきた。健康状態が悪く、持続できる財産を持っていない人が多い。政府による病院計画の資金がなくなっているなか、健康保険がない人も多い。

長く厳しい経済の冬に突入しようとしているのだと私は考えている。いい点は、いつかは春が来て花が咲き、新しい命が誕生するということだ。この経済危機からはいずれ抜け出すだろうが、残念ながら何百万人もの人々は永久に取り残されてしまうだろう。大統領が彼らを救ってくれることを切に願う。

私の考えでは、経済を救うために政治家たちが何をするかはあまり大した問題ではない。結局、彼らは経済を救済するという名目で金持ちを救う。本当に大切なのは、自分自身を救うために、あなたが何をするかだ。クマより速く走る必要はなく、救済されるのを待つ人たちより速く走ればいい。

すばらしき新世界へ進もうとしている人たちにはいいニュースがある。勉強し、短時間で学び、努力をする意欲のある人、否定的な人々の列に加わりたくない人たちにとっては、いい時代だ。未来で成功するために過去から学ぼう。あなたが望むなら、今こそ金持ちになる時だ。

●五つのお金の新ルール

第二部へ進む前に、これまで述べてきたお金についての五つの新ルールを振り返ってみよう。陰謀に打ち勝つためには、必要不可欠なルールだ。

●お金についての新ルールその1：お金とは知識である。

今の時代、従来の資産では金持ちになることも、経済的な安定を得ることもできない。ビジネスや不動産、株、債券、商品、そして金でさえもお金を失う場合がある。知識によって人は金持ちになり、知識がないと貧しくなる。このすばらしき新世界では自分の知識が新しいお金になる。
第二部では、経済的な知識を増やす方法について考えていく。

●お金についての新ルールその2：借金の活用法を学ぼう。

一九七一年以降、米ドルは資産から負債、つまり借金へと変わってしまった。借金が爆発的に増えたのは、銀行がお金を増やすために借金を増やしたからだ。現在のサブプライム問題は、サブプライム債務者とサブプライム銀行が引き起こしたものだ。明らかに、貧乏な人も金持ちも借金をより上手に利用する方法を学ぶ必要がある。

借金は悪くない。悪いのは借金の誤った使い方だ。借金によって金持ちになることも貧しくなることもできる。経済的に成功したいなら、借金を乱用するのではなく、借金の使い方を学ばなくてはならない。

第二部では、金持ちになり、経済的に安定した地位を確保するため、正しい借金の使い方を学ぶ。

●お金についての新ルールその3：キャッシュフローをコントロールする方法を学ぼう。

ドルが借金になったあと、当然のようにあなたや私は借金に追い込まれた。借金をしている時、お金は自分から他の人へ流れる。現在、多くの人たちが金銭的な問題を抱えているのは、ポケットから出ていくお金が多いのに、入ってくるお金が少ないからだ。経済的な安定を目指すなら、自分のポケットにお金がたくさん入ってくるようにしなくてはならない。

第二部では、キャッシュフローの双方向の流れを管理する方法を学ぶ。

●お金についての新ルールその4：悪い時に備えれば、良い時ばかりが訪れる。

前回の不況によって金持ち父さんはとても金持ちになり、貧乏父さんはとても貧乏になった。ひとりは不況をチャンスととらえ、もうひとりは危機と受け止めた。

私の世代であるベビーブーマーは、いい時代しか知らない。多くの人は悪い時代のために準備をしていない。私が現在成功しているのは、二〇年以上も前から悪い時代のために備えてきたからだ。悪い時代に備えることで、いい時代には成功できる。

第二部では、悪い時代でも成功し、いい時代にはさらに成功する方法を検討する。

●お金についての新ルールその5：スピードが必要だ。

お金が物々交換から電子マネーへと進化するなか、世界の金融システムはどんどん加速してきた。今の時代、スピードの遅い人たちは取り残されてしまう。いい状況にある人は、一日二四時間、週七日間ビジネスを行うことができる。月単位でお金をかせぐのではなく、秒単位でお金をかせぐことができる。

●自己診断

先に進む前に、以下のことを確認してみよう。

1. あなたがお金をかせぐのは、月単位か、時間単位か、分単位か、秒単位か？
2. あなたは一日八時間お金をかせいでいるか、それとも一日二四時間、週七日間かせいでいるか？
3. 働くのを辞めてもお金は入ってくるか？
4. 複数の収入源があるか？
5. 従業員なら、あなたの雇い主は時代に取り残されているか？
6. 友人や家族は前に進んでいるか、それとも経済的に取り残されているか？

読者の感想

富や自己啓発に関する本を何冊か読んだり、セミナーにも何回か行ったりしたのですが、どうやって不労所得を生み出せばよいのかわかりませんでした。そんなとき、不労所得の教訓を学ぶ辛い経験をしました。私は自営業ですが、昨年一一月に足の手術をしました。三カ月間働くことができず、貯蓄を切り崩して暮らしました。その経験から、不労所得は重要だということを学んだのです。今では、不動産物件を買ったり投資の機会を探したりするのに忙しい日々を送っています。

——henri54

これらの質問に正直に答えられるのはあなただけだ。自分が経済的に人生に満足しているかどうかはあなたにしかわからない。自分の人生を日々変えていけるのはあなただけだ。

自分も変化し、より明るい経済的未来を計画する用意があるなら、本書はあなたのために書かれている。

あなたにとって重要なことは何か?

問い：「平均的な人へのアドバイスは?」
答え：「平均的であるのをやめなさい」

●九〇：一〇の法則

八〇：二〇の法則というものを聞いたことがある人は多いだろう。この理論によれば、多くの出来事や現象を見ると、結果の約八〇パーセントは原因の二〇パーセントが生み出している。これは「パレートの法則」、「重要な少数の法則」としても知られている。この法則はイタリアの経済学者ヴィルフレド・パレートが発見した。パレートは、イタリアの土地の八〇パーセントは、人口の二〇パーセント、つまりは重要な少数が所有していることに気づいた。ビジネスにおいては、売上の八割は全顧客の二割が生み出しているという役に立つ経験則がある。だから、その二〇パーセントの顧客を大事にしたほうがいいというわけだ。

金持ち父さんはこのルールを一歩進めた。彼は「お金の九〇パーセントは、一〇パーセントの人が稼いでいる」と考えて、これをお金の九〇：一〇の法則と呼んだ。例えば、ゴルフという競技を見ればゴルファーの一〇パーセントが賞金の九〇パーセントを稼いでいるのではないかと思う。今のアメリカでは、富の約九〇パーセントは人口の約一〇パーセントが所有している。

だから、お金のゲームで勝ちたいなら平均的であってはならない。トップの一〇パーセントに入る必要がある。

●平均的な人へのお金のアドバイス

九〇パーセントの人が経済的に平均的なのは、平均的なアドバイスに従っているからだ。例えば、以下のようなアドバイスだ。

「学校へ行きなさい」

「仕事に就きなさい」

「一生懸命に働きなさい」

「お金を貯めなさい」

「あなたの家は資産であり、あなたの最大の投資です」

「収入に応じた生活をしなさい」

「借金から抜け出しなさい」

「長期的な投資をし、株、債券、投資信託に幅広く分散しなさい」

「引退したら、政府が面倒を見てくれます」

「いつまでも幸せに暮らしましょう」

読者の感想

亡くなった父は裁判所の判事を務めた後に投資銀行の行員になったのですが、生前私に投資するなら株式市場しかないと言っていました。不利な面が大きい不動産投資など愚かだとも言っていました。不労所得の力を信じる人ではありませんでした。父は昨年亡くなり、財産は今年の早春に整理されました。純資産は彼が亡くなった時に比べて八七パーセント減っていました。彼が子供たちに遺したいと切望していた遺産は消滅していたのです。

―FredGray

私の父はいつも「平均的でいるのは悪いことでも何でもない」と言っています。私には父の言う意味がよくわかりません。最善を尽くすべきだと思います。その結果、人は平均的ではなくなるのです。

――arnei

●お金のおとぎ話

「いつまでも幸せに暮らしましょう」とつけ加えたのは、こうしたアドバイスはお金のおとぎ話だからだ。そして「みんないつまでも幸せに暮らしました」で終わるのは、おとぎ話だけだとみんな知っている。これらは第二次世界大戦の世代が信じていたものだ。だがこのおとぎ話は現実ではない。

私と同年代のベトナム戦争世代の人の多くは今、このおとぎ話を信じたせいで窮地に陥っている。かつては裕福だった私の友人の一部も、今は経済的な問題を抱えている。同世代のベビーブーマーの多くは、引退しても暮らしていけるように株式市場がまた上がることを期待し祈っている。

今、大学を卒業しても就職できないのではないかと不安になっている大学生がいる。彼らもまた「学校へ行きなさい」、そして「仕事に就きなさい」というおとぎ話を信じている。

陰謀は、私たちにこれらのおとぎ話を信じさせたがっている。そのおとぎ話に従うことによって、九〇パーセントの人は金持ちのゲームの駒になる。たいていの人が知っているのはこうしたおとぎ話だけで、お金の現実を知らないために最も大事なものは何かがわからないままだ。

●最も大事なのはキャッシュフロー

陰謀者たちにとっては、最も重要なことはキャッシュフロー、九〇パーセントの人からキャッシュフローを集める一〇パーセントの人間になることだ。陰謀者があなたにおとぎ話を信じさせたがっているのは、それによってあなたから彼らへキャッシュフローが向かうからだ。

読者の中にはこれを読んで、「ずるい！　自分の『キャッシュフロー』ゲームを宣伝しているだけじゃないか！」と思った人がいるかもしれない。私は自分のゲームを誇りに思っているし、それが高い評価を得ていることも自慢だ。モノポリーの内容を高度に増強してパワーアップしたようなゲームだと評されたこともある。だが、『キャッシュフロー』はただのボードゲームではない。じつはこれは陰謀についてのゲームだ。陰謀の目的は、あなたのお金をあなたのポケットから陰謀者のポケットへ流れるようにすることだ。

魚には水が見えないように、たいていの人には陰謀が見えない。だが、魚が水中にいるように、私たちは陰謀にどっぷりつかっている。金持ちでも貧乏でも、教養があってもなくても、働いていても失業中でも、私たちはキャッシュフローのゲームにかかわっている。違うのは、一部はゲームのプレーヤーで、残りはゲームの駒だということだ。

キャッシュフローのゲームをわかりやすくするため、現実世界で行われている例をいくつか挙げよう。

例1：いい教育を受けるだけでは不十分だ。

学生やその親の多くは、学資ローンで借金にどっぷりつかっている。さらに、大学生はクレジットカードの申し込みが可能なため、さらに悪い借金が山積みになる。学生がローンやクレジットカードの申請をすると、その借金を支払うために、現金は何年にもわたって学生のポケットから流れ出すことになる。学生はたいていお金のことをよく知らないので、クレジットカードはただでもらえるお金だと思っている。それが事実でないことを、痛い目にあって初めて学ぶ学生も多い――もちろん、ずっと学ばない人がほとんどだ。学校は、現金を自分のポケットから金持ちのポケットへ流れさせるよう人々を訓練する絶好の場所だ。

学生は借金にどっぷりつかって卒業し、労働市場に出ていっていい仕事を見つけ、さらに借金を増やし、自分の現金が所得税を通じて政府へ流れるのを見ることになる。かせぐ額が増えれば増えるほど、税率は上がっていく。節約して貯金をするためにマクドナルドで食事をすると、現金はマクドナルドに流れる。給料を銀行に預金すると、自分のお金をＡＴＭを使って引き出すたびに手数料をとられ、現金は銀行へ流れる。

車を買えば、現金は自動車メーカー、ローン会社、石油会社、自動車保険会社へ流れ、そしてもちろん自動車税を通じて政府へ流れる。家を買えば現金はポケットから出て、住宅ローン、保険、ケーブルテレビ、水道、暖房、電気代へ流れ、固定資産税を通じて政府へ流れる。毎月、投資信託や退職金積立制度に投資するため、現金はウォール街へ流れる。そして現金は投資信託から、手数料や経費という形でファンドマネジャーへ流れる。年月が過ぎ、歳をとって体力が衰えると現金は老人ホームへ流れる。そして死んだ時には、現金は、遺したものに対する税金を支払うために流れる。たいていの人は、外へ向かうキャッシュフローに何とか後れを取らないようにしているうちに人生が終わる。

九〇パーセントの人がお金に苦労しているのは、現金がいつでも他の人やものへ流れ出ているからだ。その現金は、最も重要なものが何かを知っている一〇パーセントの人へ流れている。九〇パーセントの人が一生懸命に働いてかせぐほど、さらに多くの現金が一〇パーセントの人々へ流れていく。

これこそが貧乏父さんの人生の物語だった。彼は一生懸命に働き、大学へ戻ってさらに高い学位を取得し、専門的な訓練を受けた。収入が増えてその一部は貯金したが、外へ向かって流れるキャッシュフローをコントロールすることは最後までできなかった。失業して仕事をやめることを強いられると、流れ込んでくる現金はなくなった――それでも、外へ流れ出るキャッシュフローに対する責任は果たさなければならなかった。貧乏父さんは深刻な財政難に陥った。

学校は子供たちにキャッシュフローについて教えていない。学校にお金の教育を行う授業があっても、たいていは銀行にお金を貯めて投資信託に投資するよう教えるだけだ――つまり、大金持ちに現金を送る訓練をしているということだ。

私が学校制度を指揮するなら、外向きのキャッシュフローをコントロールすること、内向きのキャッシュフローを生み出すことについての授業を行うだろう。このコンセプトについては、今後の章でさらに詳しく説明する。

例２：携帯電話とキャッシュフロー、先に誕生したのはどちら？

答えはもちろん、キャッシュフローだ。キャッシュフローがなければ、携帯電話が生まれることはなかった――それがどれほど役に立つにしても。イノベーションを推進する最大で唯一の力がキャッシュフローだ。キャッシュフローの観点から見て携帯電話がどれほど大きな機会となるかに発明家たちが気づくと、世界的な携帯電話網を開発するための資金が集められた。キャッシュフローを生み出す機会が提示されていなかったら、だれもそのネットワークを開発することに関心を持たなかったはずだ。

携帯電話を使うたび、お金はあなたの財布から携帯電話会社へと流れる。彼らは携帯電話事業を行っているが、彼らにとって最も重要なものはキャッシュフローだ。

今の時代、たくさんのすばらしい商品やサービスがあり、世界を救えるかもしれないビジネスがあるが、消費者から金持ちへと流れるキャッシュフローがなければ、その商品やビジネスを実現するための資金は集められない。新製品を発売したり新事業を立ち上げたりするなら、キャッシュフローに通じていなければならない。あなたのビジネスがあなたにしかキャッシュフローをもたらさないものなら、投資家を引きつけ成長する見込みは低い。

例３：株式市場の下落で何が起こるか？

二〇〇七年に株式市場が下落し始めた時、現金は市場から流れ出て他の資産へ向かっていった。市場が暴落した時、おそらく九〇パーセントの投資家は、お金を動かすのが遅すぎたために損をしただろう。動くのが遅かったのは、幅広く分散した投資信託に長期的な投資をするべきだというお金のおとぎ話を言い聞かされていたからだ。

しかし、お金のおとぎ話を信じない一〇パーセントの人々は、すでに自分のお金を株式市場が暴落すると同時に急騰した金などに移動していた。現金が株式市場から流出すると、投資信託に投資していた人は敗北し、金に投資していた人は勝利した。住宅バブルが崩壊して現金が流出した時には、同じことが不動産市場でも起こり、住宅所有者に遺されたのは価値の下落した住宅だった。

●知識が新しいお金となる

キャッシュフローのゲームは、お金についての新ルールその1が「お金とは知識である」になった理由のひとつだ。学校ではお金の教育が行われないため、学生はさまざまな科目について学ぶが、キャッシュフローのゲームについて知らないまま卒業する。私はこれが何よりも重要な科目だと思っている。たいていの学生は卒業し、内向きのキャッシュフローを得るために一生懸命に働くが、自分でキャッシュフローをコントロールすることはほとんどできない。毎月、流れ込むお金より流れ出るお金が多くなり、そのためにさらに一生懸命に働くか、クレジットカードでさらに借金を増やすことになる。

たいていの人は職業の安定を大切にしている。なぜなら外へ流れ出すキャッシュフローを自分でコントロールすることはほとんどできないからだ。だからお金の専門家の多くは、「クレジットカードは切り刻んで捨て、自分の収入の範囲内で生活しなさい」とアドバイスしている。これは九〇パーセントの人のためのアドバイスで、彼らは自分の財布から一〇パーセントの人へと流れ出すキャッシュフローをコントロールする必要があるからだ。その一〇パーセントの人は、自分が働いていない時にも現金が流れ込むようにする方法を知っている。

投資のことになると、平均的な投資家はキャッシュフローをほとんどコントロールできていない。今、従来型の退職金積立制度では、給料にさわりもしないうちに現金は401（k）へ流れていく。投資信託会社は隠れた費用や経費を通じて投資家のお金から合法的にキャッシュフローを吸い上げる。

私は長年、投資信託については批判的だった。これはお金について平均的な人のために考案されたひどい投資手段だ。長年にわたって私は大勢のお金の専門家に反撃されてきた。彼らには投資信託会社がスポンサーとしてついているからだ。テレビ番組や人気の経済誌で、投資信託を推奨するお金の専門家たちが昔と変わらぬアドバイスをしているのを見るだろう。「うまく分散した投資信託に長期的な投資をしなさい」というアドバイスは、平均的な投資家のための平均的なアドバイスで、いいアドバイスではない。

私がヒーローとして尊敬している人に、バンガード・グループ創設者のジョン・ボーグルがいる。管理費を削減することによって経費を低く抑えるインデックス・ファンドの発明者である彼は、従来の投資信託について辛口の批判をしている。スマート・マネー誌のインタビューで彼は、「投資信託に投資する人はお金の一〇〇パーセントを出しリスクの一〇〇パーセントを負いながら、利益があった場合その二〇パーセントしか手にしない。投資信託会社が手数料や経費の名目で利益の八〇パーセントを取っている」と言っている。さらに悪いことに、二〇〇九年にはあまりにも多くの現金が株式市場から流出したため、投資信託が手数料や経費を引き上げている。つまり、さらに多くの現金が投資家のポケットから流れ出るということだ。

また、著書『米国はどこで道を誤ったか――資本主義の魂を取り戻すための戦い』（原題 The Battle for the Soul of Capitalism）のなかでボーグルは、「投資信託会社や銀行は複利の魔法については語るのに、純利益を大幅に引き下げる複合的なコストのからくりについては語らない」と述べている。陰謀のなかでも最も強力な勢力のひとつである投資信託産業に挑むボーグルを私は非常に尊敬している。この産業を批判する勇気のある出版物やテレビ局は少ないように思える。投資信託から得る広告収入を失いたくないからだ。

●お金についての新ルールその6：お金の言葉を学ぼう。

学生は医学部へ進むと医学の言葉を学び、すぐに拡張期血圧と収縮期血圧の話をするようになる。私が航空学校へ行った時はパイロットの言葉を学ばなければならなかった。間もなく私は高度計、補助翼、方向舵《ほうこうだ》などの言葉を口にするようになった。ヘリコプターに転向した時はサイクリック、コレクティブ、回転翼などの言葉を覚えた。これらの言葉を覚えなければパイロットとして成功することはできなかった。日曜学校では「そして言葉は肉体となり」という言葉を教わったが、これは言い換えればあなたの言葉はあなた自身になるということだ。

一九〇三年に陰謀者たちが学校制度を乗っ取ったと私は考えているが、その時に彼らはお金の言葉を奪い去り、その代わりに教師の言葉、代数や微積分など、現実世界ではめったに使われない言葉を置いていった。人口の九〇パーセントが経済的に苦労している主な理由は、お金の言葉を学ばなかったことだ。

読者の感想

私たちは言葉で考えるので、説明するための言葉がないものは概念化できません。だからこそお金の言葉を知り、その言葉の使い方を身に付けることが、本当のお金とは何か、また本当のお金はどのように機能するのかについての概念を学ぶ方法なのです。そのようにして私たちは、いわゆる「専門家」に惑わされたり従来のアドバイスに盲目的に従ったりするのではなく、お金について自分自身で判断できるようになります。またこれによって、「私は頭が良くないのでこんなことはとてもできないし、さっぱり訳が分からない」といった思い込みを解消できるようになります。言葉を学べば、理解できるようになるし、あなた自身の結果をコントロールできるようになるのです。

――buzzawdking

●一〇パーセントに仲間入りする

お金の言葉を学べば、陰謀の言葉を学ぶことになる。毎日少しずつ時間を費やしてお金の言葉を学べば、重要な少数である一〇パーセントに仲間入りできる可能性が上がる。それより重要なのは、お金の言葉を学ぶことでお金のことを語るニセ予言者たちにだまされることが少なくなる――「お金を貯め、家を買い、借金から抜け出し、投資信託を使ってうまく分散したポートフォリオを組み長期的な投資をしよう」とアドバイスするニセ予言者たちだ。

朗報がひとつある。子供たちにお金のボキャブラリーを教えるのにそれほど費用はかからない。教育予算を大幅に増額する必要はなく、いくらかの常識があればいいだけだ。学校が生徒にお金の言葉を教えるだけで金銭的な苦労や貧困は減るだろう。もっと多くの子供がお金の言葉を学んだら、政府が雇用を創出しようとする代わりにもっとたくさんの起業家が新しい仕事を生み出すだろう。

本書の残りの部分では、一〇パーセントに加わるために必要なお金と投資の基本的な言葉を紹介する。

●言葉は私たちの考えかたを形成し、考え方は私たちの現実を形作る

人生は考え方だ。人生を変えたいならまずは言葉を変えるといい。言葉があなたの考え方を変える。以下はお金についてのよくある考え方だ。

「私は金持ちにならない」という言葉は、貧乏な考え方をしている人の言葉だ。こう言う人は一生経済的に苦労する可能性が高い。「私はお金に興味がない」と言う人は実際にお金を寄せつけない。「お金を儲けるにはお金が必要だ」と言う人がいると私は「そうではなくて、お金は言葉から始まる。言葉は無料だ」と言う。「投資は危険だ」と言う人には、「投資が危険なのではない。危険なのはお金の教育が欠けていたり、悪いお金のアドバイスに耳を傾けることだ」と答える。私の言葉は、貧乏な考え方をしている人とは異なるお金や投資についての視点や考え方を表している。

●知識は言葉から始まる

お金は知識だとすると、知識は言葉から始まるということになる。言葉は私たちの頭脳の燃料となり、言葉は私たちの現実を形作る。誤った言葉や貧乏な言葉を使えば、貧乏な考え方をして貧乏な人生を送ることになる。貧乏な言葉を使うのは、いい車に悪いガソリンを入れるのと同じだ。言葉が私たちに及ぼす影響の

例を以下に紹介する。

1．貧乏な人の言葉

貧乏な人は、その言葉を聞くだけでわかる。例えば以下のような言葉だ。

「私が金持ちになることはない」

「私はお金に興味がない」

「政府は私たちの面倒を見るべきだ」

2．中流の人の言葉

中流の人は、別の言葉を使う。

「私は高賃金の安定した仕事に就いている」

「この家は私の最大の投資だ」

「私は投資信託でうまく分散投資をしている」

3．金持ちの人の言葉

貧乏な人や中流の人と同様に、金持ちは独特の言葉を使っている。

「いい従業員を見つけて雇いたいと思っている」

「キャッシュフローを生む一〇〇戸の集合住宅を買いたいと思って探している」

「私の出口戦略はＩＰＯ（新規株式公開）で自社株を売り出すことだ」

これら三種類の言葉の違いがわかるだろうか？　それぞれどんな現実を表しているだろう？　私が日曜学校で教わった言葉を繰り返すと「そして言葉は肉体となり」、言葉は私たち自身になる。

●キャピタルゲインvsキャッシュフロー

今後の章では、一〇パーセントに仲間入りしたい人が知らなければならない基本的な言葉をいくつか紹介する。

なかでも重要な言葉にキャピタルゲインとキャッシュフローがある。先に述べたように、いちばん重要な言葉はキャッシュフローで、キャッシュフローは陰謀の最も重要な目的だ。二〇〇七年に不動産と株式市場が暴落し始めた時に九〇パーセントの人がお金を失った理由は、キャッシュフローのゲームではなくキャピタルゲインのゲームをしていたからだ。キャピタルゲインのゲームをしている人の大部分は、自分が所有する家の価値や株式市場が上昇することを期待している。しかし、キャッシュフローのために投資している人は、市場や住宅価格の上げ下げはあまり気にしない。

キャピタルゲインとキャッシュフローにかかわる重要な言葉に「純資産」がある。高い家を買い高値の株をたくさん所有して、自分の純資産について自慢する人がよくいる。純資産の問題は、今のような市場では無価値だということだ。

純資産はキャピタルゲインによって測られることが多い。例えば、一〇〇万ドルの家を買えば表向きはあなたの純資産の一部になるが、一〇〇万ドルでは買い手がつかず五〇万ドルで売ることになり、住宅ローンの残額が七〇万なら、純資産は無価値だということだ。

このような考え方をするのは個人だけではない。今は、会社や銀行が「時価」という言葉を純資産の別の言い方として使っている。経済が堅調な時は、企業は時価評価することを好んだ。バランスシートがよく見えるからだ。だが市場が暴落している今は、時価評価をすると純資産価値が日に日に下がっていくため、多くの企業は行き詰まっている。

私は純資産ではなく、キャッシュフローで自分の富を測っている。実際にあるかどうかわからない思い込みの価値とは違い、私の投資が毎月生み出すお金は本物の富だ。

今回の経済危機が起こっても、妻のキムと私は経済的に順調だ。なぜなら私たちのビジネスや投資はキャッシュフローを重視しているからだ。私たちは人生の早い段階で引退することができた。キムは三七歳、私は四七歳だった。それは私たちがキャッシュフローのために投資する意図的な決断を下したからだ。一九九四年には私たちの年間キャッシュフロー（不労所得）は約一二万ドルだった。今はこの経済危機のさなかにあってもその一〇倍を超えている。それは私たちがキャッシュフローのために投資し続けたからだ。

私たちの家の通りをはさんだ向かいに、アリゾナ州で最も金持ちのひとりが住んでいる。五年ほど前、彼は私たちの家にやってきて、私たちのゲームや本に感謝していると言った。彼はにこにこしながらこう話してくれた。「あなたのゲーム『キャッシュフロー』を子供や孫たちとやっているんですよ。おかげで、自分が何をしているのかようやく彼らに説明できるようになりました。子供や孫たちは、どうして私は友達の親のように普通の仕事をしていないのか、ずっと不思議がっていました。私は長年、自分がしていることをきちんと説明することができずにいたんです」

●緑色の家四軒をホテルと交換する

私が九歳の時、金持ち父さんはモノポリーをすることで私のお金の教育を始めた。何年もの間、私たちは何時間もゲームをいっしょにやった。どうしてこんなにゲームをするのか私は質問したことがある。

「大金持ちになるための公式がこのボードゲームのなかにあるからだ」と金持ち父さんは答えた。

「その公式って何？」と私は聞いた。

「緑色の家四軒をホテル一軒と交換することだよ」と彼は答えた。

私が一九歳の時、ニューヨークの学校から戻ってきてみると、金持ち父さんは巨大なホテルを買っていた。それもワイキキビーチのど真ん中にだ。私が九歳から一九歳になる一〇年の間に、金持ち父さんは小規模な事業の経営者からハワイ市場の重要なプレーヤーになっていた。彼の成功の秘密は、キャッシュフローのために投資したことだった。

私が子供のころ、金持ち父さんは自分の息子と私にモノポリーの細かな点について教えてくれた。例えば、カードを一枚取りこう質問した。

「この土地に緑の家が一軒あったら、収入はいくらになる？」

「一〇ドル」と私は答えた。

「同じ土地に家が二軒あったら収入はいくらになる？」

「二〇ドル」と私は言った。

私は基本的な算数を理解していた。二〇ドルの収入は一〇ドルの収入よりずっといい。金持ち父さんはこうして自分の息子と私にキャピタルゲインではなくキャッシュフローに集中することを教えてくれた。

●キャッシュフローに集中する

一九七一年にニクソンがドルを金本位制から切り離すと、インフレが経済体制の中に忍び込んできた。何かがおかしいことにみんな気づいたが、お金の教育をほとんど受けていないために何がおかしいのかはわからなかった。一九八〇年、金は一オンス八五〇ドルにまで上昇し、銀は一オンス五〇ドルになってインフレが加速した。

レーガン政権下で連邦準備制度理事会議長を務めたポール・ボルカーは、断固たる態度でインフレを止めるためにフェデラル・ファンドの金利を二〇パーセントに引き上げた。そしてスタグフレーションという新しい言葉が一般の人々のボキャブラリーに加わった。これは経済が停滞状態で人々や企業の収入は増えないのに、インフレが進んで物価は上昇しているという意味だ。

レストランへ行くとメニューの値段が何度も消して書き直してあったことを覚えている。値段は毎月のように引き上げられていた。企業は行き詰まっていたが、増加する経費を支払うために値上げを続けていた。

住宅ローンの金利は一二パーセントから一四パーセントくらいまで上がっていたが、住宅価格は急騰し始めていた。私は一九七三年にワイキキでマンションを三万ドルで買い、二年後に四万八〇〇〇ドルで売った。マウイ島のマンション三戸をそれぞれ一万八〇〇〇ドルほどで買い、一戸当たり約四万八〇〇〇ドルで転売してその年は九万ドルほど儲けた。海兵隊のパイロットとしてかせいでいた額の六倍近い。自分はお金の天才ではないかと私は思った。

だが、ありがたいことに金持ち父さんが私を教え諭し、正気に返らせてくれた。そして私のお金の教育の次の段階が始まった。私はもう金持ち父さんとモノポリーをしている一〇歳の子どもではなかった。二〇代の半ばになっていた私は、現実世界でモノポリーをする準備ができていた。

金持ち父さんはキャピタルゲインとキャッシュフローの違いを私が思い出すよう、辛抱強く話してくれた。それを思い出してよかった。不動産を転売した時、私はキャピタルゲインのための投資をしていた。金持ち父さんはキャピタルゲインとキャッシュフローでは適用される税法が違うと教えてくれた。これは今も同じだ。「キャッシュフローのために投資しろ」というのが金持ち父さんの言葉だった。「昔モノポリーをした時に教えたことを思い出せ。キャピタルゲインのために投資するのはギャンブルだ」

私が子どもの時と同じように、金持ち父さんはモノポリーのカードを出して「緑の家が一軒あったら、収入はいくらになる?」と聞いた。

私はそのカードを取って、「一〇ドル」と言った。私はもうすぐ三〇歳になろうとしていたが、キャピタルゲインとキャッシュフローの違いについての金持ち父さんの教えを思い出した。子どものころに覚えたのに、大人になると忘れていた教えだ。

「そのとおり」と金持ち父さんは辛抱強く言った。「そして緑の家が二軒あったら?」

「二〇ドル」と私は答えた。

「そうだ」金持ち父さんは厳しい声で言った。「それを決して忘れてはいけない。キャッシュフローのために投資すれば、お金の心配はなくなる。キャッシュフローのために投資すれば市場の浮き沈みで文無しになることもない。キャッシュフローのために投資すれば金持ちになる」

「でも」と私は言った。「キャピタルゲインのほうが楽にかせげますよ。不動産価格は高騰しています。それだけ儲かるキャッシュフローを生む投資はなかなか見つかりません」

「それはわかっている」と金持ち父さんは言った。「いいから私の言うことを聞きなさい。欲や手っ取り早い利益に気を取られていたら、金持ちで経済的に賢い人間にはなれない。キャピタルゲインとキャッシュフローははっきりと区別する必要がある」

読者の感想

ずいぶん前に売ってしまいましたが、私がまだ若かった頃、父が不動産投資の物件をいくつか私のために用意してくれたことがありました。私は誰もがするように普通に働き、投資信託にお金を入れていました。『キャッシュフロー』ゲームをプレーしていて、自分のためにキャッシュフローを生んでくれる投資物件を持つことがいかに重要かということに気づきました。あの収益物件を持ち続け、さらに物件を買い増していれば、今頃はもっと成功していただろうということに気づけなかったのです。もっと若いうちにやっておけば、もっと大きな富を築けたはずでした。私はまた収益物件を購入し始めました。

―miamibill

●キャッシュフローのほうが難しい

一九七一年以降、物価は上昇したが賃金の上昇はインフレに追いつかなかった。同じ時期、仕事が海外へ輸出されていた。お金がおかしなことになっていることに気づき、手っ取り早くかせぎたいと思った人々はキャピタルゲインのための投資を始めた。ドルの価値が失われていることを直感的に知り、人々は貯金をやめて、インフレといっしょに価値が上がるものに投資し始めた。彼らは美術品やアンティーク、クラシックカー、バービー人形、野球カード、ビンテージのワインなどに投資したが、キャピタルゲインを求める投資家に最も人気があったのは株式市場と不動産だった。お金を借りてこのような投資をすることで大金持ちになった人も多い。だが今では、その人たちの多くが落ちぶれている。今回は賭けが裏目に出たからだ。

一九二九年、市場の大暴落の直前には、人々は株を信用買いしていた――要するに、借金をして株を買っていた。彼らはキャピタルゲインに賭けていた。二〇〇七年、人々はまた借りたお金でキャピタルゲインに賭けていた――この時は住宅と株が対象だった。そして今回の暴落は前回と同じくらい大惨事となっている。

●キャピタルゲインの危機

そして二〇〇九年、嘆き悲しんでいる投資家の大部分はキャピタルゲインのために投資した人々だ。キャッシュフローに集中していたら、今回の危機の影響は少なかったかもしれない。引退後の生活や、子どもの学費のことや、失業することをこれほど心配せずにすんだかもしれない。二〇〇七年から二〇〇九年にかけて、株式市場はその価値の五〇パーセントを失った――これはキャピタルゲインで測った価値だ。

Bloomberg.comによれば、アメリカの主要な二〇都市のケース・シラー住宅価格指数は、二〇〇七年一月から二年間にわたって毎月下がり続けている。サンディエゴ、マイアミ、ラスベガスなど一部の都市では、三三パーセントもの下げ幅を記録している。最近、アリゾナ・リパブリック紙が伝えたところによると、私が住むフェニックスは最高値から五〇パーセント以上下落した初の主要都市という栄誉に輝いた。この場合も、ケース・シラー住宅価格指数が測っているのはキャピタルゲインで、つまり、ある資産のある時期の価格と、その資産の別の時期の価格を比較している。

私と同年齢の何百万というベビーブーム世代の人々は、引退後も働くことにならないように、自分が引退する前に住宅市場と株式市場が回復することを祈っている。彼らもキャピタルゲインを願っていて、入ってくるキャッシュフローを積極的にコントロールしているわけではない。市場に望みを託しているのだ。

●キャッシュフローのために投資する

私の不動産投資会社はフェニックスの不動産をたくさん所有している。だが私の会社は痛手を負っていない。キャッシュフローのために投資しているから相変わらず順調だ。私たちは集合住宅を賃貸しており、不動産を転売することはめったにない。陰謀者と同じキャッシュフローのゲームをすることで、陰謀者たちに打ち勝った。これは私が金持ち父さんとモノポリーをしながら教わったゲームだ。

モノポリーの目的は転売ではない。モノポリーは、安く買って高く売るゲームでも、分散投資をするゲームでもない。モノポリーは集中と計画、辛抱強さと長期的なコントロールが重要なゲームだ。第一の目的は、ゲームボードの四つの辺の一つを支配することだ。第二の目的は、自分がコントロールする辺の不動産を改善することで、緑色の家を増やしていき赤いホテルと交換する。究極の投資戦略は、ボードの自分の辺を赤いホテルだけで埋めることだ。そうすれば座って待っているだけで、他のプレーヤーがあなたの不動産を踏まないことを願いながら角を回ってやってくる。最終的な目標は、他のプレーヤーを破産させてお金をぜんぶ奪うことだ。二〇〇九年現在、現実世界のモノポリーで大勢の人が破産している。

●もっと金持ちになっていたはずだった

キャピタルゲインのために投資し不動産を転売したほうが、私はずっと多くの利益を得ていただろう。他の人がみんなキャピタルゲインのために投資している時期にキャッシュフローのための投資をするのは難しかった。だが二〇〇九年になって、私は金持ち父さんの教えをますますありがたく思うようになっている。あくまでキャッシュフローに集中し、安く買って高く売ることに夢中にならないようにと彼が教えた理由がわかるからだ。

現在、私のキャッシュフローの源泉は大きく分けて四つあり、これについては今後の章で解説する。

1. 自分のビジネス——私が仕事をしてもしなくてもキャッシュフローが入ってくる。事業を廃止したとしても、キャッシュフローは入り続ける。

2. 不動産——妻と私は、毎月キャッシュフローが発生する不動産を所有している。

3. 石油——私は石油会社には投資しない。石油採掘事業のパートナーとして投資している。目的のものを掘り当てると、毎月、石油や天然ガスの売り上げが入ってくる。

4. ロイヤルティ——私の書籍は約五〇の出版社と出版契約が結ばれている。四半期毎に出版社から印税の支払いがある。さらに、私のボードゲームは一五社ほどのゲーム会社と契約し、これらの会社からも四半期毎に支払いがある。

●平均的な人のためのキャッシュフロー

たいていの人は、毎月キャッシュフローが入ってくることが重要だとわかっている。だが、問題はいいキャッシュフロー戦略と平均的なキャッシュフロー戦略の違いを知らないことだ。いいキャッシュフロー戦略は、最低限の税金ですみ、自分でコントロールできる不労所得を生む。平均的なキャッシュフロー戦略は、最も高い税率が適用され、自分ではほとんどコントロールできない不労所得を生む。以下は平均的なキャッシュフロー戦略の例だ。

1. 貯蓄

貯蓄の利息は、キャッシュフローの一種だ。今、短期公債の利率はゼロ未満になっているが、運がよければ貯蓄には三パーセントの利息がつく。

貯蓄からのキャッシュフローには二つの問題がある。第一に、三パーセントの利息は通常の所得として最高の税率が課せられることで、三パーセントの利息は実際には二パーセントの税引後利益になる。第二に、連邦準備制度理事会は大手銀行を救済するために何兆ドルものお金を印刷していることだ。一九七〇年代末の救済措置は数百万ドル規模にとどまっていた。二〇〇九年には救済資金は兆単位になっている。

この状況はインフレ、場合によってはハイパーインフレーションを引き起こす。インフレ率が年に二パーセントより高くなれば、銀行から普通預金の金利を受け取っていると、実際には損をすることになる。増え続ける緊急援助資金がインフレの要因となることを理解するには、歴史を学ぶことが重要になる。歴史をいくらか知っていれば、貯蓄がどれほど急速に価値を失うか理解できる。中央銀行が何兆ドルもお金を刷っている時に、あなたの貯蓄に支払われる利息は三パーセント（税引き後は二パーセント）でしかない。

2. 株

株によっては配当が支払われるが、これはキャッシュフローの一種だ。何百万人もの退職者が株の配当で生活している。問題は、今回の危機では多くの企業が配当をカットしていることだ。二〇〇九年四月の第一週に、S&Pは、二〇〇九年の第1四半期には、三六七の企業が合計で七七〇億ドルの配当を削減したと伝えた。これはS&Pが配当の支払いを追跡し始めた一九五五年から現在までの間で最悪だ。このことは景気後退が最も大きな痛手を受ける人々を直撃していることを示している。かつては豊かな生活をしていた退職者だ。

3. 年金

年金はキャッシュフローの一種だ。問題は、年金給付保証公社（PBGC）が六四〇億ドルの資産のほとんどを暴落の直前に債券から株や不動産に移したことだ。PBGCの頭脳明晰な人々は、おそらくは債券から得られる収入が少なすぎると考え、債券から得られるキャッシュフローを切り捨て、株や不動産に乗り換えてキャピタルゲインでもっと大きな利益を得ることを期待した。これは多くの年金制度がいまや深刻な財政難に陥っていることを意味する。

さらに、年金という概念自体が大部分の人にとって過去のものになっている。多くの企業はすでに年金支給をやめたり、年金制度を大幅に縮小している。今、年金を頼りにできるのは、公務員か労働組合加入の従業員がほとんどだ。多くの人は退職後にキャッシュフローを確保する他の方法を考えなければならない。

4．年金保険

年金保険もキャッシュフローの一部だ。例えばあなたが保険会社に一〇〇万ドルを渡したとしよう。保険会社はそれと引き換えに、そのお金に対する利息を生涯にわたって支払うと約束する。

問題は、年金保険があなたにはコントロールできない商業的不動産やその他の金融商品に支えられているケースが多いことだ。その商業的不動産や金融商品を買った大手の機関投資家は、キャッシュフローではなくキャピタルゲインのために投資している公開会社である場合が多い。公開会社がキャピタルゲインのために投資すると、標準会計制度の原則により資産の評価額を引き下げ、その損失を補うためにさらに多くの資金を調達しなければならない。これによって保険会社は痛手を負い、支給額にも影響が出る。これが何を意味するかはＡＩＧの例を見ればわかる。

●なぜもっと多くの人がキャッシュフローのゲームをしないのか

最近私は投資に関する会議に出席し、さまざまな講演者がそれぞれ異なる種類の投資について話すのを聞いた。講演者のひとりはファイナンシャル・プランナーで、株や投資信託の資産構成のバランスを取り直すことをすすめていた。これはばかげたことだと私は思う。バランスを取り直すというのは、つまりはキャピタルゲインのために投資するということだ。そのファイナンシャル・プランナーはさらに、「皆さんのなかには市場で損をした人もいるでしょう。でも心配しないでください。株式市場は回復します。平均すれば、株式市場は年に約八パーセント上昇していることを忘れないでください。ですから、今後も長期的な投資をすることをお勧めします」と言った。これを聞いた人々が彼に同意してうなずくのを見て、私は席を立った。

人はどうしてこれほどだまされやすいのかと不思議に思った。

陰謀者たちは、キャッシュフローを自分たちのほうへ引きつけようとしている。だから彼らはファイナンシャル・プランナーや株式仲買人のようなセールスマンたちに、株式市場は年に八パーセント上昇しているといったことを言わせている。あなたをキャピタルゲインで引きつけてキャッシュフローを自分たちのポケットへ引き込もうとしている。

不動産業者も同じようなセールストークをする。よく言うのは「値上がりする前に買っておいたほうがいいですよ」ということだ。値上がり前に買おうと考えるのは、キャピタルゲインを期待して買うということだ。この場合もセールスマンはキャピタルゲインで引きつけてキャッシュフローを得ようとしている。これがゲームのやり方だ。住宅ローンにサインした瞬間からキャッシュフローはあなたから彼らへ向かっていく。

たいていの人がキャッシュフローではなくキャピタルゲインのために投資するのには理由がある。次にそのいくつかを挙げる。

1. たいていの人は二つの違いがわかっていない。
2. 経済が成長している時はキャピタルゲインのゲームに参加するのは簡単だった。人々は、当然、インフレとともに自分の家や株の価値も上がっていくだろうと考えた。
3. キャッシュフローのための投資のほうが金融に関する高度な知識を要する。何かを買ってただ価値が上がることを期待するのは誰にでもできる。キャッシュフローを生む取引を探すには、予想できる損失と利益の両方を検討し、変数に基づいて投資のパフォーマンスを予測する方法についての知識が必要だ。
4. 人は怠け者だ。今日のために生き、明日のことは考えない。
5. 人は政府が面倒を見てくれると期待している。これは貧乏父さんの考え方で、彼は貧乏なまま死んだ。貧乏父さんにとっては誰かに面倒を見てもらうことを期待するほうが楽だった。今、六〇〇〇万以上のアメリカ人、私と同世代のベビーブーマーたちが貧乏父さんと同じ道を歩もうとしている。

今後の章は、貧乏父さんの二の舞いになりたくない人のためのものだ。

●終わりに

陰謀に打ち勝つには、まず最も重要なものが何かを知ることが必要で、最も重要なものとはキャッシュフローだ。最も重要なものが何かを知ったら、次に専門用語、お金の言葉を学ぶ必要がある。お金の言葉を学ぶひとつの方法が私のボードゲーム、『キャッシュフロー』だ。お金についての基本的な概念が学べる『キャッシュフロー101』から始めることを勧める。その後は、お金についてさらに発展的に学習できる『キャッシュフロー202』に進んでもいい。だが最終的な目標はあなたの周りで常に展開している現実のキャッシュフローゲームに備えることだ。

これまで話してきたように、キャッシュフローとキャピタルゲインという二つの言葉が重要だ。簡単に言うと、九〇パーセントの人はキャピタルゲインのゲームに参加している。陰謀者たちのキャッシュフローというゲームに参加しているのはわずか一〇パーセントだ。だから勝利するのは一〇パーセントに過ぎない。あなたは勝者になりたいだろうか、それとも敗者になりたいだろうか？　平均的になりたいだろうか、それとも卓越したいだろうか？　キャッシュフローのゲームに勝ちたい人はこの本の続きを読んでほしい。

自分のお金を印刷しよう

●クレイマー対スチュワート：「コメディ」の大物同士の激突

コメディ専門チャンネル「コメディ・セントラル」で放送されている「ザ・デイリー・ショー・ウイズ・ジョン・スチュワート」は、風刺の効いたニュース報道で大人気の娯楽番組だ。主に政治的なニュースを面白おかしく皮肉っているが、この番組を一番の情報源にしている視聴者も多い。大手テレビ局のニュース番組は偏向しているので、こういう娯楽番組のほうがごまかしがないと感じている人が大勢いる。

一方、投資指南役として知られるジム・クレイマーは自分のテレビ番組「マッドマネー」を持っている。彼の番組は世界有数の経済ニュースチャンネルCNBCで放送され、世界中で視聴されている。クレイマーは頭脳明晰でトークも軽妙、経済ニュースを面白く伝える努力を惜しまない。要するに彼とジョン・スチュワートは、お金と主に政治というようにテーマは違うが似たような番組をやっている。

二〇〇九年三月一二日、ジョン・スチュワートはジム・クレイマーを自分の番組に出演させ対決した。その夜のスチュワートは、ジョークを飛ばしたりはしなかった。彼は怒っていた。何百万もの人々の声を代弁し、金融業界に対する彼らの不満をぶちまけた。その怒りの矛先は経済ニュースの報道にも向けられた。

スチュワートは、アメリカの大衆の気持ちを次のように代弁した。

「CNBCなどの経済ニュース番組は、私たち市民の教育を手助けすることができるはずだ。二つの市場があることを示すべきだ。一つは平均的な投資家が投資している、あるいは投資するように勧められている長期市場だ。もう一つは一般大衆の目に触れない動きの速い市場だ。それは危険な市場で倫理的にも怪しげで、長期市場に害をもたらす。だから私たち素人に言わせれば、私たちの年金や汗水たらして稼いだお金が、あなたたちの投資という冒険の資金源になっているというのが正直な感想だ」

読者の感想

金融危機について大手のニュースメディアが報じていることは、自分のポートフォリオを変えるための情報源としては信頼性に欠ける。意図的にミスリードしようとしているわけではないだろうが、自分たちの狭い視野をもとに報道していると思う。

—hattas

プロのトレーダーとしての経験から言えば、お金を最速で失いたいなら、大手の経済ニュース番組を見ながらトレードするのが一番だ。

—gone17

●あなたの年金が強奪されている

ここでも、歴史を振り返ればいま何が起こっているかについてのヒントが得られる。一九七四年、米国議会は従業員退職所得保障法（エリサ法）を可決し、確定拠出型年金制度である４０１（ｋ）に道を開いた。そして現在、史上最大の大強奪が進行しつつある。

前の方で書いたように、前回の大恐慌を生き延びた人々は、株式市場に対して不信感を抱いていた。私の金持ち父さんも貧乏父さんも、株には手を出そうとはしなかった。二人とも相場は操作されていて、そんなものに投資するのはギャンブルだと考えていた。一九七四年、エリサ法によって事実上何百万という人々が投資について何の知識もないまま株式市場に引き戻された。一九七四年以前は、大半の企業は従業員の年金のために保険料を支払っていた。従業員たちを株式市場に引き戻したのは、企業にとっては良いことだった。年金プランという名の賃金を生涯にわたって支払う必要がなくなったからだ。４０１（ｋ）は企業のお金を節約してくれたが、その一方で従業員は株式市場に投資しないかぎり引退後のお金はもらえないし、たとえ投資しても株式市場が暴落したらもらえないことになった。この年金プランが一因となって一九七〇年代に株式市場は急上昇し、ファイナンシャル・プランナーという職業が新たに登場した。

金持ち父さんは、長期投資市場と投資家のお金でギャンブルをする取引市場という二つの市場があるというジョン・スチュワートと同じ意見だっただろう。米国で401（k）が導入されたとき、金持ち父さんは私にこの年金プランには関わるなと警告した。彼の警告がきっかけとなって、私は二〇〇二年に『金持ち父さんの予言』を書き、二〇〇六年にはドナルド・トランプと『あなたに金持ちになってほしい』を書いた。

ドナルドも私も株式市場が悪いと言っているのではない。彼も私も、自分で立ち上げた会社を上場したりしている。私たちが提唱しているのは、責任あるファイナンシャル教育を行おうということだ。この責任あるファイナンシャル教育に私がこれほど情熱を傾けるのは、それとはまったく逆のことをしている人々や機関がたくさんあるからだ。彼らは、自分たちのお金に関する読み書き能力を利用して、いわゆるニュースや教育で稼いでいる。ジョン・スチュワートがジム・クレイマーにインタビューしたときにほのめかしたように、最大手の経済ニュースネットワークCNBCは、大衆のお金を使って行われている現実のゲームについて、大衆を教育できていないのだ。

ヘッジファンド・マネジャーであったジム・クレイマーは、私に言わせれば陰謀という名のゲームの専門家だ。知っている人もいるかもしれないが、ヘッジファンドは、サメがマグロを捕食するようにしばしば投資信託を餌食にしている。クレイマーはこのインタビューの中で自分の行いを悔いていると言い、今後はもっとファイナンシャル教育を提供するよう努力すると約束したが、これまでのところ何も変わっていないと私は見ている。本人の言い訳と視聴者からの非難の声が増えただけだ。だが本当のところ、彼に変わるすべなどあるのだろうか。この陰謀という名の秘密のゲームに依存して生計を立てているのだから。

●サメとマグロ

二〇〇四年頃のことだが弟夫婦に子供が生まれた。そのとき彼らから、その子の大学の学費を積み立てるために529プラン（401（k）の学資版のような金融商品）に加入してくれないだろうかと聞かれた。私はぜひ弟夫婦の役に立ちたいと思ったが、その前に、このプランがお金をドブに捨てるようなものではないことを確認しようと思った。すぐに株式ブローカーのトムに電話して話を聞いた。

「口座は作れるけれど気に入らないと思うよ」と彼は言った。

「なぜだい？」

「ほとんどの529プランは投資信託にしか投資しないからさ。投資信託のゲームがどんなものだか、知っているはずだからね」

「そうだね。何か他のものを探すよ」と私は答えた。

529プラン口座を開かなかったのは幸いだった。開いていたら二〇〇七年の株式市場の大暴落で投資額の四〇パーセントを失っただろう。ジョン・スチュワートが指摘したように二つのゲームが進行している。一つは株式や債券、投資信託に長期投資する投資家、つまりマグロたちのゲームで、もう一つはヘッジファンド・マネジャーやプロのトレーダーといった短期投資家、つまりマグロを捕食するサメたちのゲームだ。たとえ市場が暴落しなかったとしても、私は529プランには投資しなかっただろう。投資信託に依存した商品だからだ。第七章でくわしく説明したように、投資信託は、手数料や経費の形で素人投資家のお金を思う存分に食い物にしている。529プランには多少の税法上の優遇があるが、そのような優遇措置は、手数料や経費として口座から強奪される現金を穴埋めするには程遠いし、市場が乱高下しただけで生じる損失の埋め合わせにもならない。要するに投資信託は、お金に関する知性が低い人々のために設計された、知的レベルの低い投資商品なのだ。

●四〇〇万ドルの儲け話を蹴る

二〇〇一年のことだ。著書『金持ち父さん　貧乏父さん』の人気が急上昇し始めたとき、大手の投資信託会社の人間が訪ねてきた。同社の一連の金融商品を推奨してくれと言うのだ。その会社は、四年間の契約で四〇〇万ドルを支払うと言った。魅力的な申し出だったが私は断った。

断った理由はいろいろあるが、何よりも自分が信じてもいない商品を推奨したくなかった。それに、私には彼らのお金は必要なかった――それほどの大金だから、もらって悪い気はしなかっただろうが。この後の各章を読んでもらえれば解ることだが、しっかりしたファイナンシャル教育さえ身に付いていれば四〇〇万ドルを稼ぐことなどさして難しいことではない。真の富は、現金ではなく「お金に関する知識」にあることを私は知っている。自分のお金に関する知性を使って自分の信じるビジネスをやれば、私は四〇〇万ドルよりももっと多くのお金を生み出すことができる。四〇〇万ドルの儲け話を蹴るのはたやすいことではなかったが、魂を売り渡すほどの価値はなかった。

念のために言っておくが、私は投資信託という商品の仕組みを否定しているのではない。ただ、その高い手数料や隠れた経費によって、投資家のお金が強奪されていることが良くないと言っているだけだ。そのうえ、何千という投資信託商品が販売されているが、米国の代表的な株価指数の一つであるS&P500を上回る投資実績を上げている商品は、わずか三〇パーセントにすぎない。言い換えれば、S&Pインデックスファンドに投資するだけで、全投資信託商品の七〇パーセントのファンドマネジャーよりも良い成績を上げることができ、しかも、より少ないお金でより大きなリターンを得られるということだ。前の章で書いたように、一般的に言って、投資信託は平均以下の投資家、ファイナンシャル・インテリジェンスの成績で言えばCレベル以下の生徒のためのものであり、AやBのレベルの投資家には必要のない商品なのだ。

●言葉の力

第六章、第七章で簡単にまとめたが、お金についての新ルールのうち、ルールその1は「お金とは知識である」であり、ルールその6は「お金の言葉を学ぼう」だ。

これだけ大勢の人が下手な投資をしてこれだけ多くのお金を失う理由の一つは、私たちの学校が基本的なファイナンシャル教育すら行ってこなかったからだ。このファイナンシャル教育の欠如が、お金に関する言葉の誤った解釈につながっている。たとえば、ファイナンシャル・プランナーに長期投資を勧められたら、洗練された投資家なら長期とはどれだけの期間のことを言うのかと聞くだろう。アインシュタインが発見したように、すべては相対的なのだ。

ジョン・スチュワートがジム・クレイマーに怒りをぶつけた理由の一つは、クレイマー自身がトレーダーだからだ。トレーダーは通常、非常に短い時間のなかで取引を繰り返す。トレーダーにとって長期とは、一日あるいはわずか一時間という意味かもしれない。彼らは市場を出たり入ったりして、老後の生活資金や子供の大学の学費を蓄えようとする人々が得た利益を食い散らかす。洗練された投資家なら、長期という言葉ではなく出口戦略という言葉を使うだろう。賢明な投資家は、出口戦略とは、その投資商品をどれだけ長く持ち続けるかということではないと知っている。それは、特定の時間にわたって、その投資によって富を増やす計画をどのように立てるかという意味だ。

よく誤解されるもう一つの言葉は「分散」だ。金融評論家と呼ばれる人々の話を聞けば、彼らは口をそろえて賢い投資家は分散投資していると言う。だが、ウォーレン・バフェットの言葉を収めた『バフェットの教訓』には、次のように記されている。「分散は無知に対する守りだ。自分が何をやっているか分かっている者にはほとんど意味がない」

これほど大勢の人がこれほど多くのお金を失っているもう一つの理由は、自分が何をやっているか分かっていないからで、本当の意味で分散投資していないからだ。彼らのファイナンシャル・プランナーが、いくら分散投資していると言っていてもだ。いくつか例をあげよう。

1. ファイナンシャル・プランナーは、部門の異なる金融商品に投資することを分散投資と呼ぶ。例えば、投資信託に投資する場合、そのポートフォリオは小型株、大型株、成長株、貴金属株、不動産投資信託（REIT）、上場投資信託（ETF）、債券ファンド、公社債投資信託、新興市場ファンドなどで構成されている。細かいことを言えば、たしかに様々な部門に分散投資しているが、現実には分散投資になっていない。なぜなら、こうした投資信託を買っても、ペーパーアセット（紙の資産）という一種類の資産しか保有していないことになるからだ。

2. 投信信託は、その本質からしてすでに各種のペーパーアセットに分散投資している。多様な銘柄の株式に投資している商品だ。さらに悪いことに、株式の銘柄数よりも投資信託の商品数のほうが多い。だから多くの投資信託が、同じような銘柄を組み入れることになる。投資信託はマルチビタミンのようなものだ。三種類の投資信託を買うのは、三種類のマルチビタミンを飲むことと同じだと思えばいい。三種類のビタミン剤を飲んでいるつもりでも、実は似たようなビタミンを必要以上に摂っていたということになりかねない。

3. ほとんどのファイナンシャル・プランナーは、投資信託、年金商品、債券、保険商品といったペーパーアセットしか売ることができない。実際、エリサ法が可決された一九七四年、保険の販売員の多くが、突如として肩書きを保険のセールスマンからファイナンシャル・プランナーに変えた。ファイナンシャル・プランナーの資格で売ることが許可されている商品はペーパーアセットだけなので、彼らの大半はそれをあなたに売りつける。不動産やビジネス、油田や金銀を売っている人はほとんどいない。彼らは、当然のこととして売ることができるものを売っているだけで、必ずしもあなたが必要としているものを売っているわけではないし、彼らの売る商品を買ったところで分散投資にはならない。

「保険が必要なら保険のセールスマンに聞いてはいけない」と昔から言われている。その理由は容易に察しがつくだろう。ファイナンシャル・プランナーが分散投資を勧める理由は二つある。一つは、より多くのペーパーアセットを売ることができるから。もう一つは、商品の成績が芳しくなかったときに彼ら自身のリスクを分散できるからだ。あなたの利益を最大にすることなど、気にもとめていない場合がほとんどだ。

●洗練された投資家

投資には、基本的に次の四つの種類がある。

1．ビジネス

金持ちは不労所得をもたらしてくれるビジネスをたくさん所有していることが多いが、一般の人々は勤労所得をもたらす仕事をたくさん持っていることが多い。

2．収入をもたらす不動産投資

毎月、家賃という形で不労所得を生んでくれる不動産物件。あなたのマイホームや別荘は除外される。ファイナンシャル・プランナーが何と言おうと、それらは資産ではない。

3．ペーパーアセット（株式、債券、貯蓄、年金、保険、投資信託）

平均的な投資家のほとんどは、簡単に買えて管理の手間が少なく、流動性の高いペーパーアセットを買う。これらは、簡単に売れる投資商品でもある。

4．コモディティ（商品）

平均的な投資家のほとんどは、コモディティの買い方も買える場所も知らない。金や銀の現物がどこでどのように買えるかすら知らない。

洗練された投資家は、この四種類の投資のすべてに投資する。これこそが本当の分散投資だ。平均的な投資家は、実際にはペーパーアセットにしか投資していないのに、自分は分散投資していると思い込む。だが、それは分散投資ではない。

●同じ言葉でも「言語」が違う

私が言いたいのは、同じ言葉を使っていても、人によって話している「言語」は違うということだ。洗練された投資家にとって長期という言葉は、投資の初心者の場合とは違う意味を持つ。分散投資やその他の多くの用語についてもそうだ。投資という言葉からして意味が違ってくる。投資は人によっては市場で短時間内に売り買いを行うトレーディングを意味する。誰かが「私、不動産投資をやっていましてね」と話しかけてくるとき、この人はどういう意味で言っているのかと思うことがしょっちゅうある。マイホームを買ったのか、転売目的のフリッパーか、それともキャッシュフローを生む物件を買う投資家なのだろうかと。

言葉と言語についてもう一つ言っておきたいことがある。それは、専門家と呼ばれる人々は、自分たちの話が知性に富んだ高度なものに聞こえるように、聞きなれない言葉を多用して普通の人々を煙に巻くということだ。クレジット・デフォルト・スワップ（CDS）やヘッジといった言葉がそうだ。どちらも保険の一つの形態にすぎないのだが、神は専門家がその言葉を使うのを許さない。そんなことをしたら、みんなが彼らの話をすんなり理解してしまうではないか！

バックミンスター・フラー博士は、著書『巨人たちの世界的現金強奪』の中で、次のように書いている。

「私の旧友の一人は、もう亡くなって久しいが、かのモルガン家の一員で超大物だった。あるとき彼は私にこう言った。「バッキー、君のことが大好きだから、言いづらいけれど言っておくよ。君は絶対に成功しない。君は、人々がこれまで理解してこなかったことを、平易な言葉で説いて回っている。だが、成功の第一法則は、〝複雑化できる物事は、決して単純化してはならない〟ってことなんだから」。だからこそ私は、彼の善意の忠告にもかかわらず、巨人たちについてこうして解説しているというわけだ」

私自身、フラー博士の流儀を踏襲していることを誇りに思う。ただ私は、巨人たちではなく陰謀家たちという言葉を使っている。だが私の目指すところは常に同じだ。それは、他人が難解な言葉で解説している内容を、平易な言葉で説明することだ。

●「言葉の力」を強化する

フラー博士は、言葉の力を固く信じていた。私が参加したある講義で彼はこう言った。「言葉は人類が発明した最強の道具だ」。著書『クリティカル・パス』に彼は次のように書いている。

「(産業化、すなわち技術によって現実的に可能となった人間同士の共同作業の)始めに言葉があった」。人類が話した言葉、理解した言葉は、彼らが生存の試練に対応するための技術情報を大いに発達させた」

フラー博士のもとで学ぶ前の私は、言葉の力などというものには全く敬意を払っていなかった。一九八三年、三六歳になって初めて、私は職業教師だった実の父、貧乏父さんがなぜ言葉は大事だと言っていたかを理解した。自分がハイスクールの英語のクラスを二度も落第した理由も分かった。私は言葉の力に敬意を払っていなかったのだ。言葉の力に敬意を払っていなかったので、自分の言葉に自らの人生を変える力があることを認めることができなかった。貧乏な人の言葉使いが、実際に私を貧しくしていた。貧乏な人の生活態度が身にしみついていたために、経済的な問題でいつも四苦八苦していた。それをようやく悟ったのは、フラー博士が「言葉は、人類が発明した最強の道具だ」と言ったときだった。私は、言葉が私たちの頭脳を動かす燃料であり、最大の資産であり、また最大の負債ともなりうることに気づいた。だからこそ、お金に関する言葉の教育は一九〇三年に学校のカリキュラムから外されたのだと私は思う。それ以来、聖書の「そして言葉は肉となった」という一節は、私の中で新たな意味を帯びるようになった。金持ち父さんが彼の息子と私に、「私には買えない」とか「自分にはできない」と言うことを禁じた理由が分かった。彼は、そう言うかわりに「どうしたら買えるか」「どうしたらできるか」と問えと私たちを厳しくしつけた。私はやっと、自分の人生がすべて自分自身の言葉でできていることに気づいたのだった。

そして、陰謀家たちが使う言葉を知り、理解し、使いこなせなければ、自分はいつまでたっても陰謀の人質、犠牲者、奴隷だということも分かった。私が、お金の面で平均的な人々の言葉使いを自分に禁じたのはこの時だった。例えば、「良い仕事に就きなさい」とか、「貯蓄しなさい」「収入の範囲内で生活しなさい」「投資は危険だ」「借金は悪だ」「マイホームは資産だ」といった、お金に関してよく唱えられるお題目だ。経済的な奴隷から解放されるチケットを手に入れるには、お金に関する言葉と陰謀の言語を理解しなければならないと悟った。私がその両方を学び始めたのは一九八三年のことだった。

読者の感想

私には四歳の男の子がいます。言葉が話せるようになると、大人になったときに役に立てばと思い、早くからお金について簡単なことを教えてきました。息子がプレゼントにお金をもらうと、私はこう聞きます。「そのお金、どうするの?」息子には「貯金して!」と答えるようにしつけてきました。息子の答えをいつも自慢に思ってきましたが、お金についてもっと真剣に考えなければならないと気づきました。今では「投資して!」と答えるように教えています。もちろんこれは序の口で、次は投資の四つの種類について教えなければなりません。

—bgibbs

●大量破壊兵器

かつてウォーレン・バフェットは、デリバティブを金融版大量破壊兵器と呼んだ。二〇〇七年まで、デリバティブとは何かを知っている人間はごく少数にとどまっていた。今では、何十億という人々がデリバティブという言葉を耳にしているが、その言葉の意味となるとさっぱり分かっていない。その結果、お金に無知な大衆は、デリバティブは危険で悪いもの、あるいは金融エリートだけが利用、創造、理解できる高度な金融の産物だと思い込むようになっている。これほど事実とかけはなれた話もないだろう。

バックミンスター・フラー博士にモルガン家の友人が与えた助言を思い出そう。彼はこう言った。「成功の第一法則は、〝複雑化できる物事は、決して単純化してはならない〟ってことなんだ」。そして金融業界はこの法則に従っている。単純なしくみを複雑にしているのだ。

単純なしくみを複雑にすることによって、金融業界の人間は自分たちがいかにも高度な話をしているかのように見せかけ、お金に関する限りあなたの頭が悪いかのように思わせるのだ。あなたが自分は愚か者だと感じれば、それだけあなたのお金を奪いやすくなるからだ。人々を金融業界のプレデター（捕食者）たちから守り、みんながお金について健全な判断ができるようになるための教育を提供することを目指して、私が妻のキムと共に教育会社リッチダッド・カンパニーを立ち上げたのは一九九七年のことだった。私たちが提供したいと思っていたのは、金融のしくみをやさしく教えるゲームや書籍、ネット配信できるファイナンシャル教育のコンテンツだった。それなら子供でも大学教授でも理解できる。

今日、デリバティブという言葉は世界で最も強力な金融用語の一つだ。金融業界の支配者たちは、その言葉の周囲に神秘的な雰囲気を漂わせ、あたかも難解な概念であるかのように見せかけることに心血を注いでいる。だからこそ最近までその言葉を知る人はごくわずかだったし、ウォーレン・バフェットがデリバティブ商品を大量破壊兵器と呼んだ理由もここにある。実際、デリバティブのしくみは複雑でも何でもない。

デリバティブとは、大ざっぱに定義すれば「ある物質から生成することができる別の物質」ということになる。例えば、オレンジジュースはオレンジの派生物だ。金融派生商品の定義の一つに、「価値のある原資産の価値を有するもの」というのがある。例を挙げよう。普通株は、アップル社のような現存する企業のデリバティブだ。要するに、アップル社の株を買えば、同社のデリバティブを買っていることになる。また、投資信託を買えば、そのファンドのデリバティブを買っていることになるのだが、ファンドは株式のデリバティブだから、この場合はデリバティブのデリバティブを買っていることになる。

ウォーレン・バフェットが言わなかったこと、そして言うべきだったことは、デリバティブは大規模な金融市場を創造するツールでもあるということだ。全体の一〇パーセントが、残り九〇パーセントからお金を取り上げるためにこのツールを使っている。バフェットが金融版大量破壊兵器という言葉で指摘したかったことは、デリバティブのデリバティブのデリバティブに投資を始めたりしたら、投資はますます不安定なものになるということだと私は考えている。

このことをブドウの木で考えてみよう。ブドウの木にはブドウが実る。だからブドウはブドウの木のデリバティブだ。ブドウは食べられるし、健康にとても良い果物だ。ブドウを絞ってグレープジュースを作ることもできる。この場合グレープジュースは、ブドウの木のデリバティブであるブドウのさらにデリバティブということになる。このジュースも健康に良い。だが、グレープジュースからワインを作ったらどうなるだろうか。デリバティブであるワインは、健康に及ぼす作用も強くなるが、ますます不安定なものになる。ワインという名のデリバティブへの依存が強まればアルコール依存症となり、ワインは健康を害する大量破壊兵器となる。アルコール依存症によって、健康も家庭も財産も失われてしまう。金融危機のときに起こった連鎖反応も同様のものだった。この金融派生商品という強力で不安定な毒薬を作り出した張本人たちがいまだに采配を振るい、相変わらず毒薬を作ってはばら撒いているという現実は、皮肉としか言いようがない。

この本の最初の部分で金融の歴史を紐解いたのは、歴史を学んでこそ現在から未来をより良く見通すことができるからだ。一九七一年以前は、米国ドルは金《ゴールド》のデリバティブだった。一九七一年以降、米国ドルは借金、つまり借金を支払うという米国納税者の約束に裏付けられた米国債や財務省短期証券といった借用証書のデリバティブになった。今日の最大の疑問は、金持ちたちを救済するために何兆ドルという借金を米国の納税者たちが支払えるのかということだ。そして米国ドルの将来はどうなるのだろうか。

目下、本当の金融版大量破壊兵器は米国ドルだ。

●自分のお金を印刷しよう

デリバティブを作ることは、オレンジを絞ってオレンジジュースを作るのと同じくらいに簡単なことだ。デリバティブの定義を単純化して理解すれば、あなただってこの言葉の力を容易に活用できる。あなたも、自分のお金を印刷することができるのだ。ひじょうに単純な例は、お金を貸して利息を取ることだ。あなたが一〇〇ドル持っているとしよう。友人がそのお金を一年間借りたいと言う。そこであなたは友人に、一〇パーセントの利子で一〇〇ドルを借りるという借用書にサインさせる。つまり友人は、一年後に一一〇ドルを返すと約束したことになる。これだけであなたはデリバティブを作り出した。一年後に受け取る利息一〇ドルがデリバティブの部分だ。一〇〇ドルから一〇ドルを絞り出したのだ。

ではデリバティブの力をさらに高めた例を紹介しよう。あなたの友人が借りたいと言っている一〇〇ドルが手元にないとする。そこであなたは両親に、一〇〇ドルを利子三パーセントで一年間貸してほしいと頼む。両親はその条件でお金を貸すことに同意する。あなたは手にした一〇〇ドルを、友人に一〇パーセントの利子で一年間貸し付ける。一年後、友人から一一〇ドルを受け取る。一〇三ドルを両親に返し、あなたの手元には労力の見返りとして七ドルが残る。みんなが満足する。この場合、あなたはまったく元手をかけずに、デリバティブのデリバティブを作り出すことによってお金を儲けたのだ。

第五章で私は、部分準備銀行制度について書いた。銀行は、私がたった今説明したのとまったく同じことをしているが、組織の中でもかなりの上層部がそれをやっている。そして、三段階のデリバティブ、すなわちデリバティブのデリバティブのデリバティブまで作り出している。

例えば、あなたが自分の預金口座に一〇〇ドルを預けるとする。銀行は、あなたに三パーセントの利息を支払う約束であなたのお金を預かり、デリバティブを作る。銀行法と部分準備銀行制度を通じて銀行は、あなたが預けたお金の何倍ものお金を貸し出して利子を取ることが許されている。例えば、一〇倍の額を一〇パーセントの利子を付けて貸し出すことができる。そして銀行は、あなたの一〇〇ドルに対して三ドル支払い、一〇〇〇ドル（一〇〇ドル×一〇）を利子一〇パーセントで貸し出す。この例では銀行は、一〇〇〇ドルで一〇〇ドルの利息を稼ぎ、あなたに三ドル支払う。これは、現実の世界で日々刻々と起きていることなのだ。

金融危機がここまで大きくなった原因の一つは、二〇〇四年に米証券取引委員会（ＳＥＣ）が、五大投資銀行が貸し出せる金額を準備金の一〇倍から四〇倍に引き上げたことにある。あなたが一〇〇ドルを預けた銀行が米国最大の銀行だった場合、最大四〇〇〇ドルが貸し出され、そのお金を借りた何百という銀行がそれぞれ四〇〇〇ドルの一〇倍のお金を貸し出した。すべてのお金は落ち着きどころを探している。ほどなく住宅ローンのブローカーたちが、契約書にサインしてくれれば誰でもいいと住宅の購入者を募った。サブプライムローンによる問題は急速に拡大して爆発し、世界経済を震撼させた。だが問題だったのはデリバティブそのものではない。本当の問題は、銀行業界や政府の上層部の強欲さだった。ウォーレン・バフェットの『バフェットの教訓』から再び引用しよう。彼はこう言っている。「無知と借金を組み合わせると、興味深い結果が生じることがある」

●デリバティブは誰にでも作れる

私が言いたいのは、単純なデリバティブなら誰にでも作れるということだ。何も無いところからお金を作り出すことだってできる。デリバティブという視点から思考できるように頭脳を鍛えれば、私たちは皆、自分のお金を印刷する力を持つことができる。言い換えれば「お金は、お金に関する知識のデリバティブ」なのだ。だからこそファイナンシャル教育がひじょうに重要になるし、これが学校でお金について教えてくれない理由でもあると私は考えている。陰謀家たちは、あなたや私が彼らのゲームに参戦するのを嫌っているのだ！

読者の感想

ついさっき妻が、「最初のデリバティブを作ったとき、どれほど興奮したか覚えてる？」と聞いてきました。私たちは、強力なセールストレーニングプログラムを作りました。一回目のセミナーで二二名の参加があり、受講料二万ドルが私たちの銀行口座にどっと入ってきたのです！（さらに受講生の皆さんに満足してもらえました。彼らはさらに多くの不動産物件を販売しています。）お互いに利益が上がるウィン・ウィンの関係について話し合いましょう。天は誰にでも、少なくとも何か一つの技能や才能を与えてくれていると言います。あなたの知識や経験から派生するものを、他の人々が欲しがっているかもしれません。それを商品にすることはとても楽しく開放的で、元気が出ます。一回目のセミナーの経験から私たちは、自分たちが経済的自由を手に入れられること、また個人として自立できることを確信しています。

—davekohler

●お金は無限大

デリバティブを作り出す方法を覚えさえすれば、お金は無限大になる。分かりやすく説明しよう。

デリバティブが存在するには、キャッシュフローが存在しなければならない。例えばあなたが銀行からお金を借りて家を買うとすると、銀行は住宅のデリバティブである住宅ローンを設定する。あなたは銀行に毎月お金を支払うことに同意する。そこには二人の当事者がいる。支払う者と受取る者だ。住宅ローンの場合、一方はあなた、もう一方は銀行ということになる。問題は、あなたがどちら側の当事者になりたいかだ。あなたは、住宅ローンの債務者になりたいだろうか。あるいは債権者になりたいだろうか。

デリバティブという言葉の意味を理解したとき、私は自分がどちら側の当事者になりたいと思っているかを自覚した。私は、九〇パーセントの人々からキャッシュフローを受取る一〇パーセント側の人間になりたいと思ったのだ。

私が貯蓄家ではないのは、私が借りる人であって貯める人ではないからだ。私の代わりに支払ってくれる誰かがいる限りという条件がつくが、私は借金が大好きだ。私は銀行と同じことをやっている。例えば、年利一〇パーセントで一〇〇万ドルを借りて集合住宅を一棟買う。お金についての新ルールその１「お金とは知識である」に従って私自身の不動産投資の知識を駆使し、私が年利一〇パーセントで借りた一〇〇万ドルについて、賃借人に少なくとも年利二〇パーセントに相当する額を支払ってもらえるようにする。

かなり単純化して説明しているが、この物件で私は、借りた一〇〇万ドルから一年間に二〇万ドルの収入を得て銀行に一〇万ドルを返済し、純利益として一〇万ドルを得ている。賃借人が契約書にサインした瞬間に私は、私の定めたルールと互いに同意した家賃で私の集合住宅に居住する権利を賃借人に与えるという、集合住宅のデリバティブを作り出したことになるのだ。ここまでの話で頭が混乱した人には、この考え方が理解できるまで、この考え方があなたの肉となりあなたの一部となるまで、友人と議論することをお勧めする。

デリバティブという言葉の力を理解した私は、自分の得た知識を現実に応用するために行動を開始した。それ以前から私は、自分が自由を獲得できること、二度と仕事に就く必要などなくなると確信していた。投資信託を買う必要もないし、必ず若くして豊かに引退できると信じていた。

また、デリバティブという言葉の力を理解したおかげで、不動産以外の分野にも進出できた。例えば、今あなたが読んでいるこの本も一種のデリバティブだ。この本の可能性を高めるため、弁護士に頼んでライセンス（出版許諾権）を設定してもらった。ライセンスはこの本のデリバティブであり、この本は私自身のデリバティブだ。そして、この本の出版を許可するライセンス契約が世界五〇か国を超える出版社との間に結ばれた。出版社はライセンス契約に基づいてそれぞれの国で私の本を出版し、国内の書店で販売する。ここでさらにデリバティブが作り出されたことになる。その売上げは定期的に私のもとに報告され、ロイヤリティ（著作権使用料）が私に支払われるが、これは各国で出版された本のデリバティブであり、出版された本はライセンスのデリバティブ、ライセンスは私の書いた本のデリバティブ、私の書いた本は私自身のデリバティブだ。ほとんどの著作者は、自分の著作物をただの本としか思っていないだろうが、私は自分の書いた本もデリバティブの一つだと捉えている。ここまでの話がよく分からないと感じた人は、このテーマについて友人と話をしてみてほしい。会話することで最大の学習効果が得られることも多いからだ。思ったことを声に出して言うと、自分の考えをはっきりさせることができる。

くどいようだが、デリバティブという言葉の力を理解することさえできれば、その言葉に埋め込まれた力を獲得できるようになる。フラー博士が言ったように、「言葉は人類が発明した最強の道具」なのだ。そして聖書には、「言葉は肉となった」と記されている。言い換えれば、あなたは、あなた自身の言葉通りの人間となっているのだ。

もっと複雑な事例を挙げることもできるが、それでは何の意味もない。私の仕事は、物事をやさしく解き明かすことであって、複雑にすることではないからだ。モルガン家では決して成功しないタイプだろうがね！　しかし、お金に関する概念を単純化することは、それほど生易しいことでもない。実際、自分の考え方を、実の父である貧乏父さんの考え方から金持ち父さんの考え方へと切り替えるのに何年もかかったし、今でも毎日、自分自身を教育し続けている。物知り顔をする人は本当は何もわかってはいないものだ。

私が挙げたこの二つの単純な例は、なぜ世界の一〇パーセントの人々が全世界のお金の九〇パーセントを手に入れるのか、なぜ全世界の九〇パーセントの人々が残りの一〇パーセントというわずかなお金を分け合わなければならないかを示している。すべては、言葉の力を知って理解すること、言葉の力に敬意を払うこと、そして自分の言葉を注意深く選ぶことから始まる。また「まず借金を完済しろ」とか「私は決して金持ちになれない」「投資は危険だ」「よく分散化されたポートフォリオの投資信託に長期投資しろ」といった、あなたの足を引っ張る言葉と訣別しなければならない。さらに、デリバティブ、キャッシュフロー、キャップレート、リスク軽減といった陰謀家たちが使う言葉を学び、使いこなせるようにならなければならない。使う言葉の種類が豊かになればなるほど、あなたの人生も豊かになる。次章からは、この言葉の種類を増やすプロセスを加速させる方法についてお話しする。一言で言うと、人生を変えたいなら、まずあなたが使う言葉を変えることだ。何より素晴らしいことに、言葉にお金はかからない。

●終わりに

この章の冒頭で、政治ニュースを面白おかしく伝えるコメンテーターであるジョン・スチュワートと、経済ニュースを面白おかしく伝えるコメンテーターであるジム・クレイマーとの、テレビ番組中のやり取りの模様を取り上げた。

番組のインタビューの中でジョン・スチュワートはジム・クレイマーにこう言った。「経済や金融のニュースを視聴者が楽しめるものにしたいというあなたの気持ちはわかる。だがそれは、……（音声消去）ゲームではない。私が感じている怒りがどれほどのものか、言い表す言葉もない。そのことで私は、あなたたちは知っていたのだと確信した。あなたたちは皆、何が起こっているのかを知っていたのだ」

怒り心頭のジョン・スチュワートには私も同情するが、コメントの一部については同意しかねる。ジム・クレイマーが知っていた可能性はある――相場が上昇することを祈り、キャピタルゲインを得ることを願い、投資信託に長期分散投資をするマグロの大群に襲いかかるサメのように、トレーダーたちが平均的な投資家たちの蓄えを食い散らかす様を。だが私には、金持ちがどのようにして自分たちのお金を印刷するかという本当のゲームを、クレイマーが知っていたとは思えないのだ。

クレイマーは頭脳明晰なトレーダーにして有能な証券コンサルタントであり、テレビではユーモアあふれる軽妙なトークのパーソナリティとして売れている。だが私は、クレイマーは陰謀のために働いているのではないかと思う。彼は必要に迫られて、推奨株を面白おかしく解説したり、上がりもすれば下がりもする株式についてちょっとしたヒントや考察を提供したりしているのではないか。もっと多くのマグロに、株式市場や株式や債券、投資信託といったデリバティブにお金を投資させることが、彼の役割なのではないかと私は考えている。それらの投資先のすべてが、巨大なゲームのデリバティブとなっているのだ。クレイマーの役割はおそらく、九〇パーセントの人々を一〇パーセントの人々が開いているゲーム場におびき寄せることなのだろう。次からの章では、どのようにすればあなたも自分のお金を印刷する一〇パーセントの一員になれるかについて説明する。要するに、借用書を作ることができればデリバティブを作ることもできる。そして、デリバティブを作ることこそがあなた自身のお金を印刷することなのだ。

お金についての新ルールその1「お金とは知識である」を忘れないことだ。その知識は言葉の力から始まる。言葉は、陰謀家たちが使っている言語を話す力をあなたに与えてくれる。それによってあなたは、陰謀の人質や奴隷、犠牲者になることなく、陰謀の力を利用することができるようになる。その言語を話すことにより、自分自身のゲームをプレーすることが可能になる。そしてそのゲームの名は、「キャッシュフロー」だ。

セールスこそ成功の秘訣

問い：　ネズミのボールが「スモールボール」なのはなぜ？
答え：　チケットがたくさん売れないからさ。

このジョークに気分を害した人のうめき声が聞こえてくるようだ。オチが分からなかった人もいるだろう。私がどのボールのことを言っているのだろうと頭をかしげた人もいるだろう。受けないジョークの解説をするのもどうかと思うのだが、一応言っておくと、私の言うボールとは、チャリティパーティや大統領の就任舞踏会といった豪華な宴会のことだ。ボールと聞いて、サッカーボールや何かもっと別のものを想像した人もいるだろうが、それについてはこれ以上言わないでおく。

ネズミのスモールボールの話を持ち出したのは、言葉の力の一つの例を示したかったからで、また、言葉は複数の意味を持つことがあり、それがどのように誤解やごまかしを生み、判断を誤らせうるかを例を挙げて説明したかったからだ。お金に関する助言の言葉の中にも、個々人の生活に害を及ぼしうるものが数多く存在する。こうしたお金に関するごまかしの言葉を、私は「お金に関するおとぎ話」と呼んでいる。

●お金に関する第1のおとぎ話：「収入の範囲内で生活しなさい」

私に言わせれば、「収入の範囲内で生活しなさい」というのは夢を殺す言葉だ。第一、収入の範囲内で暮らしていて楽しいわけがない。ほとんどの人は、経済的にも満ち足りた人生を、思う存分に生きたいと思っているのではないか。なのに「収入の範囲内で生活しなさい」という考え方をしているせいで、いつも経済的に貧しく、何の感情も持たず、生気が抜けたような顔をしている人が大勢いる。この言葉について深く考えてみると、それには他の意味も含まれていることがわかるだろう。例えば「贅沢な人生を望んではいけない」とか「望むものは手に入らない」といったことだ。そういうアドバイスを頭から信じこむのはやめて、自分にこう問いかけるべきだ。「収入の範囲内で暮らすことは、私が望んでいる人生をもたらしてくれるだろうか。そうすることで、私はおとぎ話の主人公のようにいつまでも幸せに暮らせるだろうか」

読者の感想

いままで収入の範囲内で暮らすのを、悪いことだと思ったことはありませんでした。稼ぐより使うお金が少ないことは良い習慣だと思っていたのです。もっとお金を使いたければ、まずもっと多く稼がなければいけないと思い込んでいました。でも今では、「収入の範囲内で生活しなさい」という言葉がどれほど有害か分かりました。その本当の意味は、「今あるもので満足しなさい。あなたにはそれしかないのだから」ということだと思います。それは夢を殺す言葉です。

――Ktyspray

貧乏父さんは、収入の範囲内で生活すべきだと信じていた。私たち家族の暮らしはとても質素なもので、両親はいつも貯蓄に励んでいた。子供の頃に大恐慌を経験した父と母は、あらゆるものを溜め込み、それこそ一度使ったアルミホイルまでとっておくほどだった。食料品をはじめすべて安売りの店で買物していた。

一方、金持ち父さんは、収入の範囲内で暮らすという考え方には反対だった。それどころか、「自分の夢に向かって突き進め」と言って自分の息子と私を励ました。かといって彼は、金使いの荒い浪費家ではなかった。派手な暮らしをするわけでもなく、自分の富をひけらかすようなこともしなかった。ただ彼は、「収入の範囲内で生活しなさい」というのは、人々をいやな気持ちにさせ、やる気を失わせる悪いアドバイスだと考えていたのだった。そしてファイナンシャル教育が、人々が人生をどう生きるかを選ぶときの選択肢と自由度を増やすと信じていた。

夢を持つことが大事だというのが金持ち父さんの信念だった。彼はよくこう言っていた。「夢は、神様が私たち一人一人にくれた贈り物だ。空に輝く自分だけの星と言ってもいい。その星が、その人の一生を道案内してくれるってわけさ」。彼自身、夢を持つことがなかったら、金持ちにはなっていなかっただろう。彼はこうも言っていた。「人から夢を取り上げるのは、その人の人生を奪うことだ」。だから、私が考案した会計と投資について楽しく安全に学べるボードゲーム『キャッシュフロー』は、各々のプレーヤーが自分の夢を選ぶところから始まる。金持ち父さんにちなんで、私とキムはそのようにゲームを設計したのだ。

「たとえ目指す星をその手につかむことがなかったとしても、その星は君の一生を導いてくれる」というのが金持ち父さんの口ぐせだった。一〇歳のときの私の夢は、コロンブスやマゼランのように世界の海を航海することだった。なぜそんなことを思いついたのかはわからない。だがそれが私の夢だった。

一三歳になると、工作の時間にサラダボウルを作るなどということはせず、一年をかけて全長八フィートの小舟を作った。小舟が完成すると、私はすっかり船出した気分になり、はるかかなたの島に向かって舟を進めている自分を空想していた。

一六歳のとき、ハイスクールの進路指導部の先生が、私にこう聞いた。「卒業したら何をしたいの？」

「タヒチまで航海して、クインズバー（タヒチの悪名高い観光名所）でビールを飲み、タヒチのきれいな女性たちと知り合いたいと思います」と私は答えた。

彼女はにっこりすると、「あなたにぴったりの学校があるの」と言い、米国商船アカデミーの入学案内書を私に手渡した。そして一九六五年、私は、米国商船の高級船員を養成する米国最高の国立教育機関の一つであるそのアカデミーに、私の学校から連邦議会が推薦する生徒二名のうちの一人となった。タヒチまで航海するという夢がなかったら、商船アカデミーに入ることもなかっただろう。私を力づけたのは自分自身の夢だった。ディズニー映画の中でジミニー・クリケットが歌った『星に願いを』のように、「あなたが心から願うなら、叶わない願いなどない」のだ。

読者の感想

二〇〇三年、一人娘が婚約した時、私たちの家業は倒産の危機に瀕していました。借金は増えるばかりで、支出を賄う売上すら確保できていませんでした。でも、娘には一生思い出に残る結婚式を挙げさせてやりたいと思いました。私たちの一人っ子だったからです。だから問題は、どうしたら式の費用二万六〇〇〇ドルを捻出し、それと同時に危機的状況にあるビジネスを救済できるかということでした。「でっかい夢を見ろ、そうすれば答えは出てくる」と、自分たちを励ましました。ちょうど住宅ブームが終わる頃で、ある住宅のリノベーションを請け負いました。この新規事業のおかげで、娘の結婚式の費用を支払うことができました。

—synchorostl

一九六八年、商船アカデミーの学生として私は、タヒチに向かうスタンダード・オイル社のタンカーの船上にいた。タンカーの船首が、世界で最も美しい景観の一つであるタヒチの島々の水晶のように澄み切った海を静かに進んでいくと、私は感動のあまり大声で叫び出しそうになった。そして夢見た通り、かのクインズバーにも行って、そこで美しいタヒチの女性たちにも出会った。それから四日後、タンカーはハワイに戻るためにタヒチを出港した。私は、子供の頃からの夢を達成した満足感でいっぱいだった。だがそれは、新しい夢を追いかけ始める時が来たことも意味していた。

金持ち父さんはずっと私に、収入の範囲内で生活することではなく、収入の範囲そのものを押し広げることに集中しろと言い続けた。私は、懐が寒かった時期も高級車を乗り回し、ハワイのダイヤモンドヘッドビーチの一等地に建つ美しいマンションに住んでいた。金持ち父さんのアドバイスは、絶対に貧しい人のように考えたり、見たり、振る舞ったりするなということだった。彼はいつもこう言っていた。「世の中が君をどのように扱うかは、君が自分自身をどのように扱っているかにかかっているんだ」

言っておくが、これは私が無謀なお金の使い方をしていたという意味ではない。むしろ、より水準の高い生活をしたいという強い欲求が、どんなにお金がないときでも、どうしたら贅沢な暮らしができるかということについて私の頭脳を忙しく働かせる原動力になっていたのだ。金持ち父さんの目に映っていたのは、自分の中にいる貧乏人と闘い、金持ちのように考えられるように頭脳を鍛えている私の姿だった。「お金がないときは頭を使うんだ。絶対に自分の中にいる貧乏人に負けてはいけない」というのが彼の口癖だった。

自分の頭を使うことによって、私はやりたかったことを次々と達成した。コンバーチブルのベンツの利用法についてアドバイスすることを条件に、その高級車を乗り回すことができた。ハワイの別の島に住むある家族のビジネスの営業を担当することで、浜辺の一等地に建つ高級マンションに住めるようになった。私が提供した仕事と引換えにその家族は、一カ月三〇〇ドルという破格の家賃で、ダイヤモンドヘッドで最も美しいホテルが立ち並ぶ浜辺の高級マンションに私が住むことに同意してくれた。当時三〇〇ドルと言えば、ホテル一泊分の料金とほぼ同じだった。私は、収入の範囲内で暮らそうとするのではなく、懸命に頭を働かせて、自分の経済状態をズタズタにすることなく優雅に暮らせる方法を考え出したのだ。いま私はその方法を、自分のビジネスにも応用している。欲しい物を買うだけのお金が手元にないとき、どうしたらそれを手に入れることができるだろうかと考えをめぐらせる。私の生活の自由度は、銀行の預金口座の残高で決まったりはしないのだ。

●金持ち父さんの教え

ファイナンシャル・アドバイザーと呼ばれる人たちの「収入の範囲内で生活しましょう」という台詞にはいつもぞっとする。私には、いわゆるお金の専門家が「私はあなたたちより頭がいいのです。正しい生活の方法について教えてあげましょう。その第一歩は、私にお金を預けることです。私があなたたちのお金を運用してあげましょう」と言っているようにしか聞こえない。ちまたの何百万という人々が、従順な羊よろしくこのアドバイスに従って彼らに自分のお金を差し出すが、お金の専門家たちがやることといえば、そのお金をウォール街のブローカーに引き渡すことだけなのだ。

金持ち父さんは、いわゆる専門家にお金を託すのではなく、お金やビジネス、投資について学び、自分のお金の専門家になれと自分の息子と私を励ました。収入の範囲内で生活するというアドバイスが合っている人もいるだろうが、私はそんな暮らし方はごめんだ。手を伸ばしさえすればこのうえなく豊かで充実した生活がそこにあるというのに、どうして収入の範囲内で暮らさなければならないのだろうか。

あなたが自分の生活を変えたいと思っているなら、まず言葉を変えることから始めよう。恐怖や失敗について話すのはやめて、あなた自身の夢や、将来どんな人間になりたいかについて語り始めてほしい。世界が直面している金融危機についても、災いではなく幸いとして、問題ではなくチャンスとして、障害ではなくやりがいのある挑戦として、負け組ではなく勝ち組として、怖れるのではなく勇気を奮い起こす時としてとらえてみるべきだ。そしてもしあなたが困難な状況に陥っているなら、そのことに感謝してほしい。困難は勝者と敗者を分ける境界線だからだ。困難な問題に取り組んでいるあなたは、自分は今、チャンピオンになるための訓練を受けているのだと思ってほしい。

収入の範囲内で生活するのではなく、大きな夢を見て小さく始めよう。よちよち歩きで始めることだ。学んで賢くなり、ファイナンシャル教育を身に付け、計画を立て、伴走してくれるコーチを見つけて、あなたの夢に向かって走り出そう。モノポリーで遊んでいた若き日の金持ち父さんは、ゲームボードの上に自分の夢を見つけた。それは、彼自身の人生の計画、貧乏から脱出するための計画だった。モノポリーにたとえるなら小さな緑の家を買い集めることから始めて、ワイキキビーチに自分の大きなホテルを建てることを夢見た。二〇年かかったが、彼は本当に自分の夢を実現したのだった。金持ち父さんがメンター（良き師）、そしてコーチとしていてくれたおかげで、私は本気で忍耐強く努力するようになってから一〇年で、経済的自由を手に入れるという自分の夢を達成した。それは簡単なことではなかったし、多くの間違いも犯した。褒められるより叱られることのほうが多かった。お金を稼いだりも失ったりもした。多くの良心的な人や数人の偉大な人、さらに何人かのひじょうに悪い連中に出会った。彼らの一人一人から私は、学校や本からは教わることができない知恵を学んだ。私の人生の旅は、お金のためというより、そのプロセスの中で自分がどんな人間になるかということに焦点を当てたものだった。私は、お金があるか無いかで人生を左右されたりしない金持ちになったのだ。

●生き方を映すゲーム

これが私が考案した会計と投資について楽しく安全に学べるボードゲーム『キャッシュフロー』だ（図③）。ゲーム『キャッシュフロー』のゲームボードを見てもらうと分かるが、ボード上の内側中央に円形のマスが描かれている。これがラットレースだ。ラットレースは、安定した仕事を見つけ、マイホームを買い、投

③ゲーム「キャッシュフロー」にはラットレースとファーストトラックがある。

資信託に投資するというような安全なプレーをしたい人のために用意されている。収入の範囲内で生活するのが賢いと思っている人々はここでゲームをプレーする。

ボードの外側を囲んでいるマスはファーストトラックだ。ここでは、金持ちがお金のゲームをプレーしている。ラットレースを抜け出しファーストトラックに移るには、お金について賢くなり、ゲームシートである財務諸表を使いこなせるようにならなければならない。実生活では、あなた個人の財務諸表はお金に関する成績表で、あなたのファイナンシャルIQを反映している。問題は、ほとんどの人が財務諸表とは何かを知らないまま、学校を卒業して社会に出てしまうことだ。だから、彼らのお金の成績表にはたいていの場合は落第点がついている可能性が高い。名門校に進学して学術的教育ではオールAの満点をもらっている人でも、個人の財務諸表には落第点がついている場合がある。

●お金に関する第2のおとぎ話：「学校を出て安定した仕事に就け」

私の貧乏父さんは、安定した仕事があることが大事だと考えていた。だから彼は、学校教育や良い学術的教育の重要性を固く信じていた。

金持ち父さんは、経済的自由が大事だと考えていた。だから彼は、ファイナンシャル教育をとても重要視していた。彼はよくこう言っていた。「この世で一番安全な人は、刑務所に入っている犯罪者だ。だから凶悪犯罪者用の刑務所のことを「最も警備が厳重な場所」と言うんだ。安全を求めれば求めるほど自由を失うことになる」

図④はキャッシュフロー・クワドラントと呼ばれるもので、この名称は、私の著書「金持ち父さん」シリーズ第二弾の書名にもなっている。

気づいている人もいると思うが、学校教育は、四分割されたクワドラントの左側にいるE（従業員）とS（スモールビジネス・オーナーや専門家、個人事業主）の人々を育てることにかけてはひじょうに優れている。彼らは安定や安全を大切にしている。

一方、右側のクワドラントにいるB（ビッグビジネス・オーナー）とI（投資家）の人々は自由を大切にしている。一般の人にはファイナンシャル教育がほとんど欠けているので、彼らにとってBやIのクワドラントにいる人は怪しげな人たちとしか映らない。だからたいていの人は、「ビジネスを始めたり投資をしたりするのは危険だ」と言う。だが実のところ、物事を正しく上手に行う方法についての教育や経験、指導がなければ、あらゆるものが危険になる。

●アドバイザーは慎重に選べ

私は多くのファイナンシャル・アドバイザーの助言を聞くが、実際に採用するのはそのうちの二つか三つにすぎない。私が細心の注意を払って耳を傾けるのは、リチャード・ラッセルのアドバイスだ。彼は株式市場の専門家だ。彼は、長期の株式投資についてこんなことを言っている。「（株式）市場は、たとえて言えばラスベガスのカジノでギャンブルに興じるようなものだ。カジノでギャンブルをしているあなたは、胴元を相手に博打を打っている。だから、ある程度長い時間やっていると、しまいには有り金を全部失ってしまう

④キャッシュフロー・クワドラントの図が意味するもの

E…従業員（employee）
S…スモールビジネス（small business）
自営業者（self-employed）
B…従業員五百人以上のビッグビジネス
(big business)
I…投資家（investor）

というわけだ」

　ラッセルはまた、おとぎ話に投資する人々について次のように語っている。「株式市場への長期投資は、指一本動かさないくせに実現されてもいない利益から何かを期待している人々に対する長期課税だ」

　ファイナンシャル・アドバイザーの問題は、彼らがＢやＩのクワドラントの人々のために働くＥやＳのクワドラントの人間だということだ。大半のファイナンシャル・アドバイザーは、ＢやＩのクワドラントの人間ではないし、ましてや金持ちでもない。彼らのほとんどはブローカーと呼ばれている。株式ブローカーもいれば、不動産ブローカー、保険のブローカーもいる。金持ち父さんがいつも言っていた通りだ。「彼らがブローカーと呼ばれるのは、連中が君よりもお金に困《ブローカー》っているからなのさ」

　『バフェットの教訓』の中でウォーレン・バフェットは、ファイナンシャル・アドバイザーについてこう言っている。「ウォール街は、ロールスロイスに乗った人が地下鉄で通勤している人にアドバイスを聞きにくる唯一の場所だ」

　次の二つのグラフは、金持ち父さんのアドバイザーの一人、アンディ・タナーが提供してくれたもので、幅広く分散投資したポートフォリオをブローカーを使って運用することは、一般的に言ってお金に関する良い判断だという考えが間違ったものであることを実証している。最初のグラフはフィデリティ・インベストメンツのマゼラン・ファンド（世界で最も有名な投資信託の一つ）と、代表的な株式指標であるダウ平均とＳ＆Ｐ５００の収益率（リターン）を比較したものだ（図⑤）。二〇年以上にわたって、運用されていない二つの指標ダウ平均とＳ＆Ｐ５００が、フィデリティ・マゼラン・ファンドよりもはるかに好成績を上げていることがわかる。

　だが、さらに悪いニュースがある。図⑥は、フィデリティ・マゼラン・ファンドの収益率とその運用手数料の関係を示している。見て分かるように、一九九五年以来、マゼラン・ファンドは、ダウ平均とＳ＆Ｐ５００という二つの株式指標よりも成績が悪かったにもかかわらず、四八億ドルもの手数料を稼ぎ出した。と

⑤収益率の比較
フィデリティ・マゼラン・ファンドｖｓダウ平均とＳ＆Ｐ500

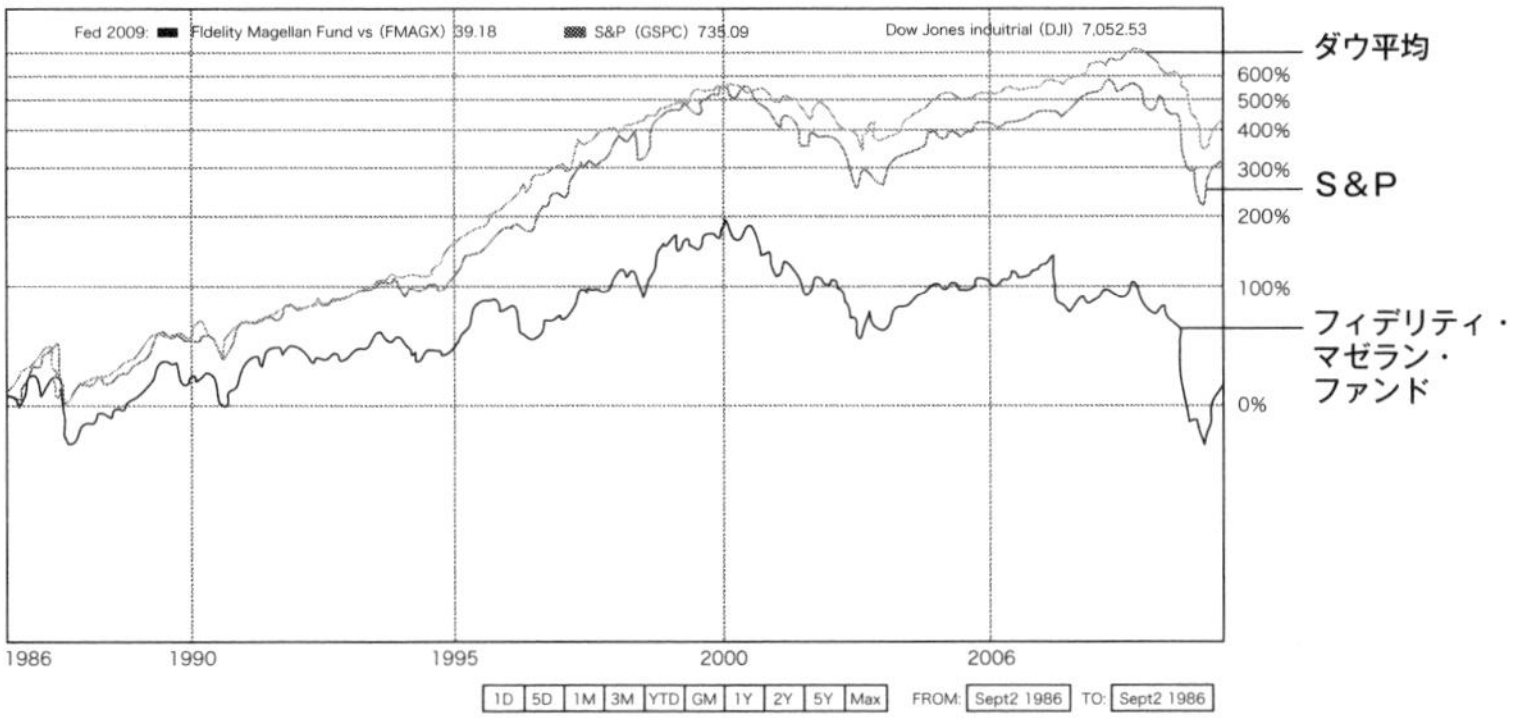

（出典）Yahoo!.Inc の許可を得て掲載。©2009 Yahoo!.Inc　YAHOO! 及び YAHOO! のロゴは、Yahoo!.Inc の登録商標です。

⑥フィデリティ・マゼラン・ファンド
株式銘柄選定年間手数料とファンドの成績

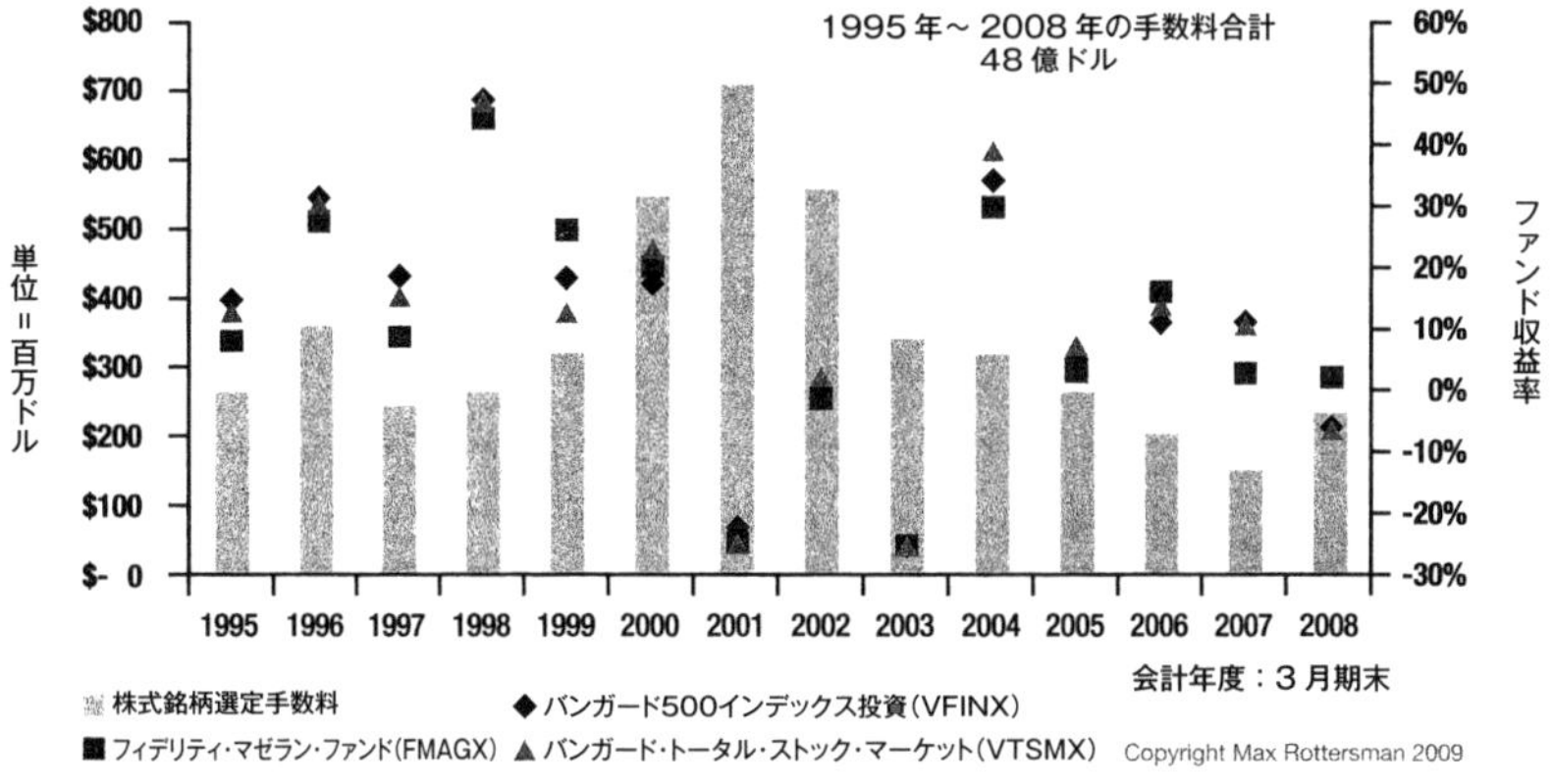

いうことは、ダウ平均やS&P500の構成銘柄を普通に買っていた人は、このファンドよりも良い収益を得たばかりでなく、その間にかかる多額の手数料を節約できたことになる。

読者の感想
株式市場に関するあなたのアドバイスは、私の過去一五年間の経験からしてもかなり的確だと思います。私は大学を卒業するとすぐに働き始め、以来ずっと株式投資もやっています。少数の銘柄で構成された投資信託を持っており、その成績を見守ってきましたが、おおむね価格は下落、多少戻したかと思うと再び下落するということの繰り返しです。同じ時期に物色していたいくつかの企業の株価のような成長や順調な価格上昇なんてまったく見られません。
—obert

あなたの目標が経済的にも豊かな生活を送ることであるなら、キャッシュフロー・クワドラントの右側と左側の違いを学ぶこと、そしてどのアドバイザーのどのアドバイスに耳を傾けるかを慎重に選ぶことが必要不可欠だ。あなたが今、キャッシュフロー・クワドラントのどこにいるかが、ラットレースを抜け出してファーストトラックに移るうえでひじょうに大きな影響を及ぼす。

キャッシュフロー・クワドラントについてもっと知りたい人は、私の著書『金持ち父さんのキャッシュフロー・クワドラント』を読んでほしい。お金の世界の四種類の人々について詳しく説明している。またラットレースから抜け出すためのステップについても書いている。

●お金に関する第3のおとぎ話：「社会保障と株式市場」

二〇〇八年一二月、バーナード・マドフのポンジー・スキーム（ねずみ講詐欺）事件は、世界中が知るところとなった。それまでは、バーニー・マドフが何者か、ポンジー・スキームとはどんなものかを知る人はほとんどいなかった。ポンジー・スキームの「ポンジー」は、イタリア生まれのアメリカ移民チャールズ・ポンジーの名にちなんでいる。彼は一九二〇年、投資家を騙した罪に問われた。ポンジー・スキームとは、「投資家に、彼ら自身が投資したお金やその後に投資した他の人のお金を支払うことによって投資家たちを騙す詐欺行為」のことを言う。一言で言えば、大勢の人から借金を繰り返して借金を支払う詐欺だ。

二〇〇九年三月一二日、総額六五〇億ドルにのぼる投資家の資金を騙し取ったとして刑事告訴されたバーニー・マドフは、そのポンジー・スキームに関わる一一もの罪状を認めた。

マドフの事件は史上最大のポンジー・スキームだと考えられているが、私はそうは思わない。ポンジー・スキームとは何かを本当に理解している人はほとんどいないので、最大のポンジー・スキームがいまだに進行中であることが分からないのだ。かみくだいた表現をするなら、ポンジー・スキームはお金に関するおとぎ話だ。その仕組みは、新しい投資家がお金を入れてくれて、運用者であるバーニー・マドフが、その前にお金を入れた投資家に支払を続けることができる限りは機能する。言い換えれば、ポンジー・スキームが上手く回っているのは、新しい参加者が次々と投資してくれている間だけだ。その仕組みを支えるのに足りるキャッシュフローを生み出しているわけではないからだ。

ポンジー・スキームの定義とその意味するところをよく考えてみるなら、社会保障こそ米国史上最大のポンジー・スキームだという結論に行きつく人もいるかもしれない。社会保障という制度は、若い勤労者たちが国庫にお金を入れ続けてくれる場合に限って機能する。実際、ほとんどの人は社会保障の基金が使い果たされてもう残っていないのを承知の上で、それでも自分の年金分だけでも残っていてくれることを願って、この制度にお金を注ぎ込んでいる。私が思うに、これはまさに政府提供のポンジー・スキームなのだが……。

それに、いまも進行中のポンジー・スキームは社会保障だけではないと私は思っている。ジョージ・W・ブッシュが自分の大統領任期中に、若年層の勤労者に社会保障ではなく株式市場にお金を入れさせる法律の制定をごり押ししているのを、面白いことだと思ってみていた覚えがある。おそらく彼は若者たちに、世界最大のポンジー・スキームである株式市場に投資してほしかったのだろう。株式市場では、投資家が儲けられるのは、株価が上昇し、新しい資金が市場に注ぎ込まれている間だけだ。市場から資金が引き上げられれば、株価は下落し、投資家は自分のお金を失う。

だから、キャピタルゲインとキャッシュフローの違いを知っておくことが重要になる。あらゆるポンジー・スキームの基本はキャピタルゲインを得ることにある。価格が上がれば、新しい資金が流れ込んでくるにちがいないからだ。だから私は、株式市場はポンジー・スキームだと考えている。新しい資金が流入しなければ市場は暴落する。不動産市場や債券市場も同じことだ。お金が注ぎ込まれている間は、キャピタルゲインを得るためのポンジー・スキームは景気よく機能し続ける。しかし、皆がいっせいにお金を返してほしいと言いだすと、価格は急落し、全員にお金を返すだけの資金はなくなる。

二〇〇九年、投資信託会社が直面した最大の問題の一つは資金の流出だった。こうした会社の多くは、投資信託をやめる顧客に支払うお金をかき集めるのに苦労している。投資家も、投資信託が合法化されたポンジー・スキームであることに気づき始めているのだ。

●重要なのは教育だ

これからの世界で成功するには、三種類の教育が必要になる。

1. 学問的教育――読み書きと数字の計算を学ぶ。
2. 専門的教育――働いてお金を稼ぐために必要な技能を学ぶ。
3. ファイナンシャル教育――お金を自分のために働かせる方法を学ぶ。

今の学校制度は、最初の二種類の教育については適切な教育を提供しているが、三つめのファイナンシャル教育を提供することについては、散々な結果に終わっている。何百万という人々が、学校で高い教育を受けたにもかかわらず、総額にして何兆ドルものお金を失っている。学校教育からファイナンシャル教育が排除されてきたからだ。

私は学校ではぱっとしない生徒だった。読み書きや数学で良い点をとったことは一度もないし、クワドラントのE（従業員）やS（個人事業主や専門家）になりたいとも思わなかった。まだ子供だったが、学校は自分が勝者になれる環境ではないと分かっていた。だからこそ私は、ファイナンシャル教育を学ぶことに集中した。B（ビッグビジネスオーナー）とI（投資家）のクワドラントについて学べば、EやSのクワドラントに行くために学んでいる人よりも多くのお金と自由が手に入ることを知っていたからだ。

●大恐慌が人生を変えた

前にも書いたが、前回の大恐慌は貧乏父さんに測り知れないほどの影響を与えた。彼は良い学校に進み、勉学に励み、自分のおとぎ話を実現した。つまり、教師という保障のある安定した職業に就いたのだ。Eクワドラントの人間でいることが、彼に安心をもたらしていた。しかし後年、失業し、さらにお金に関する悪いアドバイスに従ったために老後の蓄えまで失ってしまうと、おとぎ話は一転して悪夢となった。社会保障の手当てがなかったら、彼の経済状態はもっと悲惨なものになっていただろう。

大恐慌は金持ち父さんにもひじょうに大きな影響を与えた。彼は、自分はBクワドラントやIクワドラントの人間になるのだと心に決めていたし、学校で優等生になったことはなかったが、ファイナンシャル教育については利発な生徒だった。景気が持ち直す頃には、金持ち父さんのファイナンシャルIQは十分に高くなっていて、彼の人生とビジネスは一気に上昇し始めた。彼は自分の夢を叶えたのだ。

だが今でも、何百万という人々が貧乏父さんと同じ道を歩んでいる。学校に戻ってEやSのための再教育を受ける人も多い。それでも彼らは、ファイナンシャル教育には見向きもしない。自分の個人的な問題をやり過ごし、不景気な時代を生き延びられればいいと思っているだけだ。何百万もの人が節約生活を信奉し、収入の範囲内で暮らすために工夫を凝らし、自分の夢をしぼませている。ケチケチ暮らすことが、カッコいいこととしてもてはやされている。

だが中には、金持ち父さんの生き方にならって、ファイナンシャル教育を学び続ける人もいる。いまでは、ハーバードやオックスフォードなどの名門校をはじめ多くの大学が起業に関するコースを設けるようになった。起業や不動産投資、ペーパーアセット投資の講義はいつも満員御礼だ。学問的教育や専門的教育とは違った種類の教育、すなわちファイナンシャル教育が存在することは、ほとんどの人も知るようになってきた。その教育は、彼らやあなたの新たな未来、新たな経済状態、そして夢につながる道だ。

問題は、今あなたが、どんな未来につながる道を進んでいるかだ。次の大恐慌や大不況が終わったとき、あなたはどうしているだろうか。お金のゲームを有利に進めているだろうか。それとも、今よりさらに遅れをとってしまうのだろうか。

●二種類の教師の話

私の親友の一人にグレッグという若い男性がいる。彼は、社会起業家だ。具体的な活動としては、カリフォルニア州の通常の学校では受け入れられないほど重度の学習障害を患う子供たちのために、特殊教育を提供する学校を経営している。オバマ大統領はこのようなプログラムに何十億ドルという予算を付けていて、グレッグのようなビジネスも、そうした補助金の恩恵を受けている。要するに、彼のビジネスは急成長しているのだ。それで彼はさらに学校施設を買収し、特殊教育を行う教員の雇用を増やしている。

私が言いたいのは、グレッグは、クワドラントのBとIの側でビジネスをしている教師であり起業家だということだ。彼が雇っている教員たちは、クワドラントのEとSの側にいる。グレッグと他の教員たちは同じ学校で働いているが、両者は二つのまったく異なる世界に生きている。

グレッグのことは彼が一九歳の頃から知っている。この本を書いている時点で彼は三三歳の百万長者《ミリオネア》になっている。「自分の成功はＰｈＤの賜物だ」というのが彼のお気に入りのジョークなのだが、彼の言うＰｈＤは「パブリック・ハイスクール・ディグリー（高校の卒業証書）」の略語であって、大学の博士号という意味ではない。一方、彼が雇っている教員の多くは、本物のＰｈＤ（博士号）を持っている。勘のいい人は気づいたかもしれないが、そういうこともあってグレッグと教員たちの間に、一種の敵対意識が生まれることがある。グレッグの夢は、何十もの学校を持ち、何百人もの教員を雇い、何千人もの障害を持つ子供たちに教育を提供できるようにすることだ。だが彼が雇っている教員たちの夢は、どこか別のところにある。

●「ベストセラーの著者」の意味

何年か前のことだが、大手の新聞が、私のことを元はコピー機のセールスマンだと批判する記事を掲載した。実際、取材の時に記者が私にこう聞いたのだ。「コピー機のセールスマンが、どうやってベストセラーを書けるようになったのですか?」その記者は、学校時代の英語の成績はおそらく満点で、文章を書くのも私よりずっと上手いのだろうが、ベストセラー作家という言葉の意味を誤解しているのは明らかだった。「金持ち父さん」シリーズの著書の中でも何度も言っているが、私は「一番良く売れている本の著者」であって「文章が一番上手い著者」ではない。良い文章を書ける人は多いが、たくさん売ることができる人はほとんどいない。

セールスというのは下品な言葉だと思っている人は多い。貧乏父さんにいたっては、それは人を罵るときに使う言葉と同じくらい汚い言葉だと考えていた。この章の冒頭のネズミのボールのジョークで、間違ったボールを連想した多くの人たちと同じだ。教養あふれる文化人を自認していた貧乏父さんにとって、セールスという概念はこのうえなく汚らわしいものだったし、セールスマンなどは詐欺師も同然だった。しかし金持ち父さんは、セールスという言葉は起業家が経済的な成功を収めるうえで必要不可欠だと考えていた。

読者の感想

セールスほど素晴らしい職業はないと思います。私たちは誰もがセールスマンです。友達に「映画を観に行かない？」「評判のレストランに食べに行かない？」などと売り込みをしているではありませんか。夫には「ゴミを出してくれない？」、子供には「きちんと仕事をすることは大事よ」、自分には「やっぱりあのドレスを買わなきゃ」と売り込んでいます。セールスに悪評が立つのはお金のやり取りが絡むときです。そのとたんセールスは悪いことだと言われてしまうのです。でもちょっと考えればわかることです……もし売る人がいなくなってしまったらどうなるでしょうか。私たちが持っている物のほとんどは、誰かが私たちにセールスしたものです。そろそろ大人になりましょう。そもそも本当に欲しい物でなければ、どんなに売り込まれても買ったりしないのですから。セールスマンのせいにするのはやめてください。

―synchorostl

社会起業家である友人のグレッグの話をしたのは、彼と彼が雇っている教員たちの違いに気づいてほしかったからでもある。その違いの一つは、売るという言葉にある。多くの教員にとって、金持ちになって教育を売るなどということは、彼らの心の奥底にある教育者としての信念に反する。だがグレッグは、自分が売らなければ、教員たちが給料をもらえないことを知っている。

彼には、自分が売れば売るほどもっとお金が入り、それによってもっと多くの学校を買い取り、もっと多くの教員を雇い、もっと多くの子供たちを教えることができることも分かっている。一方、教員たちにすれば、グレッグと彼の妻で自身も教員であるロンダがどれだけ学校を増やそうと、もらう給料は同じだ。その違いは、キャッシュフロー・クワドラントの左側と右側の考え方の違いにある。

グレッグの話をここに出した理由はもう一つある。彼が、カリフォルニア州に対してチケットを売っているからだ。所有する学校の数が増えれば増えるほど、もっと多くのチケットを売ることができる。一方、彼の学校の教員たちは、自分の労働力を売っている。彼らが売ることができるのは自分というチケット一枚きりだ。私が言いたいのは、チケット（商品やサービス）をたくさん売ることができる人のほうが、チケット（自分の労働力）を一枚しか売れない人よりも多くのお金を手にすることができるということだ。映画業界で一番稼ぐのは、映画館のチケットが一番売れる映画スターだ。音楽業界でもそうだ。自分の派生商品であるデリバティブ（音楽CDや公演チケット、ダウンロードコンテンツ等）が一番売れるミュージシャンが一番稼ぐ。スポーツ界では、プロアメリカンフットボールのスーパーボウルやテニスのウィンブルドン選手権のプロモーターが大儲けする。たくさんのチケットに加え、テレビの放映権などの様々な権利を売ることができるからだ。要するに、複数のチケット（自分のデリバティブ）を売ることができない人は、自分の労働力を売るしか他にお金を稼ぐ方法がないのだ。私は、書籍やゲーム、講演といった形で自分のチケット、つまり私自身のデリバティブを何百万枚も売っている。このチケットを売る能力こそが、どんな金融危機の最中にあっても私のビジネスが繁盛し続ける理由の一つなのだ。

一九七四年に米国海兵隊を除隊したとき、私は貧乏父さんのような人生を送るのはいやだと思った。EやSのクワドラントへは行きたくなかった。だから私は、スタンダード・オイル社の高級船員にも戻らなかったし、民間航空会社のパイロットにもならなかった。やはり私の夢は、EやSの側にはなかった。私の夢はBやIのクワドラントの側にあったのだ。安定した仕事にも、収入の範囲内で生活することにも何の興味もなかった。

私は、金持ち父さんと同じ道を行こうと決心した。金持ち父さんに、BやIのクワドラントの人間になるにはどうしたらいいのかと聞いたとき、彼は一言こう答えた。「セールスを学べ」。彼のアドバイスに従って、私はゼロックス社のセールスマンになり、セールスのための訓練を受けた。セールスを覚えるのは、私にとっては戦闘機の操縦を覚えるのと同じくらいに辛いことだった。そもそも私はセールスマンには向いていない人間だったし、お客に断られるのがいやでしかたがなかった。それでも、何度もクビになりそうになりながら、ドアからドアへと当時ＩＢＭ社と競合していたゼロックス社のコピー機を売り歩いた。そして二年も経つと、私の営業力は向上し、自信もついた。入社当時はあれほど苦手だったセールスが楽しくなってきた。さらに二年が過ぎる頃には、私はハワイ支社では上位五位に常にランクインするトップセールスマンの一人になっていた。私の収入も飛躍的に増えた。お金の面でも満足できたが、一番の収穫は、プロのセールスマンになるためのトレーニングを受けられたこと、そしてセールスについて自分の中に新たな自信が芽生えたことだった。

●セールスを学ぶ人となれ

私の成功の秘訣は、いつもセールスという言葉にある。一九七四年、私は貧乏父さんの価値観に反抗して、セールスを学ぶ訓練生となった。お金の世界では、セールスはとても重要な言葉だ。ゼロックス社のハワイ支社での最初の三年間、私はコピー機を売るために悪戦苦闘した。そして一九七七年、ついに支社のトップセールスマンになった。一九七九年、私の最初のビジネスであるマジックテープを使ったナイロン製のサーファーウォレット（スポーツ用財布）がスポーツ用品業界に新風を巻き起こし、私はたちまちベストセラー商品のセールスマンになった。一九八二年は、ちょうど音楽ビデオ専門チャンネルＭＴＶの人気が急上昇してきた頃で、デュラン・デュランやポリス、ヴァン・ヘイレンといったロックバンドと商品販売でコラボを始めていた私のビジネスも急成長した。

一九九三年、私の処女作『If You Want to Be Rich and Happy, Don't Go to School（幸せな金持ちになりたいなら学校には行くな）』が米国、オーストラリア、ニュージーランドでベストセラーになった。一九九九年、「金持ち父さん」シリーズ第一弾となる『金持ち父さん　貧乏父さん』がニューヨークタイムズ紙のベストセラーになった。二〇〇〇年、私は、全米ネットの人気トーク番組「オプラ・ウィンフリー・ショー」に出演した。すると『金持ち父さん　貧乏父さん』は、世界五〇カ国以上の言語に翻訳されて一〇〇カ国以上で出版され、世界的なベストセラーになった。もし私が一九七〇年代にゼロックス社でセールスのトレーニングを受けていなかったら、こうしたことはどれも決して実現していなかっただろう。

●貧しい人は売るものがない

これほど大勢の人がお金の問題で苦しんでいるのは、売れるものをほとんど持っていないか、たとえあったとしてもそれをどうやって売ればいいのかを知らないからだ。またはその両方が原因だったりする。だから、もしあなたが今お金の問題で苦しんでいるなら、何か売れそうなものを見つけたり、どうやったらいい値段で売れるかを研究したりすることだ。あるいはその両方を同時にやることだ。売る技術を高めたいと真剣に思っている人には、私の親友の一人であるブレア・シンガーが、彼自身のビジネスとして開講しているセールスの技法と科学に関するセミナーをお勧めする。彼のカリキュラムは厳しく内容も高度だが、受講者たちの間で驚くべき成果を上げている。興味のある人は彼のビジネスサイト http://www.salesdogs.com/ に問い合わせてみるといい。ブレアは世界的に知られたセールストレーニングの天才で、「金持ち父さんのアドバイザー」シリーズ『セールスドッグ』の著者でもある。今あなたがどのクワドラントに居ようと、自分自身のセールスの技術を向上させることは、収入を増やす賢い方法だ。

素晴らしい商品やサービスを持っている人は大勢いる。だが問題は、売上げが、そういう商品やサービスを持っている人のところではなく売る能力が一番高い人々のもとに行くことだ。言い換えれば、売る能力がなければ、非常に高くつく。売れなければビジネスは失敗し、莫大な損失をこうむることになるのだから。

ドナルド・トランプと私が、ネットワークビジネスの研究を勧める理由はそこにある。もしあなたが起業家になることを真剣に考えているなら、数年間、自分の自由になる時間を使って、ネットワークビジネスでセールスの技術を学ぶことをお勧めする。あなたが受けることができるトレーニング、特に相手に断られることに対する恐怖心を克服する技術には、お金では買えないほど素晴らしい価値がある。

●売り手と買い手

二〇〇二年、私は初めて自分のビジネスを株式公開し、トロント証券取引所に上場した。それは、中国にある鉱山開発の会社だった。これは私の意見だが、自分が築いてきたビジネスを株式公開すること、つまり自分の会社の株を証券取引所で売ることは、起業家にとっては究極のゴールだ。上場の瞬間、私は金持ち父さんに心の中で静かに「ありがとう」とお礼を言った。金持ち父さんが、セールスという言葉を貧乏父さんのように軽蔑したりせずに、セールスを学べと私を励まし続けてくれたおかげだったからだ。

『キャッシュフロー』ゲームを体験してみれば、なぜこれほど多くの人が大金を失っているのかが理解できるようになるだろう。

自分のビジネスの株式を公開するのは、ファーストトラックのお金のゲームだ。BとIのクワドラントの側では、新規公開株の売り手は、セリング・シェアホルダー（自分の株を売る株主）と呼ばれている。彼らは、自分たちの株をラットレースにいる人々に売って相当な利益を上げる。ここで学ぶべき教訓は、お金の世界には売り手と買い手がいるということだ。お金の世界では、金持ちが売り手で、貧乏な人や中流階級の人が買い手になっている。買い手はEやSのクワドラントの側にいて、売り手はBやIのクワドラントの側にいる。

売り手と買い手についてもっとよく理解したい人は、ぜひ一度『キャッシュフロー』ゲームを体験してみてほしい。それぞれのお金のゲームがどんなものなのかを実感できるはずだ。

●終わりに

いまの世界経済を見れば、なぜ私たちが金融危機の最中にあるのかがわかるはずだ。中国が売っていてアメリカが買っているからだ。つまり、米国は売るよりも多く買っているのだ。それだけではなく、アメリカ人はマイホームをATM機代わりにして借金をしている。世界の国々の多くは、アメリカ人が世界の最終消費者だと考えている。だから米国の貿易収支は赤字続きで、国の借金は数兆ドルに膨れ上がり、市民の税金も上がっていく。いまや中国は我が国最大の債権国だ（注・二〇〇九年時点）。国家として、米国はすでに買うより多く売る能力を失ってしまっている。また、多数の企業が破たんしている理由も簡単にわかる。企業収益が下がったり不況が続いたりすると、真っ先に広告予算を削る会計士が大勢いるからだ。だがこれは、実は決してやってはいけないことだ。広告費を削ることが企業の致命傷となる。不景気のときこそ、自社の市場シェアを拡大できるように、企業は広告宣伝を増やすべきなのだ。「売上は全ての問題を解決する」とよく言われるが、実際その通りだ。そして、広告宣伝をしなければ売上を得ることはできない。

あなたがラットレースを脱出してファーストトラックに行きたいと思っているなら、個人のレベルでできることは、相手に断られることへの恐怖心を克服すること、そして価値あるセールススキルを身に付けることだ。「買うことよりも売ることに焦点を当て続けること」を決して忘れてはならない。何百万というこれほど多くの人々がお金の問題で悩み苦しんでいるのは、彼らが買うことは大好きだが売ることは大嫌いだからだ。金持ちになりたいなら、買うものよりはるかに多くのものを売らなければならない。だがこれは、収入の範囲内で生活せよという意味ではなく、むしろセールスを学べということだ。そうすれば、収入を増やし、夢に向かって前進することができる。買うよりも多くのものを売ることができるようになれば、もう収入の範囲内で生活しなくてもすむようになるし、仕事の安定にしがみついたり、ネズミのボールのようにチケットが売れないからといってケチくさいパーティをしたりする必要もなくなるのだ。

第十章

未来のための家を建てる

大きな悪いオオカミ「ふうーっ……ふうーっ……こんな家、ひとおもいに吹き飛ばしてやる！」

大きな悪いオオカミと三匹の仔豚のおとぎ話は、ほとんどの人が耳にしたことがあると思う。これはとても重要なお話で、子供から大人まであらゆる人の暮らしに役立つ教えがいくつも含まれている。話の筋はこうだ。昔あるところに三匹の仔豚がいた。一匹目の仔豚は藁の家を建てた。二匹目の仔豚は木の枝で家を建てた。三匹目はレンガの家を建てた。

一匹目の仔豚が建てた藁の家がまっさきに完成した。この仔豚には遊ぶ時間がたんまりできた。そこで二匹目の仔豚のところに行って、早く木の枝の家を建てていっしょに遊ぼうと促した。木の枝の家が完成すると、二匹は楽しく歌ったり遊んだりして、なかなか家が完成しない三匹目の仔豚のことを笑っていた。三匹目の仔豚は、レンガの家を建てるために時間をかけて懸命に働いていた。そしてついにレンガの家も完成し、三匹の仔豚はみんなそろって愉快に暮らした。

ある日のこと、大きな悪いオオカミが偶然このこぢんまりとした楽しげな家々の近くを通りかかり、三匹の美味しそうなご馳走を見かけた。オオカミが近づくのに気づいた仔豚たちは、それぞれ自分の家に逃げ込んだ。オオカミはまず藁の家の前に立ち、出てこいと仔豚に言った。仔豚がいやだと答えると、オオカミはふうーふうーっと息を吹きかけ、藁の家を吹き飛ばしてしまった。藁の家の仔豚は、木の枝でできた家に逃げ込んだ。オオカミが追いかけてきて仔豚たちに出てこいと命じたが、仔豚たちはいやだと言った。オオカミはこの家もふうーふうーっと息を吹きかけて壊してしまった。仔豚たちは今度はレンガの家に逃げ込んだ。

三匹のご馳走を首尾よく一軒の家に追い詰めたと思ったオオカミは、のっしのっしとレンガの家に近づくと、出てこいとまた仔豚たちに言ったが、仔豚たちの答えは同じだった。オオカミはまたふうーふうーっと息を吹きかけたが、今度はどんなに強く息を吹きかけてもレンガの家は壊れなかった。何度やっても家はびくともしなかったのだ。疲れ切ったオオカミはどこかへ行ってしまい、三匹の仔豚はお互いの無事を喜んだ。

おとぎ話によれば、最初の二匹の仔豚はこのことから教訓を学び、まもなくそれぞれレンガの家を建て、三匹そろっていつまでも幸せに暮らしたということだ。だがあなたにもわかっているように、「三匹の仔豚」はあくまでもおとぎ話だ。現実の世界では、人々は政府に税金を使って自分たちを救済してくれるように要求し、そのお金でやっぱり同じ藁の家や木の枝の家を新築する。おとぎ話は繰り返され、人々が教訓を学ぶ日は永久にやってこない——そして悪いオオカミが暗がりに身をひそめて待ち伏せしている。

●藁の家と木の枝の家

二〇〇七年、サブプライムローンの問題という大きな悪いオオカミが森の中から姿を現した。オオカミがふうーふうーっと息を吹きかけて藁の家を吹き飛ばしたとき、世界最大級の銀行が瓦解した。藁でできた銀行は、砕け散るときに他の藁の家や木の枝の家を道連れにした。二〇〇九年には、ＡＩＧやリーマン・ブラザーズ、メリルリンチ、シティバンク、ＧＭ、クライスラーといった巨大企業が破綻したり破綻の危機に瀕した。そのとき世界は、レンガ造りの巨大企業だと思っていたものが、本当は藁や木の枝で出来たものにすぎないことを知った。こうした巨大企業の家が崩壊するときの衝撃波は、より規模の小さな企業や個々人にも及ぶ。

ビジネスが次々と廃業し、失業者は世界中で急増、住宅の価格も下落し、人々の貯蓄も激減した。アイスランドに至っては、一つの国がまるごとデフォルト（債務不履行）に陥り、米国をはじめ多くの国々や、当時世界第八位の経済規模を誇っていたカリフォルニア州の他、いくつかの州も破綻寸前となった。残念なことに人々は、三匹の仔豚のように教訓を学んでレンガの家に建て替えることもせず、連邦準備銀行やウォール街の金融筋、政府の指導者たちが自分たちの問題を解決してくれるものと期待している。

世界中の人々が「私たちの指導者たちはどうするつもりなのか」と問いかけている。しかし私は、もっと重要な質問をすべきだと思う。それは「あなたや私はどうするつもりなのか」ということだ。もっとはっきり言えば、「あなたや私は、どのようにすればレンガの家を建てることができるのか」という問いかけだ。

●レンガの家を建てる

私自身のレンガの家を建てる作業は、自分自身を立て直し、教育することから始まった。覚えていると思うが、お金についての新ルールその4は、「悪い時に備えれば、良い時ばかりが訪れる」というものだ。私がキムに、今後の経済の動向について私に見えるもの、そしてなぜそれに備えなければならないかについて初めて話したのは一九八四年のことだった。彼女は驚いた様子も見せず、私の手を取っただけだった。そのときから私たちはいっしょに人生の旅を始めた——共に強固なレンガの家を建てるためだった。旅を始めたとき、私たちには多額の借金があった。それまでのビジネスの失敗で生じた損失七九万ドルのうち、およそ四〇万ドルをまだ借金として抱えていた。おまけにお金も仕事もマイホームも、車さえも失っていた。二人とも着の身着のままで、持っていたのは小さなスーツケースが二つ、そして互いへの愛と将来の夢だけだった。

それから二年後の一九八六年、私たちはシャンパンボトルを開けて借金ゼロを祝った。協力しあって悪い借金四〇万ドルを完済したのだ。そして一九九四年には経済的自由を手に入れた。力を合わせて私たちの人生のレンガの家を建てたのだ。悪い時に備えているので、今では良い時ばかりを過ごしている——ひどい金融危機の最中にあってもだ。もちろん私たちにも、挫折したり悪戦苦闘したりした時期、失敗や損失、厳しい教訓を学ばなければならなかった時期はあった。だがそれらを私たちは、自分たちのレンガの家を建てるために必要なプロセスの一部だと捉えていた。

> 読者の感想
>
> 私の挫折の最大の原因は「クレジットカードを安易に使うこと」でした。この落とし穴には何回か落ちました。複利は、単純に計算した利子よりもはるかに大きくなることを学びました。いま私は、複利の効果を自分に不利ではなく有利になるように働かせるために行動しています。
>
> —Robertpo

●レンガの家のためのプラン

図⑦はレンガの家を建てるためのプランを示している。B－Iトライアングルという名称で知られているものだ。B－Iトライアングルは、第九章で説明したキャッシュフロー・クワドラントから派生したものだ。キャッシュフロー・クワドラントについては、私の著書『金持ち父さんのキャッシュフロー・クワドラント』の中で詳しく説明している。図⑧がキャッシュフロー・クワドラントだ。

⑦B-Iトライアングルはビジネスの八つの必須要素を表す

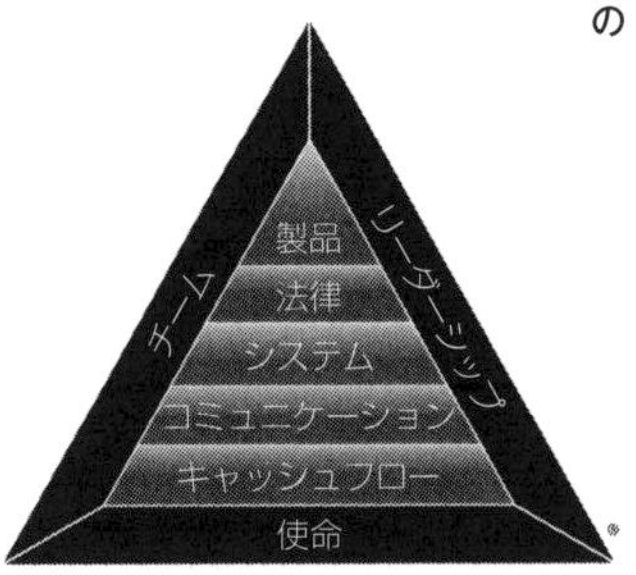

⑧B－Iトライアングルはここから生まれた

要するにキムと私は、キャッシュフロー・クワドラントのBとIの側で力を合わせて二人の人生を設計したのだ。クワドラントのEとSの側に残るのが最善の策だという人もいるだろうが、そういう人でも私たちと同じことをやってみるのは有益だ。その理由を説明しよう。

1. 技術的なことを言えば、B－Iトライアングルはどのクワドラントにも応用できる。
2. どんな人でも、人生はB－Iトライアングルの八つの必須要素で構成されており、それらの影響を受けている。問題は、ほとんどの人はB－Iトライアングルとは何かを知らないことだ。

ある人の人生に、これらの八つの必須要素のうちの一つでも欠けていたら、どんなに正直で勤勉であっても、その人はお金に関して一貫性を欠いていることになる。私はこの一貫性《インテグリティ》という言葉を、良く使われている道徳的な意味合いではなく、「全部そろっている」とか「完全無欠である」といった意味で使っている。一貫性はまた、「調和的に機能する」ことも意味している。人生にこの八つの必須要素が全部そろっていない人は、他人と調和して働くことができない。この八つの必須要素の一つ一つについて、簡単に説明していこう。

●第1の必須要素：使命

人間誰しも自分の使命を持っていると、私は信じている。あなたにとって、自分の使命が何なのかを悟り、それを紙に書き付け、何度も読み返して考え続けることは重要な作業だ。個人の場合、その人のその時々の人生のステージによって様々な使命が発生する。例を挙げよう。一九六五年に商船アカデミーに入学したとき、新入生の私たちが真っ先にやらされたのは、アカデミーの使命を暗記することだった。私の四年間の使命は、そのアカデミーの使命をサポートすることだったからだ。海兵隊のパイロットとしてベトナム戦争に派兵された時の私は、自分の使命を実にはっきりと自覚していた。それは、兵士たちを無事に生還させることで、私にとってとても崇高な使命だった。

いまの私の使命は、人々のお金に関する幸福度を向上させること、そしてファイナンシャル教育を世界に広めることだ。一九七〇年代後半、製造業者として金儲けのためだけに働いていた時、私はひどく葛藤し、目的を見失い、気力も萎えていた。愉快に暮らしてはいたが、何かが欠けていると思えてならなかった。一九八一年、バックミンスター・フラー博士との出会いが、私に使命の大切さを思い出させてくれた。彼に出会ってからは、自分はもう製造業者ではいられない、信念に基づいて金持ち父さんが私に教えてくれたことを広める教師になる準備はできていると悟った。一九八四年、そう決断してその道を歩み出そうとしていた矢先にキムに出会い、お金に関する読み書き能力を広める教師になるという使命を果たすために二人して活動することになった。私たちには何もなかったが、使命感だけはあった。

キムと私は、もし誰かの人生に一貫性が欠けていて、しかも人生がその人の使命に沿ったものになっていない場合、そこに問題が起こると考えている。人生の基礎であるその人の使命と、生きるための崇高な理由は、八つの必須要素のすべてにおいてきわめて重要なものとなる。

●第2の必須要素：チーム

「人は一人では生きられない」という古くからの言葉がある。ビジネスや投資では、あなたがゴールを達成するのを手助けしてくれる弁護士や会計士といった専門家のチームを作ることが最も重要な作業になる。チームはあなたの弱みを補完し、強みを補強してくれる。また、あなたが組織のトップとして説明責任を果たし、前進し続けられるようにサポートしてくれる。

私が学生時代に感じていた問題の一つは、学校の教育が、生徒にテストを自分一人で受けさせるようにするためのものだということだった。テストの問題を他のクラスメートと力を合わせて解こうとしたり、助けを求めたりしようものなら、それはカンニングだということになる。こうした考え方のせいで、何百万という人々が学校を卒業した後も他人と協力しあうことを怖れ、一人で孤独に働かなければならなくなっているのだと思う。協力することは、カンニングするのと同じことだと教え込まれているからだ。

人生の成功は、自分たちのチームの質がどれだけ高いかで決まる。例えば、キムと私には、健康を保つために優秀な医師のチームがついている。また、暮らしの中で私やキムが対処できないような問題が起きた時のために、電話一本で駆けつけてくれる修理工や配管工、請負業者、サプライヤーといった有能なチームが控えている。ビジネスにおいては、私たちのビジネス上の問題の解決を手助けしてくれる、従業員や専門家による素晴らしいチームを組織している。そして、私たちの心や思考、感情をより高次の存在に向けさせてくれる精神的指導者のチームもいる。これらのチームの存在なくしては、私とキムの成功はありえなかった。

●第3の必須要素：リーダーシップ

商船アカデミーで私は、リーダーになるための訓練を受けた。大半の人は、リーダーというのはあらゆることを知っていて、他人に命令して何でもやらせることができる人のことだと思っているようだが、これはまったくの間違いだ。真のリーダーは、自分のチームのメンバーたちの洞察力の価値を理解していて、チームの成功のキーパーソンとなる人だ。

リーダーになるための第一歩として、訓練生はチームの一員となることを学ぶ。士官学校を出ると私は海兵隊に入隊したが、そこでも私のリーダーシップとチームワークの教育は続いていた。自分のビジネスのリーダーとなった今でも、私のリーダーシップ教育は続いている。偉大なリーダーになるための方法の一つは、学び続けること、そしてあなたのチームからのフィードバックを受け入れ続けることだ——たとえ気に入らないフィードバックであってもだ。私自身の経験でも、面と向かって無遠慮なフィードバックをもらったときに、最大の訓練効果を得られたケースがいくつかあった。

映画などで、軍隊の教官が新しく入った若い訓練生に向かって罵詈雑言を浴びせるシーンを見たことがある人も多いだろう。あれは、訓練生がフィードバックを受け入れることを学ぶためのものだ。現実の世界でも、いたるところでフィードバックの原理が働いている。バスルームの体重計に乗ったら適正体重より二〇ポンド多かったというのはフィードバックだし、会社をクビになったり、一文無しになったり、離婚したりといったことも一種のフィードバックだ。フィードバックを受け入れることは、リーダーの絶対条件だ。残念なことに、今のビジネスや労働組合、政治や教育のリーダーたちの多くは、メッセージという形で世界経済が発しているフィードバックを受け入れていないし、そこから何も学ぼうともしていない。どうもメッセージをうまく受け取れていないようだ。

個人や家族、ビジネスや経済がひどく悪い状態にあるなら、リーダーシップに問題がある。「魚は頭から腐る」ということわざの通りだ。あなたが問うべき重要な質問は、「自分自身の人生について、私はリーダーとしてどれくらい有能だろうか」ということだ。あなたの家族やあなたのビジネスの関係者、勤め先、住んでいる国や都市で、自分のリーダーシップの質について誰かに聞いてみるといい。家族や顧客、上司や友人たちから率直なフィードバックをもらうことを怖れてはいけない。フィードバックを受け入れ、そのフィードバックに基づいて自分を前向きに変えることによって初めて、より良いリーダーになれるのだ。

●第4の必須要素：製品

製品とは、私たちが市場に持ち込むあらゆるものを意味する。リンゴのように形のある商品もあれば、法律相談やウェブデザイン制作、庭の芝刈りといった無形のサービスもある。世界経済のもとで私たちがお金と交換するものが製品だ。製品は、キャッシュフローを得るための手段となっている。

ある人が提供している製品が良いものではなく、その製品に品質が悪いとか速度が遅い、または時代遅れといった問題がある場合、その人はお金に苦労することになるだろう。仮に私が一軒のレストランを持っていたとしよう。ところがその店は、注文した料理が出てくるのは遅く、味が悪いうえに値段も高すぎるときている。そんな店ではオーナーである私の収入も落ちるに決まっている。遅い、不味い、法外な値段という製品は、家族やビジネス、ひいては政府までも悩ませることになる。

お金に困っていると言う人に出会うと私が真っ先に着目するものの一つに、その人が提供している商品やサービスがある。製品の改善や品質の向上に取り組まないなら、その人のお金の苦労は多分これからも続くだろう。また、製品がその人の使命に合致したものでなければ、ビジネスそのものが悩みの種になってしまうかもしれない。例えば、私はナイロン製のスポーツ財布を自分の製品として売っていたことがあるが、業績不振に悩まされるようになったのは、私の精神が売っていた製品に合致していなかったからだ——私の真の使命はファイナンシャル教育の教師になることであって、製造業者になることではなかった。私の著書やゲーム、ビジネスが好調なのは、それらが私の精神と人生の使命の派生物だからでもあると思っている。

●第5の必須要素：法律

好むと好まざるにかかわらず、私たちはルールの世界に生きている。成功するには、ルールを理解し、そのルールに従って可能なかぎり効率よくビジネスに取り組むことが必要になる。だからこそ、優秀な法律家をチームに加えておくことが賢明なのだ！　ルールが無ければ文明は崩壊してしまう。もし私が、自分はアメリカ人だからと言って英国でも米国の交通ルールに従うことにしたとしたら、英国は車両は左側通行だから、しまいには刑務所か病院に送り込まれることになりかねない。

人生に問題が起こるのは、その人がルールに従わなかったときだ。暴飲暴食に喫煙、運動不足が重なれば、身体のルールに反することになり、健康上の問題が発生する。お金についても同じことだ。店を襲った強盗は刑務所行きになる。妻や夫を裏切るなら、深刻な個人的問題を抱えることになる。ルールを破ることは、あなた自身の人生にとって、そして家族やビジネス、国家にとっても良くないことだ。

●第6の必須要素：システム

ビジネスと人生で成功するカギは、効率的なシステムの重要性を理解することにある。人間の身体にはいくつものシステムがあって、互いに連動して機能している。呼吸器系、骨格系、消化器系、血液系といったシステム（器官）がある。そうしたシステムの一つでも動かなくなったら、身体全体に重大な問題が起こる。

ビジネスには、主なシステムとして会計や法律、コミュニケーションなどがある。政府が運営管理しているシステムは、司法制度や幹線道路、福祉、税金、教育など様々なものがある。一つのシステムが損なわれると、政府全体に影響や障害が生じる。個人個人を見ていると、自分のお金のシステムが故障していたり破損していたりする人が大勢いる。どれだけたくさん稼いでも、どんなに一生懸命働いても、彼らがお金で苦労しているのはこの故障や破損のせいだ。

●第7の必須要素：コミュニケーション

「意思の疎通が欠けていたようだ」というのは、映画『暴力脱獄』の中の有名なセリフで、あらゆる組織に共通する、世間一般の人々が抱く心情だ。同じことが、個人の中にも家族の間にも存在する。ベトナムに出征していたとき、コミュニケーションがうまくいかなかったために起きた敗北や死を戦場で数多く目撃した。意思の疎通に失敗したために、自分たちの軍を爆撃したり砲撃したりした。私たちは毎日の生活の中で、同じようなことを自分自身に対してしているのだ。

この本の大部分を使って、コミュニケーション、つまり言葉の使い方を学ぶこと、お金の言語の話し方を学ぶことについて話してきた。ほとんどの人にとって、お金の言葉は外国語に等しい。あなたがお金について自分のコミュニケーション能力を向上させたいなら、お金の言葉を学ぶことから始めなければならない。

●第8の必須要素：キャッシュフロー

キャッシュフローはしばしばボトムライン（最終損益）とも呼ばれる。銀行があなたのファイナンシャルIQを評価したいと思えば、あなたの財務諸表を見せてくれと言うだろう。だが財務諸表とは何かを知らない人がほとんどなので、ではクレジットの与信申請書を見せてくれということになる。サブプライム問題の発端は、世界最大手の銀行家たちが、世界で最も貧しい人々やビジネス、国々に次々と信用を与え始めたことにある。

お金についての新ルールその3は、「キャッシュフローをコントロールする方法を学ぼう」だ。これは重要なルールだ。キャッシュフローをコントロールすることによって、八つの必須要素のすべてをコントロールすることになるからだ。キャッシュフローをコントロールできれば、いくら稼いでいようがいまいが、自分の人生をコントロールできる。これは私がボードゲーム『キャッシュフロー』を考案した理由の一つになっている。そしてこれが『キャッシュフロー』を自発的にプレーするキャッシュフロー・クラブが世界中にできている理由でもある。皆さんに、キャッシュフローをコントロールすることの重要性を学んでほしいのだ。

以上八つの必須要素についてもっと詳しく知りたい人は、私の著書『金持ち父さんの起業する前に読む本』を読んでほしい。あなたのビジネスにとってこれらの必須要素の一つ一つがなぜ重要なのかが理解できるはずだ。

読者の感想

私は、自分が一貫して正しい人間だと思い込んでいました。周囲の人にも、自分がいかに正しく一貫性のある人生を歩んできたかについて語ってきました。私の言う「一貫した正しさ」とは、トラブルに近寄らず、配偶者を裏切らず……といった類のことでした。その一貫性がお金についても要求されるとはほとんど意識していませんでした。自分の人生を振り返り、細かく調べてみて、私はお金については一貫性のある状態ではないと分かりました。でもありがたいことに、人生の旅の針路を変えるチャンスはまだ私たちに残されています。

——msrpsilver

私の著書『金持ち父さんの起業する前に読む本』や『金持ち父さんの投資ガイド　上級編』では、起業家や投資家、クワドラントのBやIの人間になりたいと思っている人のために詳しく説明しているので、ぜひ目を通してみてほしい。

●自己分析

少し時間を取ってB－Iトライアングルの八つの必須要素をじっくり眺め、それぞれの必須要素のうち、自分が強いのはどれか、弱いのはどれかを考えてみてほしい。自分自身に、次のような質問をしてみよう。「私の法律に関するチームのメンバーは誰か」「税金や会計についてアドバイスしているのは誰か」「お金や投資に関する判断が必要な時に、私は誰にアドバイスを求めているだろうか」

私が言いたいのは、B－Iトライアングルの八つの必須要素というプリズムを通して人生やビジネスを見ることで、キャッシュフロー・クワドラントのBやIの側の人間の目で自分自身の人生や世界を眺めることができるということだ。レンガの家を建てるには、この八つの必須要素に従ってあなたの人生を作り上げていく必要がある。

人生の問題で悩んでいる人や業績不振に苦しんでいるビジネスを見ていると、その原因は多くの場合、この八つの必須要素のどれか、またはいくつかが弱いか欠けていることにあると気づく。だからあなたも、少し時間を取って八つの必須要素をチェックし、自己分析をしたほうがいい。あなたが勇敢にもより頑丈なレンガの家を建てたいと思うなら、友人を集め、思いやりを持ちつつも事実を踏まえ、八つの必須要素について話し合うべきだ。フィードバックを提供すると同時に、率直なフィードバックを受け取るように努めよう。これがとても重要なのは、友人や大切な人には、私たちが自分自身について見えていないものが見えていることがあるからだ。この作業を定期的に、例えば半年に一度のペースで誠実に実行するなら、いつの間にかレンガの家どころか立派なレンガの城が建つことは間違いなしだ。

●ビジネスと投資はチームスポーツだ

何百万という人々が、学校で習ったことを繰り返す人生を送っている。自分一人で人生のテストを受け、他人に助けを求めることもせず、強大な組織にいじめられ、ああしろこうしろと指図されている。問題を解決しようとするときに彼らが唱えるのは、「正しくやりたければ、自分一人でやれ」というお題目だ。一方、金持ち父さんはよくこう言っていた。「ビジネスや投資はチームスポーツだ」。ほとんどの人が人生で不利な立場にいるのは、お金のゲームの競技場にチームとしてではなく単独で出て行って、世界を牛耳っている巨大企業チームの巨人たちに叩きのめされているからだ。フラー博士はこのような大企業をメガ企業群と呼んでいた。

若いカップルがお金についてファイナンシャル・プランナーに相談しに行くとき、そのファイナンシャル・プランナーは対抗チームであるメガ企業側のプレーヤーである可能性が高い。あなたの財布に入っているクレジットカードの一枚一枚が、どれもクワドラントのBやIのビジネスに結びついている。マイホームを買うと、その住宅ローンは世界最大級の金融市場である債権市場に結びついている。あなたの家や車、生命には、世界最大級の巨大企業の保険という保障が付いている。言い換えれば、何百万という人々がクワドラントのEやSの人間として、世界最大のBやIの企業のチームを相手に人生を通してお金のゲームをプレーしているのだ。多くの人が自分の無力さを感じ、自分たちの面倒を見てほしいと政府を頼みにする理由はここにある。だが法律が、選挙キャンペーンに何十億ドルという献金をするBやIのクワドラントにいる大企業の強い影響を受けて作られていることは、周知の通りだ。あなたは自分の一票しか持っていないが、彼らには票を動かすための莫大な資金がある。

同じことは医療の分野についても言える。医療の現場が破綻し、医療費が高額になっているのは、メガ保険会社のチームがルールを作っているからだ。クワドラントのEやSの人間である個々の医師たちには、BやIの製薬会社や保険会社に影響を及ぼす力などありはしない。教育の分野も同じだ。世界の教育を牛耳っているのは強力な教職員組合だ。組合は教員たちの給料と恩恵を確保するための組織であり、子供たちの教育のための組織ではない。

私が言いたいのは次のようなことにつきる。「自分の生命、マイホーム、家族をクワドラントのBやIにいる大きな悪いオオカミから守りたかったら、あなた自身のB－Iトライアングルを作る必要がある。八つの必須要素を満たす自分自身のチームを作らなければならない」

ただ、八つの必須要素が揃っていない人が大勢いることも私には分かっている。実際、全てを持っている人はごくわずかだ。だから、これほど多くの会社員が今の安定した仕事にしがみつき、クビになるのではないかと恐れおののき、神が自分に与えたもうた人生の使命よりも、会社の使命を優先させてしまうのだ。こうした人々は、恐怖の中に生きている。彼らの人生が藁や木の枝で作られているからだ。

●あなた自身のB－Iトライアングルを作り始めよう

自分たちのレンガの家を建てるためにキムと私が最初にしたことの一つは、会計係を雇って私たちの経済状態をきちんと管理させることだった。このことは、私の著書『金持ち父さんのファイナンシャルＩＱ』の中に詳しく書いた。私たちのチームを作るうえで、これは重要なステップとなった。たとえあなたに余分なお金がほとんど無くても、『金持ち父さんのファイナンシャルＩＱ』を読めば、あなた自身のレンガの家を建てる方法を知る手助けになるだろう。頑丈なレンガの家を建てる手助けとなる本をもう一冊紹介しておこう。金持ち父さんのアドバイザーの一人である弁護士ギャレット・サットンが書いた『Start Your Own Corporation（自分の会社を始めよう）』だ。この本は、第5の必須要素である法律の面であなたを手助けしてくれる。もう一人の金持ち父さんのアドバイザー、ブレア・シンガーが書いた『セールスドッグ』は、第7の必須要素であるコミュニケーションの面であなたを手助けしてくれる。セールススキル、すなわち売る技術を磨けば、効果的なコミュニケーション・テクニックを駆使して商品やサービス、経歴を売り込む能力も向上する。膨大な情報が過剰にやりとりされている今の世界では、セールス能力の有無が、成功するか失敗するか、就職できるか失業するか、金持ちになるか一文無しになるかの分かれ道になる可能性が高い。

あなた自身のチームを作るのは簡単なプロジェクトではないし、手っ取り早く片付けられる作業でもない。良いチームを作るには時間がかかる。チームメンバーも変わる。来る者もいれば去る者もいる。私のチームにも長年にわたって素晴らしいメンバーがいたし、中にはかなり能力の劣るメンバーもいたが、そうしたことは成功へのプロセスの一部にすぎない。あなたの知識と富が増えれば、あなたのチームにもそれ相応のアップグレードが必要になるかもしれない。あなたのレンガの家をレンガの城に建て替えるのは、継続的な努力というプロセスなのだ。「成功への道は常に工事中である」という言葉の通りだ。

●嵐を呼ぶ雲が迫っている

悪い時に備えることによって、嵐を呼ぶ雲が立ち込めても明るい兆しを見出せる可能性が高くなるし、虹のふもとに金貨の詰まった壺を見つけることができるかもしれない。藁や木の枝で出来た家に住んでいる人々にとって、これからは悪い年が続くおそれがある。レンガの家に住んでいる人は、迫りくる嵐の雲間に明るい兆しを見ることができるだろうし、虹のふもとに金貨の壺を見つけることができるかもしれない。

次のいくつかのグラフは、なぜ私が、藁や木の枝で出来た家に住んでいる人々がこれからは受難の時代を迎えると思うのか、その理由を視覚化したものだ。これらのグラフを見たことがある人はほとんどいない。

⑨連邦準備銀行の通貨発行高

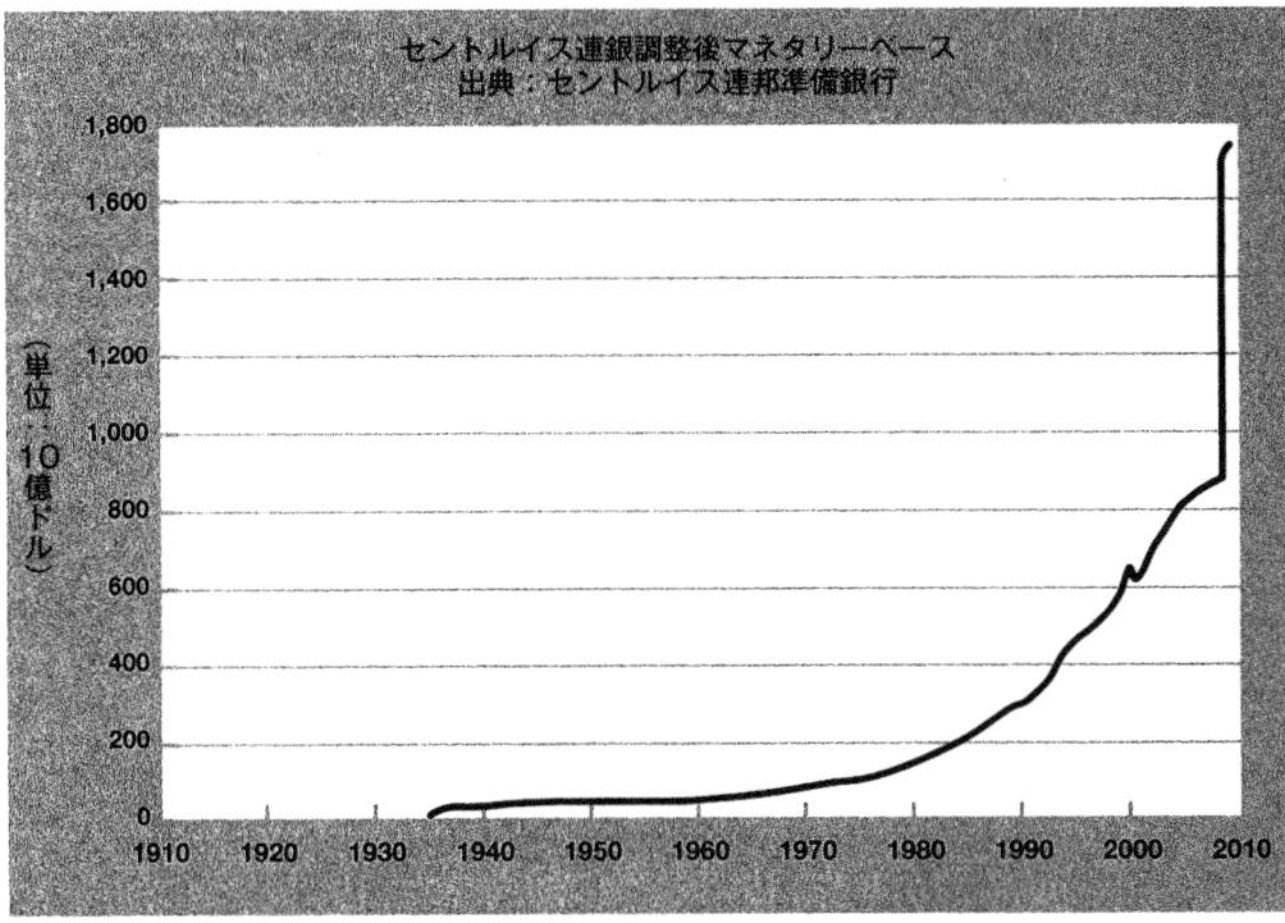

データを提供してくれたマイケル・マローニーに感謝する。彼は、金や銀の投資に関して私のアドバイザーを務めてくれている。「金持ち父さんのアドバイザー」シリーズ『Guide to Investing in Gold and Silver（金銀投資ガイド）』の著者でもある。とくに図表やグラフなどのデータが好きな人にはマイケルの本をお勧めする。

グラフ⑨は、連邦準備金制度が創設された一九一三年以降に流通しているすべてのベースマネー（硬貨、紙幣、銀行の準備預金）の総量を表している。八二五〇億ドルが市中に出回るのに一九一三年から二〇〇七年までの八四年間を要した。一九七一年、当時のニクソン大統領が議会の承認を得ずにドルの金本位制を停止し、世界に衝撃を与えた。その年以降のマネーサプライに何が起こっているかを見てほしい。通貨供給量はうなぎのぼりに増えている。また、サブプライム問題が世界を揺るがせた二〇〇七年以降、連銀は市中に流通するベースマネーをおよそ一兆七〇〇〇億ドルにまで増やし、通貨供給量は実質的にその前の八四年間分の総量の二倍に達した。

このグラフを見てあなたは、自分と家族にどんな影響があると考えるだろうか。私には次のようなものをはじめ、いくつかの可能性が見える。

1. ハイパーインフレが起こる。食糧やエネルギーといった生活必需品の価格が暴騰し、未曽有のインフレになるだろう。これは、貧困層や中流家庭の生活を破壊するだろう。

2. すべての国が通貨を刷り続けなければならなくなるだろう。米国が通貨を刷り続けているので、おそらく他の国々もそうせざるをえなくなる。そうしなければ、自国の通貨がドルに対して強くなりすぎて、米国への輸出が鈍化し、輸出に依存している国々の経済も鈍化するからだ。その結果、おそらく米国と取引のあるすべての国でインフレが起こるだろう。

3. 生活費が上昇する。藁や木の枝の家に住んでいる人々は、物価高で給料がさらに目減りするため、生活がますます苦しくなるだろう。

グラフ⑩は、レーガン大統領からジョージ・H・W・ブッシュ、クリントン、ジョージ・W・ブッシュの予算、そしてオバマ大統領が提案した予算までを示したものだ。

このグラフは何を意味しているとあなたは思うだろうか。私は、政府予算の増額、増税、財政赤字の増大を意味していると思う。つまりアメリカ国民はいまだに、自分たちの藁や木の枝で出来た家を政府が建て直してくれると期待しているのだ。

グラフ⑪は、全世界で金利変更（モーゲージ・リセット）になる住宅ローンのドル総額を表したものだ。住宅ローンの金利変更は、返済期日が到来し、銀行が市場実勢相場に基づいて金利を変更するときに発生する。買い手にとっては金利が上がり、返済額が高くなることが多い。

例えば、サブプライム（通常の査定では融資が受けられない経済状態）のカップルが、本来ならとても買えないようなマイホームを三〇万ドルで購入する場合を考えてみよう。カップルに家を買わせるために、銀

⑩オバマ大統領が提案した予算

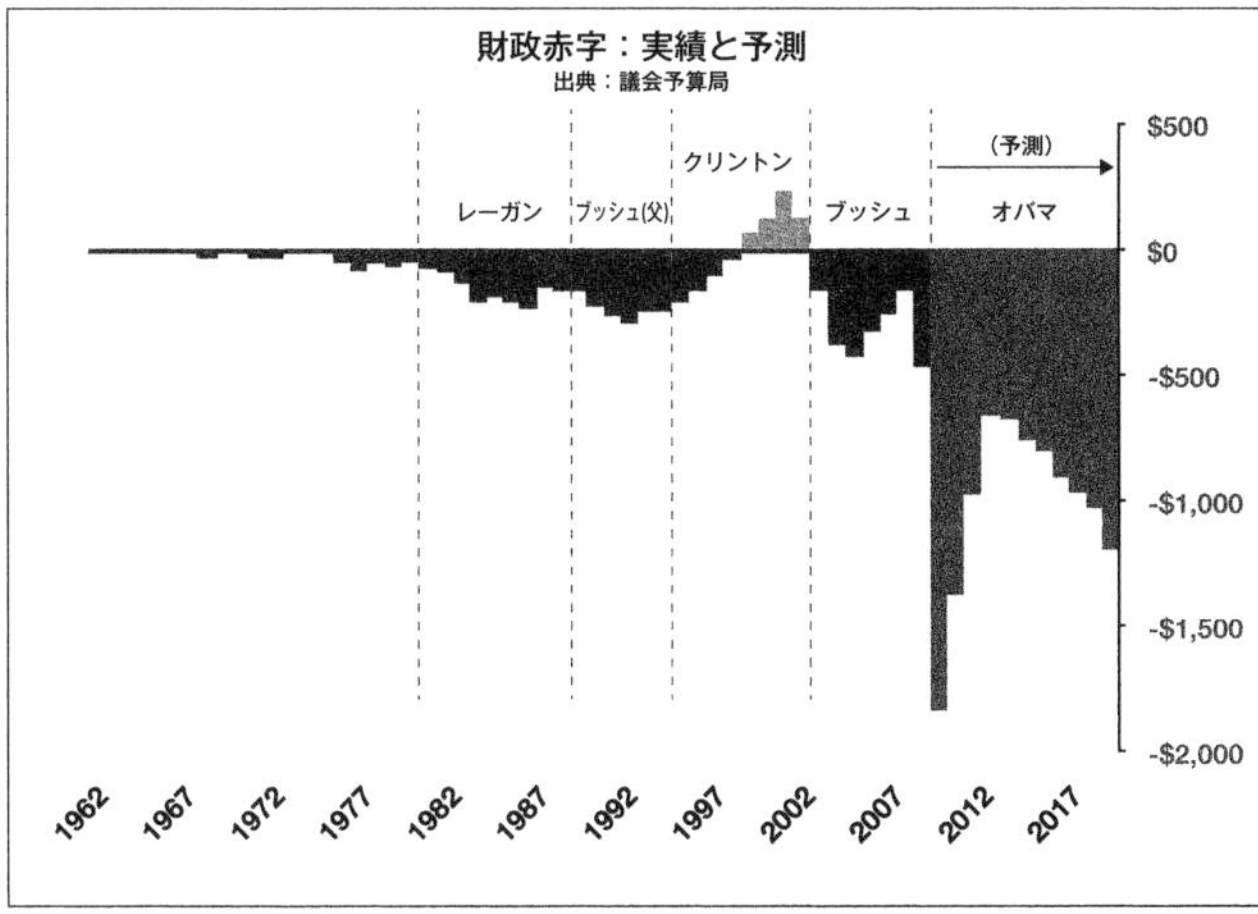

⑪住宅ローンの金利変更の推移

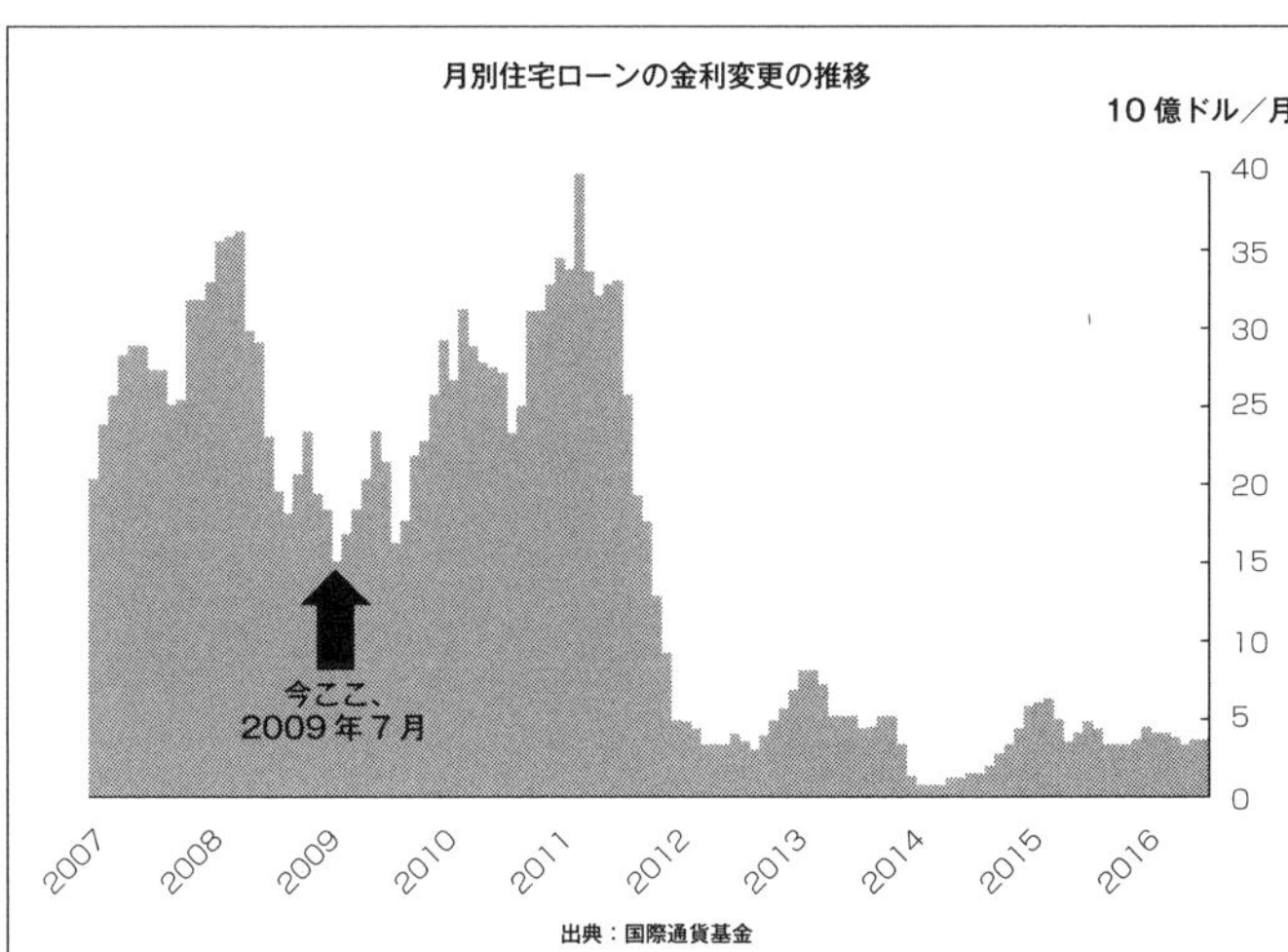

行は家の価値の一一〇パーセントに相当する三三万ドルを、お試し期間だからと言って二パーセントというありえないような低金利で融資する。しばらくして住宅ローンの金利が五パーセントに変更され、またしばらくすると七パーセントに変更される。金利が変わるたびに、毎月のローンの支払いも増額される。まもなく二人はローンの支払ができなくなる。マイホームは抵当流れ物件となり、カップルはマイホームを失う。こうした住宅の価値は、二〇〇九年夏の時点ではおそらく購入したときの半分にまで下がっているのではないかと思う。この例で言うと、住宅の価値は一五万ドルに減っているが、住宅ローンの額は三三万ドルのままだ。銀行は差額の一八万ドルを評価損として計上しなければならず、同様の抵当流れ物件が積み重なると、銀行とその株主に多大な損害を与えることになる。

このグラフの左側を見てほしい。サブプライム問題が始まったのは二〇〇七年の半ばだが、一カ月間に金利変更になる住宅ローンは二〇〇億ドルに達した。このことは、この本の第一章で時系列で説明している。

・二〇〇七年八月六日　アメリカ最大の住宅ローン専門会社の一つだったアメリカン・ホーム・モーゲージが連邦破産法の適用を申請。

・二〇〇七年八月九日　フランスのＢＮＰパリバ銀行が、米国のサブプライム住宅ローンの問題を理由として、一六億ユーロを超える資産が評価不能であると発表。

住宅ローン金利変更のグラフをもう一度見てほしい。金利変更になる住宅ローンの総額は二〇〇八年後半までには一カ月間に三五〇億ドルに達し、これが暴風雨のピークとなった。二〇〇八年後半、すべてがお先真っ暗に見えた。

本章の図表を見て将来について考えていますが、私には、たくさんのチャンスがすぐそこまで来ているのが見えています。それらのチャンスをものにするために、いま準備を始めるべきです。「いま私たちは台風の目の中にいる」というあなたの言葉を読んで嬉しく思いました。そんなふうに考えているのは私だけではないかと心配になりかけていたからです。銀行のトラブルもその結果が招く問題もまだまだ増えると思います。

——newydd105

●台風の目

さて、グラフ⑪の中の矢印に注目してほしい。二〇〇九年の夏を「今ここ」と指し示している。私が書いているように、ここでは金利変更になる住宅ローンの総額は一カ月間で一五〇億ドルほどという低さだ。経済ニュースのコメンテーターたちは、嵐が去って景気回復の兆しが見えていると言いだしている。その嬉しいニュースに、藁の家や木の枝の家に住んでいる仔豚たちが外に出て遊び始めた——大きな悪いオオカミはもういない。ショッピングモールはバーゲンセールで景気よくお金を使う買い物客の賑わいを取り戻し、昔のように予約しないと席が取れないレストランも増えてきた。だが、グラフのその先の二〇一一年一一月の一カ月間を見ると、三八〇億ドル規模の住宅ローンの金利変更が待っている。どうやら大きな悪いオオカミは、息を整えるために一休みしているだけのようだ。

このことは、あなたにとって何を意味しているだろうか。

この本を書いている二〇〇九年六月の時点では、私たちは台風の目の中にいるにすぎないし、最悪の事態はまだ起きていない。二〇〇七年八月、一カ月間にたかだか二〇〇億ドルの住宅ローンの金利変更が行われただけで、リーマン・ブラザーズとベア・スターンズの藁で出来たお金の家が吹き飛んだ。大きな悪いオオカミの最初のひと吹きで、アイスランドの経済が破たんした。バンクオブアメリカやロイヤル・バンク・オブ・スコットランド、ＡＩＧなど、木の枝で出来た家は業績不振に陥った。世界第八位の経済規模を誇るカリフォルニア州はほぼ破綻状態になっているし、海の向こうの日本の経済も危機に瀕している。私が問いたいのは次のようなことだ。「二〇一一年一〇月から一一月にかけての一カ月間の四〇〇億ドル近くにもなる住宅ローンの金利変更がもたらすものは何か」「それがあなたやあなたの家族、ビジネス、国家、世界にどんな影響を及ぼすのだろうか」

お金についての新ルールその4は、「悪い時に備えれば、良い時ばかりが訪れる」だということを覚えておこう。住宅ローンの金利変更のグラフを見て悪い時に備えるというのは、B－Iトライアングルを強化することによって、自分のお金の家をきちんと整えておくということだ。準備するための時間はまだ残されている。たとえ大嵐が襲って来なかったとしても、レンガの家、すなわち頑丈なB－Iトライアングルを築いておくのは良いことだ。

●三つのグラフが意味する未来

これらの三つのグラフが示していることを総合すると、驚くような厳しい現実が見えてくる。

1．グラフ⑨　流通するベースマネーの総量

市中に少量出回っていたドルの流通量が八二五〇億ドルに達するのに八四年かかった。だが、その流通量はわずか二年で二倍の一兆七〇〇〇億ドルを超えた——そしてドル紙幣は今も刷られ続けている。私はそのために、食糧や燃料といった生活必需品のインフレが起こると思っている。供給されている商品の量は変わらないのに市中に出回っている通貨の量が増えれば、それだけ多くのお金が同じ商品を求めることになり、これらの商品の価格が上昇するからだ。これはまた、世界中でインフレが起こることも意味している。各国の中央銀行が、自国の通貨の購買力を下げるために通貨の量を増やさなければならなくなるからだ。国が自国の通貨を弱くしなければ、通貨が強くなりすぎて、その国の商品やサービスは世界の市場では高くなりす

ぎ、輸出が鈍化し、国内経済が停滞する。要するに、これから世界中で暮らしがもっと高くつくようになるということなのだ。

2．グラフ⑩　オバマ大統領が提案した予算

増加した債務を補うため、政府が規制を強化することと増税を行うのが見て取れる。食糧やエネルギーの価格は上昇するだろうが、住宅価格はそれほど急上昇しないだろう。それには二つの理由がある。第一に、融資も与信もこれまでほど容易には受けられなくなるだろうし、与信の審査が厳しくなることで住宅価格が下落する。第二に、増税になればビジネスの成長が鈍化し、雇用も減る——不動産価格は雇用の増減の影響をもろに受ける。

これは、住宅価格の上昇、つまりキャピタルゲインを期待しているマイホームの所有者には悪いニュースだ。自宅を売って儲けることができないからだ。だが、キャッシュフローから利益を得ている不動産投資家には良いニュースだ。ひじょうに安い価格で住宅を買うことができるし、買った住宅を貸し出せば、家賃で住宅ローンの支払いと資産の維持費を賄うことができるからだ。

3．グラフ⑪　住宅ローンの金利変更

住宅ローンの金利変更は、グラフ⑨とグラフ⑩の傾向をさらに強めるだろう——世界経済がこれほどの負債、税金、有毒なお金の重みにまだ潰れていないならの話だが……。

●希望の兆しと金貨の壺

おとぎ話の世界では、嵐の雲の中にもいつも希望の兆しが見え、虹のふもとには金貨の壺がある。この世界的な金融危機は、もちろんおとぎ話ではないがそれと同じことが言える。

次のグラフ⑫は、一九九〇年と二〇〇七年の金《ゴールド》の量と価格を比較したものだ。この本を書いている二〇〇九年六月時点で、金の価格は一オンスおよそ九〇〇ドル、銀は一オンスおよそ一五ドルだ。

⑫貴金属地金の備蓄高

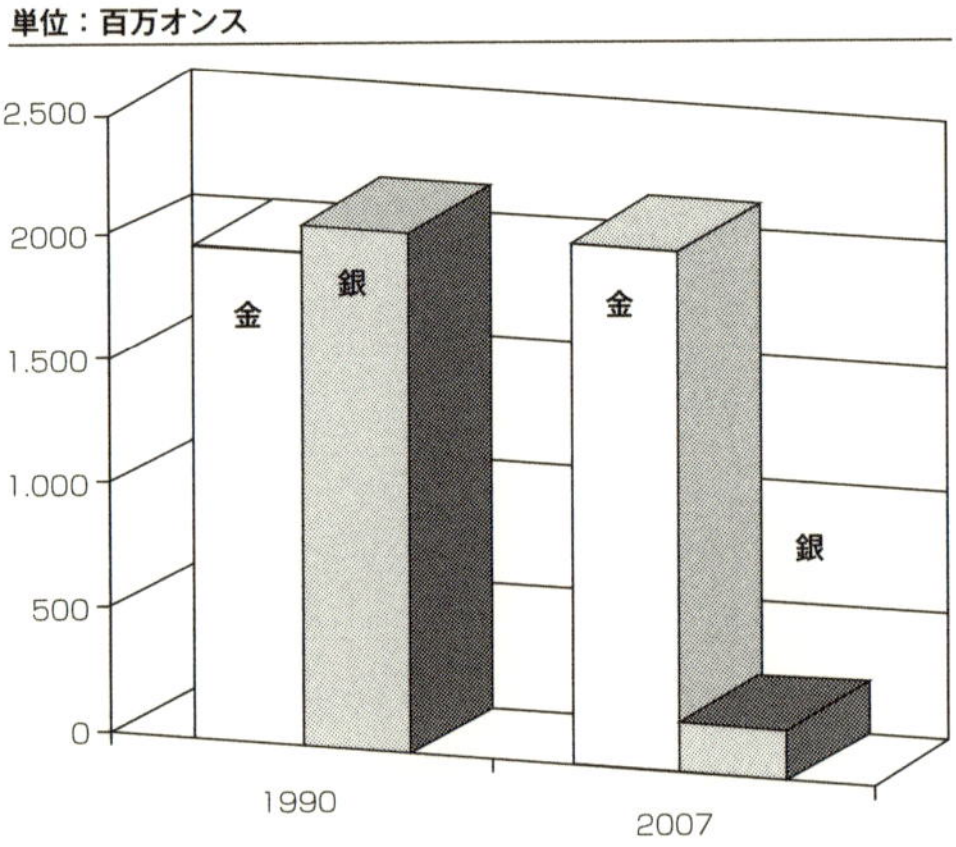

大手コモディティ調査会社ＣＰＭグループの許可を得て転載。詳細は www.cpmgroup.com を参照。（英文のみ）

銀は、金に比べると供給が減少し続けていることに気づいてほしい。これは、銀が産業用に消費される貴金属だからで、携帯電話やコンピューター、電気のスイッチ、鏡の反射材などとして使われている。金は備蓄されたままだが、銀は使い尽くされつつある。この金融危機の間は、金と銀こそがほとんどの人にとって最も優れた投資の機会だと私は思っている。

　グラフ⑨、⑩、⑪を見て私に予想できるのは、もうしばらくすると大衆が市民のお金を操作している政府を信用しなくなり、インフレに対するリスクヘッジ（危険を相殺する方法）として金と銀を持つことのメリットに目覚めるだろうということだ。大衆が目覚めれば、強欲と恐怖によって次のバブルが引き起こされる。そうなればいずれ金は一オンス三〇〇〇ドルを超えていくだろうし、銀が金と同じ価格で取引される日もやってくるだろう。銀は、供給が不足しがちな産業用の貴金属だからだ。だがこれらは私が予測しているだけで、お金の狂気の世界における希望的観測にすぎないかもしれない。

　バブルが起こると、金や銀の詐欺師やペテン師がわんさと出てきてはテレビやネット、新聞や雑誌に広告を打ちまくる。危機の準備ができていない仔豚たちは、おだて上手で弁の立つ大きな悪いオオカミの、安心させるような甘い言葉に騙されて、汗水たらして働いてやっと稼いだお金をまたもや奪われてしまうだろう。どんな投資でもそうだが、金や銀に投資するときも自分のお金を入れる前に投資について教育を受けなければならない。

金や銀の投資についてさらに詳しく学びたい人には、金持ち父さんのアドバイザーであるマイケル・マローニーの著書『Guide to Investing in Gold and Silver（金銀投資ガイド）』をまず読むことをお勧めする。

●お金についての新ルールその7：「人生はチームスポーツだ。チームメンバーは賢く選べ」

大きな悪いオオカミはまだ立ち去っていない。息を整えるために一息入れているだけだ。あなた自身を守るために、あなたのお金に関するチームを作り、B－Iトライアングルを設計図に使ってあなたのお金の家をレンガで作ろう。陰謀者たちは、ひじょうに強いチームを使ってお金のゲームをプレーしている。だからあなたもそうすべきだ。

> 読者の感想
>
> チームを作ることの価値にやっと気づきました。いま知人たちの助けを借りて私のチームを作っているところです。人を紹介してもらって、いろいろな候補者と話をし、いっしょにチームとしてやっていけるかどうかを判断するための質問をしています。それは、自分の使命とは何か、自分のゴールをどのようにして達成したいのかについて、私が自分自身に正直になるのに役立っています。
>
> ――mgbabe

もしあなたが、自分のお金について頑丈なレンガの家を建てたいなら、時間をとってあなたのB－Iトライアングルについて、友人やアドバイザーたちと話をしよう。彼らからのフィードバックは、たとえ耳に痛いことであっても、感謝して受け入れよう。

「金持ち父さんのアドバイザー」シリーズを作ったのは、あなたが私のチームにアクセスできるようにしたかったからだ。例えば、私の不動産ビジネスのパートナーはケン・マクロイだ。「金持ち父さんのアドバイザー」シリーズの中の彼の著書を読めば、彼が不動産投資について何を考えているのか、その頭の中を知ることができる。マイク・マローニーは、金や銀の投資についての私のアドバイザーだ。ドナルド・トランプとスティーブ・フォーブスは、ファイナンシャル・インテリジェンスに関する私のアドバイザーだ。私の著書『金持ち父さんのファイナンシャルIQ』を読めば、この重要なテーマについて彼らが何と言っているかを知ることができる。近い将来、起業や株・オプションといったペーパーアセット投資など、様々なテーマについて私のチームからもっと多くの本を読者の皆さんにお届けできるだろう。私のアドバイザーたちの目を通して世界を見ることで、あなたは自分のチームのアドバイザーをより賢く選ぶことができ、あなた自身の頑丈なB－Iトライアングルとレンガの家を建てることができるだろう。

自分のお金についてレンガの家を建てる計画のない人も、少なくとも銀貨を二〜三枚買ってみよう。この本を書いている時点で、銀貨はあなたの地元のコインショップで一枚一五ドル以下で買えるはずだ。アインシュタインもこう言っていた。「何かが動かないかぎり、何も起こらない」。一五ドルはたいしたお金ではないかもしれないが、それが最初の一歩となる。それに銀貨一枚くらいなら、ほとんど誰にでも買うことができるのだから。

第十一章

ファイナンシャル教育――アンフェア・アドバンテージを学ぶ

●GMの破綻

私がこの十一章を書いている二〇〇九年六月一日に、ゼネラル・モーターズ社が連邦破産法第一一条の適用を申請して事実上破綻したのは皮肉な偶然だ。「GMの未来は、アメリカの未来でもある」と昔から言われてきた。たとえアメリカとGMが生き残ったとしても、現実には世界中の何百万という人々が、GMの例にならって個人レベルで経済的に破綻していく。

●生きていくのにもっとお金がかかるようになる

未来を見通す水晶玉を持っている人はいない。だが最初の章に書いたように歴史を学び、いま私たちのリーダーたちが何をやっているかを観察すれば、起こりうる未来がはっきりと見えてくるはずだ。私たちのリーダーたちは経済を救うためと言いながら、本当は金持ちを救うためにさらに多くのお金を刷っているので、増税、借金、インフレ、年金生活者の増加によって私たちの生活費はさらに上がるだろう。

1. 増税になる。

米国ではすでにオバマ大統領が、年収二五万ドル以上の世帯の増税を検討している。税金の徴収を強化するため、IRS（内国歳入局）の職員も増やした。医療保険に加入していない人々に医療補助を提供するための財源として、企業が提供する医療保険に課税しようという提案もなされている。こうした動きによって、運営費が上がって立ちゆかなくなり廃業する企業が増えるだろうし、失業者も増えるだろう。さらに、年収二五万ドル以上の世帯の住宅ローンにかかる金利に対する税控除を減らそうという提案もある。控除額が減らされれば、別荘物件の市場は暴落し、住宅価格はさらに下落するだろう。

前章でも言ったが、世界第八位の経済規模を誇るカリフォルニア州のような大きな州でさえ財政破綻の瀬戸際にある。カリフォルニア州の州都サクラメントには、テント村が日増しに大きくなっている一角がある。そこには、本書でもすでに書いたが、以前は職に就いてマイホームを持っていたのに、今ではテントや南アフリカ共和国のケープタウンで見かけるような掘立て小屋で暮らしている人が大勢いる。経済が縮小すれば、自分で生計を立てるすべを持たない人々の行政サービスに対する要求はそれだけ大きくなるが、それは増税を意味する。

2．借金が増える。

増税になれば、人々は生活するために借金を増やさなければならなくなる。政府の政策のためにさらに多くのお金が徴収されるからだ。クレジットカードは日々を生き延びるための必須アイテムになるだろう。クレジットカードを使えない人は、貧困ラインの下に沈んでいく。

3．インフレが進行する。

インフレの最大の要因は、政府が紙幣を刷り続けていることにあり、これがマネーサプライの増大につながる。お金がたまったプールにさらに多くのお金が洪水のように流れ込めば、お金の購買力は下がりインフレになる。食糧や燃料といった生活必需品、公共サービスなど、商品の数量は変わらないのにドルの量が増えれば、それだけ多くのお金が相対的に少なくなった商品を追い求めることになり、そのぶん値段が上がるというわけだ。インフレはよく「見えない税金」と呼ばれ、貧困者や高齢者、貯蓄する人、所得の低い勤労者、支給額が決まっている年金生活者が一番大きな打撃を受ける。

4．企業年金が重荷になる。

ゼネラル・モーターズ社が経営難に陥ったのは、一つには従業員の年金と医療費のコストをコントロールしていなかったからだ。アメリカだけでなく多くの西欧諸国も同じような危機的状況にある。いずこも経営と良心の板ばさみになっている。退職後に自立した生活を送ることができない高齢者をどのように支援したらいいのだろうか。その問いに対する答えは、おそらく現在の金融危機よりはるかに高くつくものになるだろう。いま多くの家庭が、退職後の生活費と医療費を工面できないために破綻に向かっている。

●知っている人だけが得をするアンフェア・アドバンテージ

今の世の中、しっかりしたファイナンシャル教育を身に付けている人には、そうでない人に対してアンフェア・アドバンテージ（不公平な有利さ）がある。適切なファイナンシャル教育があれば、税金や借金、インフレ、年金プランを自分に有利になるように使うことができ、金持ちになりこそすれ貧乏になることはない。逆に言えば、ファイナンシャル教育がきちんと身に付いていない人は、税金や借金、インフレ、年金プランの強制力に支配されてしまうことになる。

かつてアルバート・アインシュタインはこう言った。「問題を作り出した時と同じような考え方をしていたのでは、それらの問題を解決することはできない」。この言葉が意味している悲劇が、いま現実のものとなっている。私たちのリーダーたちはこの金融危機を、そもそもその問題を引き起こす原因となった考え方と同じ考え方で解決しようとしている。例えば、あまりにもたくさんのお金を刷ったことで生じた問題を解決しようとして、さらにお金を刷るというようなことだ。

同じような考え方でお金の問題を解決しようとして、多くの人々が自分の経済状態を改善するどころか悪化させている。今日では、ほとんどの人は税金や借金、インフレ、年金プランの問題を、もっとあくせく働き、借金を完済し、お金を貯め、収入の範囲内で暮らし、株式に長期投資することで解決しようとしている。こうした考え方に頑として従う人にとって、生きることはますますお金のかかるものになるだろう。

読者の感想

国の医療保険制度はどれも似たり寄ったりだと思います。自分の国の制度を他の国のものと交換したいとまでは思いませんが、医療費の大きな部分を占める慢性病の治療は方向性を間違っているし、目玉が飛び出るほど高額だと思います。

―MicMac09

●だれがいちばん先に支払を受けるのか

図⑬は、なぜ私がこれから生活にますますお金がかかるようになると思うのか、その理由を示している。アメリカでは、会社勤めをしている平均的な勤労者は、税金、借金、インフレによる物価上昇分、年金プランのための積立金を、自分への支払を受ける前に給料から差し引かれる。言い換えれば、従業員以外の者たちが真っ先に支払を受けている。労働者の給料の大部分は、その人が生きるためのお金を一セントでも受け取る前に、他者によって持ち去られているのだ。

個人のお金は、税金や借金、インフレによる物価上昇分、年金プランの積立金といった生活費のために使われ、そうして陰謀者たちのポケットの中へと入っていく。だからこそ学校はファイナンシャル教育を提供しないのだと、私は確信している。人々が自分の稼ぎがどこへ持っていかれるのかを知ったら、それこそ暴動が起きるかもしれない。適切なファイナンシャル教育を身に付ければ、こうした出費を最小限に抑えることができるし、場合によっては自分のポケットにお金を入れるためにそれらを利用することも可能になる。

一つ例を挙げると、私は、ポートフォリオに投資信託をぎっしり詰め込んだ従来の年金プランには加入していない。その理由の一つは、株式市場が危険すぎるからだ。普通の人が市場をコントロールする術などまずありえないし、ひとたび市場が暴落すれば元も子も失くしてしまう可能性がきわめて高い。二つめの理由は、年金の積立金にするお金があるなら、そのお金をウォール街の株式市場をコントロールしている人々のポケットではなく、自分自身のポケットに入れたいと思っているからだ。ファイナンシャル教育があれば、投資信託会社にお金を取られて損をする必要もなくなる。

●二つの異なるライフスタイル

「ファイナンシャル教育はアンフェア・アドバンテージだ」という私の主張をわかりやすく説明するために、私の友人夫婦の話をしよう。ドンとカレン（いずれも仮名）は結婚していて、ちょうどキムと私と同じように夫婦で自分たちのビジネスをやっている。私たちは似通った年齢で、全員が大学の学位を持っている。問題は、ドンとカレンにはファイナンシャル教育と投資の経験がほとんどないということだ。

　ドンとカレンは厳密に言えば確かにビジネスオーナーなのだが、実際にはキャッシュフロー・クワドラントのSクワドラントにいる自営業者だ。だから働くのをやめると、とたんに収入は途絶える。キムと私が持っているのはBクワドラントのビジネスなので、私たちが働こうが働くまいが収入が途絶えることはない。

⑬平均的な勤労者のお金の流れ

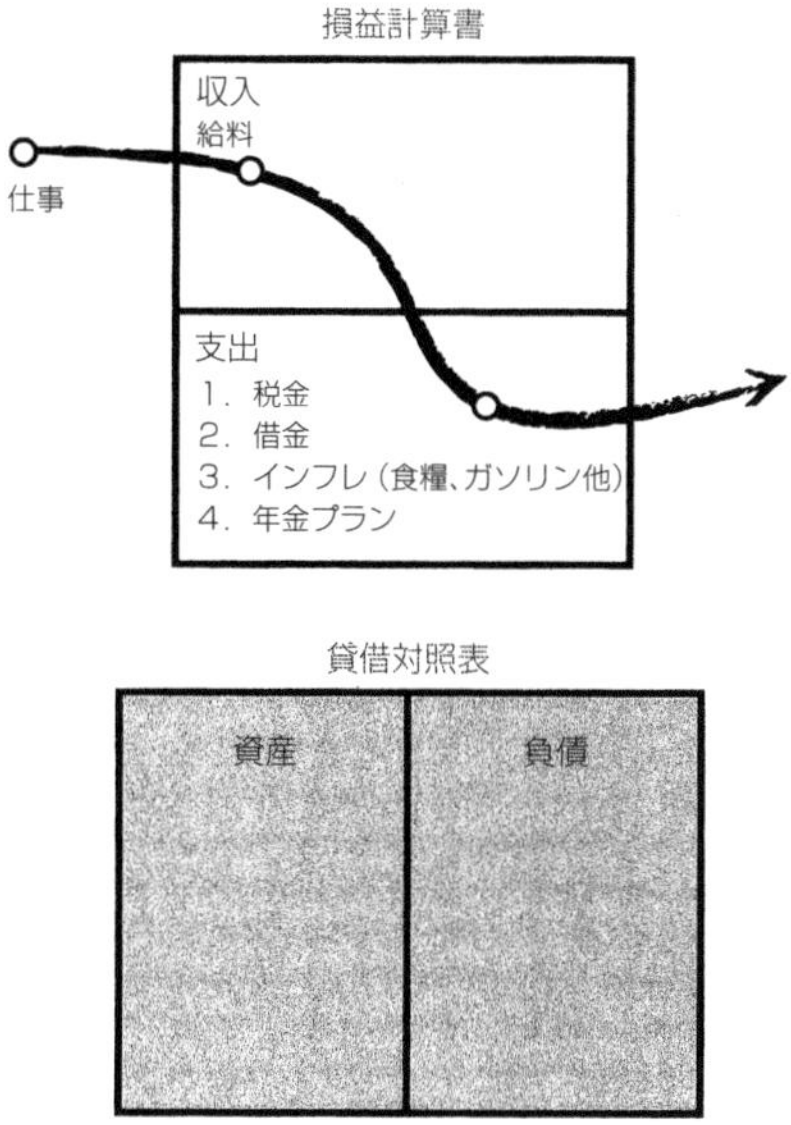

何カ月か前のディナーのときのこと、ドンとカレンは私たちに将来の不安について打ち明けた。ビジネスの売上げが落ちているのに経費は上がり、そのうえ二人の年金プランの評価額は四〇パーセントも下がってしまった。四人の従業員を解雇し、生活も切り詰めているが、引退できるかどうか心配だと言う。彼らは、私たちの経済状態や将来への不安、引退するだけのゆとりがあるかどうかについて知りたがっていた。

私たちは次のように答えた。「将来のことはいつも考えているし、どんな状況も永遠に続くとは決して思わないが、生活を切り詰めたりはしていない。それどころか私たちの収入はさらに増えていて、それは主に私たちが税金や借金、インフレ、年金のための備えを、自分に有利になるように使っているからだ」

違っていたのは、ドンとカレンはEとSのクワドラントの側の目で世の中を見ていて、キムと私はBとIのクワドラントの側の目で世の中を見ているということだった。

私の言う意味をわかりやすく説明するために、ここに簡単な図を載せた。この図を初めて見たという人は、私の著書『金持ち父さん　貧乏父さん』に詳しい説明があるのでそれを参照してほしい。

私たち二組の夫婦の財務諸表を見比べれば、ドンとカレンが集中しているものとキムと私が集中しているものとの違いがわかるだろう（図⑭）。ドンとカレンは、もっと多く稼ぐためにさらにせっせと働くことに集中している。キムと私は、もっと多く稼ぐために投資によってビジネスや個人の資産を増やすことに集中している。

ドンとカレンはビジネスオーナーではあるが自営業者なので、もっとたくさんのお金を稼ぐには自分たちがさらにせっせと働かなければならない。Bクワドラントのビジネスオーナーであるキムと私が集中しているのはそういうことではない。私たちは資産を増やすことに集中している。そうすれば、資産が私たちの収入を増やしてくれるからだ。資産を増やすことに集中すると、支払う税金が少なくなり、借金を使ってさらに多くの資産を取得し、何もしなくてもインフレが資産からのキャッシュフローを増やしてくれる。つまり私たちは、引退後の蓄えをウォール街の投資で使い果たすのではなく、ビジネスや個人の資産から生み出さ

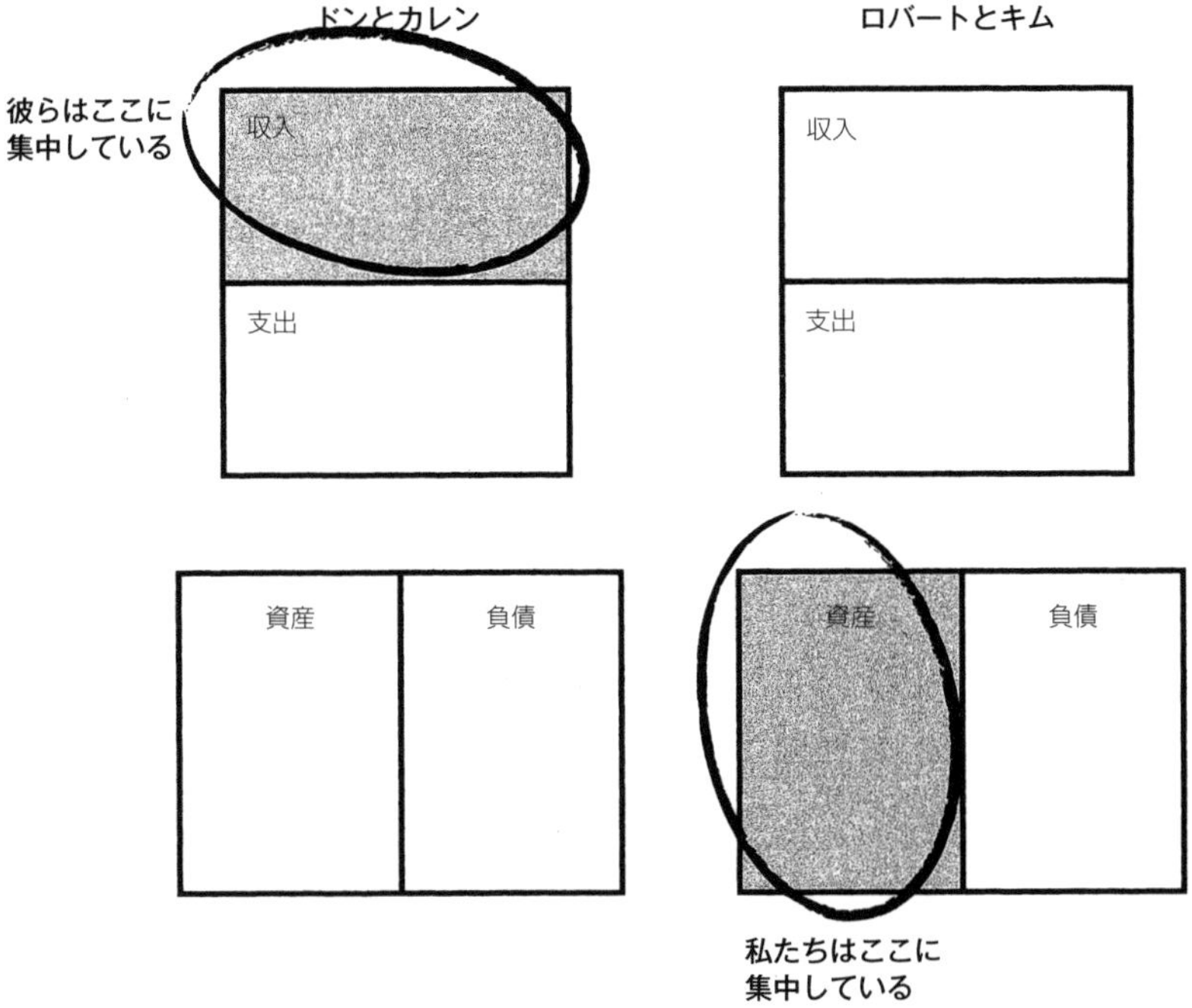

⑭ドンとカレンの財務諸表を私たちのものと比べてみる

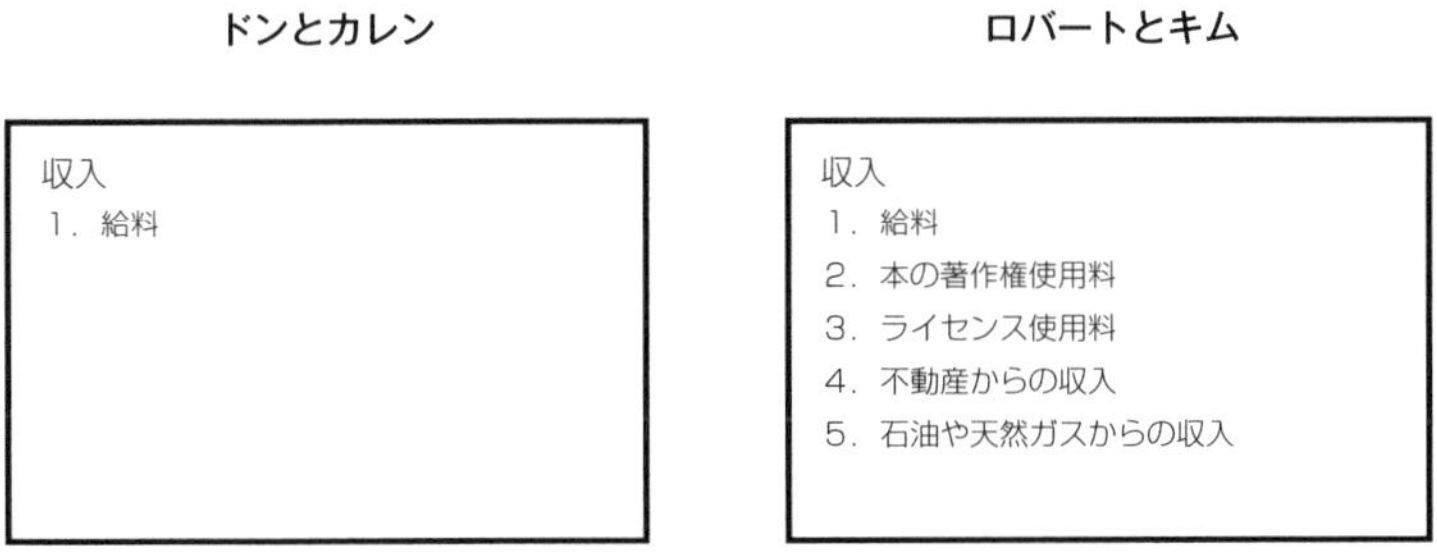

⑮収入の欄を比べてみる

れるキャッシュフローを通じて、お金を自分たちのポケットに入れているのだ。

ドンとカレンの損益計算書の収入欄を私たちのものと比べると、その違いがわかる（図⑮）。ドンとカレンの唯一の収入源は彼らのビジネスであり、くどいようだが、働くのをやめると収入はゼロになる。だから彼らは心配なのだ。キムと私の場合、本の著作権使用料や発明品の使用料、「金持ち父さん」の商標の使用許諾権、不動産物件からの収入、石油や天然ガスへの投資からの収入、保有する株式の配当金といったビジネスや個人の資産からの収入、つまりキャッシュフローがほとんどだ。『金持ち父さん　貧乏父さん』を読んだことがある人のなかには、不動産やビジネスといった資産から生まれる収入は、課税されることがあるとしても、個人の労働（賃金）から得た収入への課税よりも税率が低いことを思い出す人もいるだろう。

●三種類の所得税

米国で課税の対象になる所得には、勤労所得、ポートフォリオ所得、不労所得の三種類がある。勤労所得は労働から生まれる所得で、すべての所得のなかで一番税金が重い。ポートフォリオ所得は一般所得で、安く買った資産を高く売ることで得られるキャピタルゲイン（売却益）だ。税率は二番目に高い。不労所得は、キャッシュフローから得られる所得全般のことで、この三種類の所得の中では最も税率が低い。

皮肉なのは、年金積立プランを通じて投資信託にお金を入れると、ほとんどの場合、退職して年金プランからお金を引き出すときに、勤労所得と見なされて一番高い税率が課せられることだ。ドンとカレンは将来のために貯蓄をしているが、そういうことを知らないので、このままいけば引退したときに最も高い税率で税金を取られることになる。こうした知識も、ファイナンシャル教育を身に付けた人がそうでない人に対して持っているアンフェア・アドバンテージの一つだ。知っている人だけが、唯一最大の支出である税金の支払を少なくしている。

学校の先生たちが「わが校ではファイナンシャル教育をしています」と誇らしげに話してくれる時があるが、何をしているかと思えば銀行マンやファイナンシャル・プランナーを授業時間に呼んで将来のために貯蓄しようと教えているそうで、あきれ果てて黙って首を横に振るしかない。EやSのクワドラントで働くために教育された人の目を通して、このお金の世界を理解することができるだろうか。いや、絶対にできない。

●お金に関する二つの成績表

私の学校での成績は、最初から最後までひどいものだった。教師だった私の貧乏父さんはそれでも素晴らしい父親として私に接してくれて、彼の励ましのおかげで私は学校に通い続け卒業できたようなものだ。金持ち父さんも良い成績を取れと私を励ましてくれたが、彼は学校の成績と成績表についてこう言っていた。

「学校を出たら、銀行は君の学校時代の成績表を見せろなんて言わない。銀行にとって、君の学校の成績が良いか悪いかなんてどうでもいいことだ。銀行が知りたいのは、君のお金に関する成績表、つまり君の財務諸表なんだ。それこそが、学校を出た後の君の成績表になる」

次に示すドンとカレンの貸借対照表と私たちの貸借対照表の資産と負債の欄を見比べてほしい（図⑯）。二〇年経った後の成績表として、どちらが優秀かがわかるはずだ。

彼ら夫婦も私たちも、それぞれ自分たちのビジネスから給料をもらっているが、キムと私の場合、収入源のほとんどは、著書やゲームなどの教材、商標のライセンス料といったビジネスと、不動産や株式、石油や天然ガス開発への個人的な投資だ。金や銀は、キャッシュフローを生む資産には数えていない。私たちのポケットにお金を入れてくれるものではないからだ。金や銀を保有するのは、銀行の預金口座にお金を入れているのと同じ感覚だと思っている。金や銀には流動性があるので、政治家たちが大量にお金を刷りまくっているときでも、金や銀はその購買力を保っている可能性が高い。

もう一つの大きな違いは、私たちの支出欄を見てもらえればわかる（図⑰）。

キムと私には年金プランは必要ないし、従って加入もしていないのだが、皮肉なことに、税金、借金、インフレ、引退後の暮らしについては、私たちにアンフェア・アドバンテージがある。私たちは収入のほとんどを自分たちの資産や投資から得ているので、支払う税金はかなり少ない。例えば、私の著書、ゲーム、商標の使用料にかかる税金は私の給料にかかる税金より少ない。不動産に投資することによって借金を利用して毎月のキャッシュフローを増やしているが、不動産収入にかかる税金も、給料にかかる税金よりはるかに安い。石油や天然ガスに投資すれば、インフレが私たちのキャッシュフローを増やしてくれるが、こうした投資にかかる税金も、私の給料にかかる税金に比べればはるかに少ない。

キムと私は年金プランに加入していないが、そういう金融商品には取扱手数料や販売手数料が含まれ、加入者にとって突出して大きな支出になっている。だから私たちは年金プランに加入していないし、将来のことを心配しないですむように、自分たちの資産を活用して年々収入を増やしている。キムと私は、収入の一部を毎月ウォール街に送ったりせずに自分たちの投資に回しているので、その投資したお金がもっとたくさんのお金を私たちのポケットにお金を入れてくれる。より小さなリスクでより多くの収入を毎月得られるうえに、支払う税金が少なくなり、借金を使ってますます金持ちになり、さらにインフレによってキャッシュフローが増えるというのに、株式市場に長期投資をしてリスクを増やし、投資のコントロールを失うような真似をする必要などどこにもない。

このように、ドンとカレン、キムと私の二組の夫婦の経済状態を見比べれば、なぜ彼らが私たちより将来について心配しているのか、ファイナンシャル教育がお金に関して人の一生にどのようにアンフェア・アドバンテージを与えるかは自明の理だと思う。

●他にもあるアンフェア・アドバンテージ

増税や借金、インフレ、年金プランのせいで生活にますますお金がかかるようになっても、ファイナンシ

⑯二組の貸借対照表を比べてみる

ドンとカレン

資産	負債
貯蓄	持ち家1軒
	車2台
	未払い年金費用

資産からのキャッシュフロー：0

ロバートとキム

資産	負債
ビジネス	持ち家2軒
権利使用料	車6台
1,400件の賃貸物件	
石油・天然ガスの開発会社	
金や銀	

資産からのキャッシュフロー：数百万ドル

⑰支出欄に大きな違いがある

ドンとカレン

収入
支出
年金プラン

ロバートとキム

収入
支出

ャル教育が身に付いていれば、ほとんどの人が知らない他のアンフェア・アドバンテージも使えるようになる。そのうちの二つを紹介しておこう。

1．収入の範囲内で暮らすのではなく、収入の範囲を広げることができる。

毎年、キムと私は何日か時間をとって、私たち自身のお金に関する目標について集中的に話し合うことにしている。収入の範囲内で暮らすのではなく、私たちの資産から生まれるキャッシュフローを増やして収入の範囲を広げることに集中しているのだ。図⑱はこの考え方を表している。

二〇〇九年、キムと私はこの年の目標として、新刊三冊の出版、二〇〇戸から五〇〇戸の賃貸物件の新たな購入、油井二カ所の掘削、さらにフランチャイズを増やしてビジネスを拡大することを掲げている。私たちは、生活を切り詰めようとか、持ち株やマイホームの価格が上がったらそれを売ってキャピタルゲインを得ようなどとは思っていない。そうではなく、自分たちの資産を通してキャッシュフローを増やすことに集中しているのだ。

2．自分たちのお金を印刷する。

『金持ち父さん　貧乏父さん』の第六章のタイトルは「金持ちはお金を作り出す」だ。自分のお金を印刷できるというのは、自分のファイナンシャル教育に投資した人だけが得られる有利さの一つだと私は思う。政府はさらに多くのお金を刷り続けているので、あなたが自分のお金を、しかも合法的に刷るというのも理にかなっているとは思わないだろうか。もっと懸命に働いてさらに高い税率で税金を支払い、銀行にお金を預け、インフレや税金のせいで購買力を失い、あなたのお金を株式市場で長期にわたって危険にさらすより、自分のお金を印刷するほうがお金の常識から考えてまともなことだとは思わないだろうか。あなたが自分のお金を印刷することは、投資収益率（Return On Investment1＝ＲＯＩ）によって可能になる。これは金融用語の一つだ。

銀行やファイナンシャル・プランナー、不動産ブローカーたちと話をすると、彼らはＲＯＩが五パーセントから一二パーセントもあれば上々のリターンだと言うだろう。これは、ファイナンシャル教育があまり無い人の場合の収益率だ。彼らがよく口にするおとぎ話というか怖い話に「ハイリスク、ハイリターン」というのがある。しっかりしたファイナンシャル教育が身に付いていればという条件付きだが、それはまったくのでたらめだ。私はいつも、自分の投資から無限大のリターンを得ることを目指している。

●何もせずに手に入るお金

あなた自身のお金を印刷する方法とは、あなたのお金が無限大のリターンを生むようにすることだ。私の言う無限大のリターンとは、何もせずに手に入るお金のことだ。もっと具体的に言うと、資産を買うために使ったお金を全部取り戻し、その後もその資産を保有し続け、資産が生み出すキャッシュフローの恩恵を享受するとき、私は自分のお金を印刷していることになる。このプロセスについては、パーソナル・ファイナンス部門で史上最高のベストセラーとなった『金持ち父さん　貧乏父さん』や、年金プランを通じてあなたのお金がどのように株式市場やファイナンシャル・プランナーに奪われるかを解き明かした『金持ち父さん

⑱私たちはキャッシュフローを増やすことに集中している

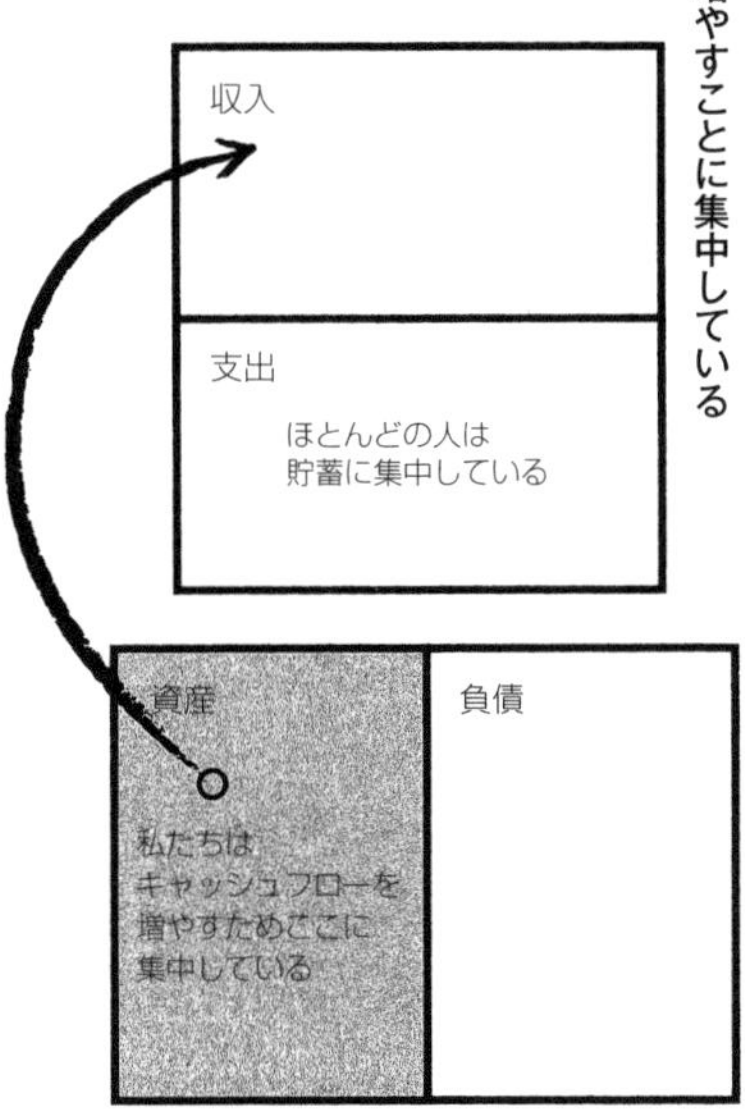

のパワー投資術』、ドナルド・トランプとスティーブ・フォーブス推奨の『金持ち父さんのファイナンシャルＩＱ』に書いた。

高度なファイナンシャル教育を身に付けているので、私はビジネスや不動産、株式、さらには金、銀、石油といったコモディティを通して自分のお金を印刷することができる。その秘訣はやはり無限大のリターン、つまり何もしなくても手に入るお金を追い求め続けることにある。

●ビジネスであなたのお金を印刷する

キムと私の教育会社リッチダッド・カンパニーは、我が家のキッチンテーブルからスタートした。私たちは自分のお金を注ぎ込むのではなく、投資家たちから二五万ドルの資金を集めた。ここにも、セールスの方法を学ぶために時間を投資してきた成果が表れている。このとき私たちは、自分たちのビジネスのアイデアを投資家たちに売り込んだのだ。ビジネスが成長して利益を出してくれたので、三年もたたないうちに投資家から集めた資金を全額返済し、利子を支払い、さらに投資額と同じ金額で彼らの株式を全て買い取った。私たち自身はリッチダッド・カンパニーには一セントもお金を入れていないが、今ではリッチダッド・カンパニーは、私たちのポケットに何百万ドルものお金を入れてくれている。これこそが無限大のリターンだ。言い換えれば、私たちは自分たちのお金を印刷しているのだ。

リッチダッド・カンパニーの成功のカギは、ビジネスが、製品ではなく資産を創造するように設計されているという点にある。例えば、私たちがしているのはこの本を作ることではない。そうではなく、この本のデリバティブ、つまり出版ライセンスを創り出し、それを異なる言語で出版してもらうために様々な出版社に売ることだ。また、私たちのゲームを製造する権利、ブランドの商標使用権、フランチャイズ権といったライセンスも売っている。私たちの財務諸表は図⑲のようになる。

リッチダッド・カンパニーは、製造コストはほとんどなく借金もゼロ、にもかかわらず毎月何百万ドルものキャッシュフローが入ってくる。

くどいようだが、デリバティブという言葉を知っておくことの重要性を強調しておく。ライセンスもデリバティブだからだ。適切に活用できれば、これは大きなお金を作るうえで驚くほど素晴らしいツールになる。また、「買うことよりも売ることに集中する」ということも思い出してほしい。リッチダッド・カンパニーは、長く売れる資産を創造する会社だということに気づく人もいるだろう。

●不動産であなたのお金を印刷する

不動産における私たちのビジネスプランは、借金を使い、他人のお金を使い、無限大のリターンを達成し、自分たちのお金を印刷することだ。ひじょうに単純化したものだが、実際の例を挙げよう。

・物件を購入する

素晴らしい住宅地にあるベッドルーム二室バスルーム一つの戸建て住宅を一〇万ドルで買う。

・資金を調達する

⑲ビジネスからのキャッシュフローはこのように生みだされる

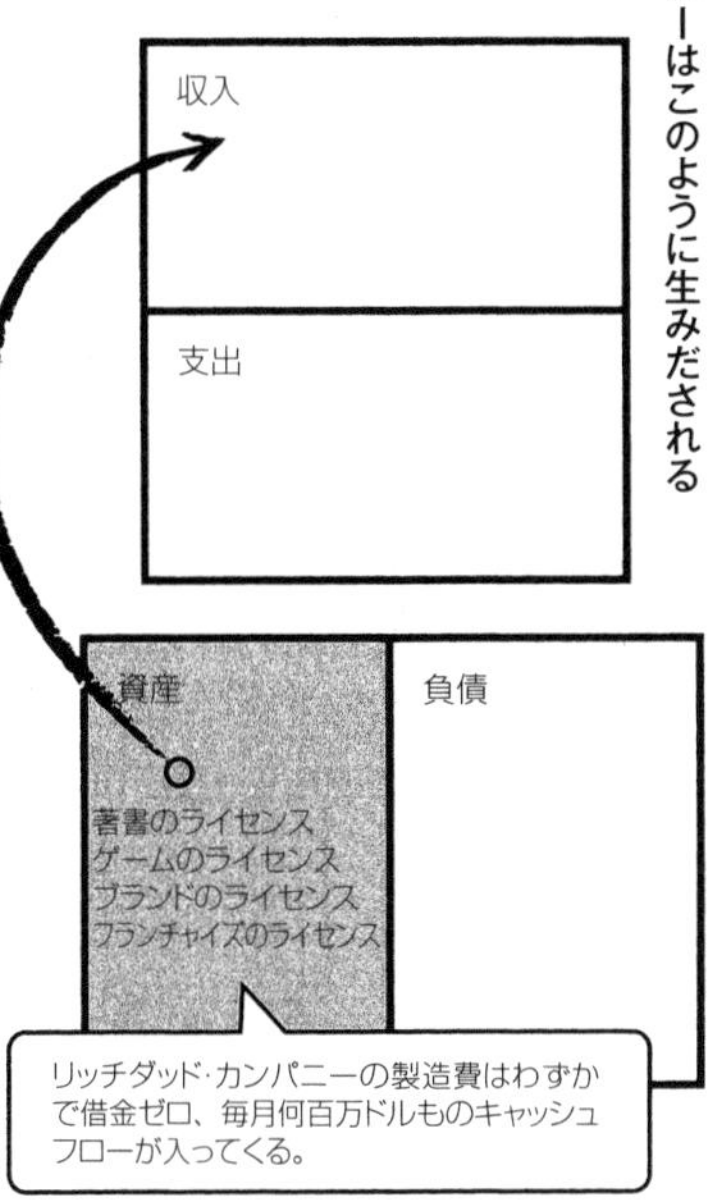

頭金として二万ドルを支払い、銀行か投資家たちから住宅の購入代金と改修費として一〇万ドルを借りる。

・物件を改修する

ベッドルームをもう一部屋、バスルームをもう一つ増築して物件を改修する。

・物件価値の上昇に合わせて家賃を上げる

家賃を月額六〇〇ドル（ベッドルーム二室バスルーム一つの住宅の市場価格）から月額一二〇〇ドル（ベッドルーム三室バスルーム二つの住宅の市場価格）に引き上げる。

・物件を新しい評価額一五万ドルでリファイナンスする

この物件のリファイナンス（住宅ローンの借換え）を申出ると、銀行は一二万ドル（新たな物件価値の八〇パーセント）を融資してくれる。そこで私たちは頭金の二万ドルを取り戻し、さらに新たな物件に投資するための元手となる二万ドルを手に入れたというわけだ。

・経費

金利六パーセントの住宅ローンの利息は一カ月あたりおよそ六〇〇ドルになる。その他の毎月の経費三〇〇ドルを差し引くと、毎月三〇〇ドルがキャッシュフローとして私たちのポケットに入ってくる。

・成功のカギ

新しい融資の返済分と経費は、賃借人の家賃が支払ってくれる。

最終的な純利益にいたるお金のやりとりは、図⑳のようになる。

この投資を成功させているカギは次の四つだ。

1. 物件の改修

2. 立地の良さ。不動産物件に価値があるのは、近隣に雇用があるときだけだ。

3. 良い資金調達先または良い投資家の存在

4. 良い物件管理

これらの四つの要素のうちの一つでも欠けていたら、その投資には難しい問題が起きるだろう。

私が不動産投資を始めたのは一九七三年のことで、マウイ島のベッドルーム一室バスルーム一つのマンションの一区分を一万八〇〇〇ドルで買った。キムの最初の不動産投資は一九八九年で、オレゴン州ポートランドのベッドルーム二室バスルーム一つの戸建て住宅を四万五〇〇〇ドルで買った。

資金は一〇〇パーセント他から調達するというその頃からのやり方を続けている私たちは、今では一四〇〇戸以上の住宅物件と多数の商業物件を所有している。どの物件にも自分たちのお金は一セントも入っていない。昔と違っているのは、今では数千ドルではなく何百万ドルもの資金を使って、もっと大規模なプロジェクトに投資していることだ。だが基本は同じだ。どんなに景気が悪くなっても私たちが成功し続けているのは、賃借人を注意深く選び、プロの物件管理チームを使って賃借人にも満足してもらえる物件管理をしているからだ。

⑳不動産からのキャッシュフローはこのように生みだされる

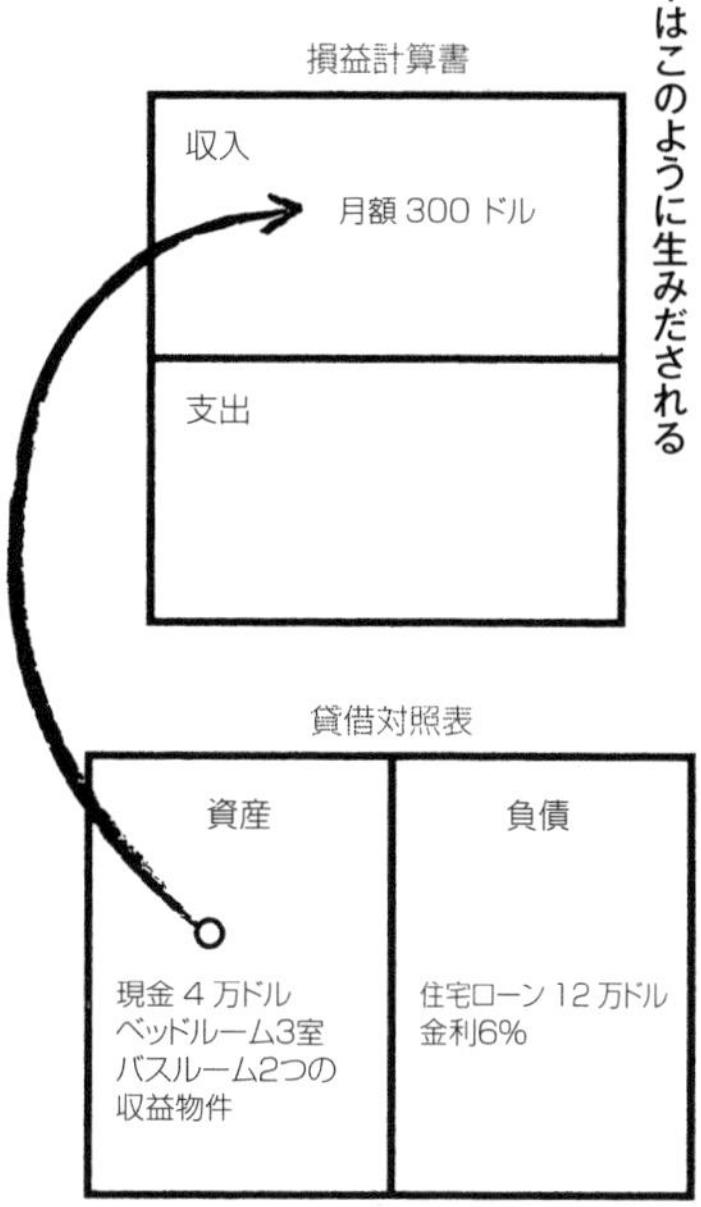

無限大のリターンを得るために私たちがどのように投資しているかについてもっと知りたい人は、私の著書「金持ち父さん」シリーズや、私たちの不動産ビジネスのパートナーであり金持ち父さんのアドバイザーでもあるケン・マクロイの『不動産投資のＡＢＣ』をじっくり読んでみてほしい。どうやって数百万ドルの物件を買い、自分たちのお金を取り戻し、物件を所有し続け、無限大のリターンをポケットに入れているのかについてもっと具体的にわかるはずだ。

●ペーパーアセットであなたのお金を印刷する

株式などの紙の資産を使ってあなたのお金を印刷する方法はたくさんある。一つの方法はオプション戦略を使うことだ。例えば、私がある銘柄を一〇〇〇株、一株二ドルで買ったとする。次にオプション市場で、私の株式一〇〇〇株を三〇日間に限り、一株につきオプション料（プレミアム）一ドル、総額一〇〇〇ドルで買えるというオプションを売る。株価が三ドル以上に上がれば、そのオプションを買った人はその株式を一株あたり三ドルで買うことができる。三〇日の間に株価が三ドルに達しない場合でも、私の手元には彼のオプション料一〇〇〇ドルが残る。ここでも私が、買ったものは長く保有していること、売っているのは一カ月という時間だということに気づいてほしい。

これはひじょうに単純化した例だが、三〇日間のオプションを売ることで一〇〇〇ドルが直ちに私のポケットに入ってくる。同じ株式についてまた三〇日間のオプションを売り、株価が三ドル以上にならなければ、私は二〇〇〇ドルを投資して買った株式を保有したまま、また一〇〇〇ドルを儲ける。当初の投資額二〇〇〇ドルを一〇〇パーセント取り戻したうえに、お金に関する知識によって自分自身のお金を印刷したことになる。思うに、この方法のほうが、お金を長期にわたって投資信託に入れっぱなしにして、株式の短期売買やオプション取引を繰り返すトレーダーに合法的に盗まれるよりはよほど理にかなっている。

ペーパーアセットやオプションを使って無限大のリターンを実現し、あなた自身のお金を印刷する方法についてもっと知りたい人には、アンディ・ターナーの著書『Stock Market Cash Flow（株式市場のキャッシュフロー）』を読むことをお勧めする。「金持ち父さんのアドバイザー」シリーズの一冊であるこの本は、オプション取引を使ってあなた自身のお金を合法的に印刷する方法について説明している。

●金や銀を使ってあなたのお金を印刷する

私は、金や銀の採掘会社を作ったり、その会社の株式（つまりデリバティブだ）を株式市場で売ったりして、自分のお金を印刷してきた。今は銅の採掘会社を作っているところで、銅の価格が上がったときに株式公開することになる。自分の会社を株式市場に上場するなどということは、今の世の中、ほとんどの人にとっては現実離れした話だということもわかっているが、自分のひらめきをもとに個人の富を築くという意味では最良の方法の一つなのだ。

株式公開をカーネル・ハーランド・サンダースが実現したのは六五歳のときだった。聞いた話では、彼の人気のチキンレストランから離れたところにハイウェイが開通したせいでお客が激減、さらに社会保障の小切手だけでは経済的にやっていけないことがわかり、彼は自分の調理法（これもデリバティブだ）を売り込もうとして千回以上断られたという。その後ようやく誰かが彼の調理法を買ってくれてビジネスを築き、フランチャイズ化し、その会社の株式（もう一つのデリバティブだ）を上場したというわけだ。キャッシュフロー・クワドラントのSからBに進化する過程で、カーネル・サンダースは不運を幸運に変えたのだ。彼は自分の考え方を変え、人生を変えた。誰かが「私はもう歳を取り過ぎているので変わることができません」と言ってくるたびに、私はカーネル・サンダースと彼のフライドチキンの調理法のことを話して聞かせることにしている。

金や銀について触れたのは、現金を持っているより金や銀を持っていたほうがましだと思うからだ。私は自分のお金を印刷することができるので、万一の時のためにお金を貯めておこうなどと心配する必要がない。

世界中の政府がこれだけお金を刷りまくっているのだから、金や銀を貯めておくほうがずっと安全だと私は思う。

●お金についての新ルールその8：お金の価値はますます失われるので、あなた自身のお金を印刷する方法を学ぼう。

私が九歳の時から、金持ち父さんは私にこの世で最高の贈り物の一つであるファイナンシャル教育を与え続けてくれた。お金についての新ルールその8は、新ルールその1「お金とは知識である」につながっている。この金融危機のなかでお金はますますその価値を失っていくが、ファイナンシャル教育を身に付けている人には、従来の教育しか受けていない人が持っていないアンフェア・アドバンテージがある。

一九〇三年、この年に教育制度はかの陰謀者たちに乗っ取られたと私はにらんでいるのだが、陰謀の力はその本領を発揮し、私たちの思考をコントロールし、何百万という人々をお金に関して能無しにしたため、彼らは政府の世話に頼らなければならなくなった。いま世界は、お金に関する無知と無能により危機の真っただ中にある。史上最大の現金強奪が起こっている。私たちの富は、税金や借金、インフレ、年金プランを通じて合法的に盗まれ続けている。私たちをこの危機に陥れたものはファイナンシャル教育の欠如だから、私たちが危機を脱する導きとなるのはファイナンシャル教育だ。知っての通り、私たちのリーダーたちは、お金の問題を作り出した時と同じ考え方でそれらの問題を解決しようとしている。彼らが考え方を変えてくれるようにと祈るひまがあったら、カーネル・サンダースがやったようにあなたや私が自分を変えるのが一番だ。考え方と何を学ぶかを変えることで、自分自身を変えることができる。

読者の感想

私は金融について大変高度な教育を受けました。ジョージタウン大学で国際経済と国際金融の修士を取得し、二年間投資銀行で私募債の目論見書を書き、五年間企業のCFO（最高財務責任者）を務め、自分のビジネスをいくつか立ち上げて経営し、売却するまで一五年間働き続けてきました。しかし私のファイナンシャル教育にはひじょうに重要な要素が欠落していました。それは、私自身のプロジェクトや不動産投資について自分の恐怖心を克服するということです。投資額が大きくなればなるほど失うお金も大きくなり、私の恐怖心は増すばかりでした。そこでやってみたのが、「金持ち父さんのコーチ」（現在英語のみ）を雇い、毎週水曜日のお昼の電話ミーティングの度に、「あなたの目標は、不動産に投資することですよ」と優しく穏やかに繰り返し思い出させてもらうことでした。いま私は、二棟めのアパートを買うためのエスクロー（第三者預託）を行っているところです。今でも朝目覚めると不安が心をよぎる日はありますが、それでも目標に向かってまい進しています。

――cwylie

●教育における最大の間違い

ほとんどの人が自分を変えることを怖れているのは、間違いを犯すこと、とくにお金に関する間違いを怖れているからだ。お金について失敗するのを怖れるから安定した仕事にしがみつく。ファイナンシャル・プランナーに自分のお金を渡してしまう人がこれほど多いのは、彼らなら間違いを犯さないはずだと期待しているからなのだが、皮肉なことにこれこそ間違いだ。

私たちの教育における最大の問題は、子供たちに間違いを犯すなと教えていることだと私は思う。実際に子供が間違いを犯すと、学校は、自分の間違いから学ぶように教えるどころか罰を与える。知性のある人は、私たちが間違いを犯し、そこから学ぶことを知っている。自転車の乗り方だって、転んでは起き上がってまた乗ることを繰り返しながら学ぶ。泳ぎ方だって、まず水に飛び込むことから始まる。お金のことも、間違いを怖れていたら何も学べはしない。

●なぜ学校嫌いの子供が多いのか

表㉑は「学習の円錐」と呼ばれているもので、一九四六年にエドガー・デールが作成した「経験の円錐」に基づいてブルース・ハイランドが開発したものだ。これを見れば、なぜこれほど多くの子供が学校嫌いになり、学校はつまらないと言い、何年も教室で授業を受けたのにもかかわらず教わったことをほとんど何も覚えていないのか、その理由がわかる。

矢印1．読む

「学習の円錐」によれば、学習して知識を蓄えることにおいては、これは最悪の方法ということになる。長期にわたって残る記憶は読んだ内容の一〇パーセント未満だからだ

矢印2．講義を受ける

最悪よりはましな学習方法は、講義を受けることだ。学校で知識を伝える主な方法が、読むことと講義を受けることだということに気づいている人もいるだろう。

矢印3．グループディスカッションに参加すると記憶力が高まる

学生だった頃の私は、とくにテストの時期が近づくといつも学生同士の討論会に参加するようにしていた。問題は、学校がそういうことをカンニングだと見なすことだ。実社会では、私は現実のお金に関するテストを、私のチームといっしょに受けている。一人で考えるよりも二人で考えたほうが良いことを、誰もが知っているからだ。

矢印4．シミュレーションやゲームで学ぶ

シミュレーションやゲームが効果的な学習ツールなのは、間違いを犯しながら学ぶことができるからだ。飛行学校のときでさえ、私は本物の飛行機を操縦する前に多くの時間をシミュレーターを使った訓練に費やした。今では航空会社が、パイロットをフライトシミュレーターで養成するために何十億ドルというお金を

㉑経験の円錐

二週間後に覚えている割合		かかわり方	
言ったりやったりしたことの 90%	実際に体験する	能動的	
	実体験をまねてやってみる		4
	体験を劇化してやってみる		
言ったことの 70%	そのことについて話をする		
	討論に参加する		3
見たり聞いたりしたことの 50%	実際の現場を見学する	受動的	
	実演を見る		
	展示を見る		
	テレビ・映画を見る		
見たことの 30%	写真を見る		
聞いたことの 20%	話を聞く		2
読んだことの 10%	読む		1

（資料『経験の円錐』エドガー・デール、1969）

出典：デールより応用した「学習の円錐」（1969 年）デールの『教授における視聴覚メソッド』1 E、1969 年、ワッズワース、センゲージ・ラーニング・インク。権利者の許可に基づき転載。
www.cengage.com/permission

使っている。シミュレーターによる訓練はコスト効率が良いだけでなく、パイロットは本物の飛行機を墜落させる危険を負うことなく様々な操縦方法を試みることができる。

モノポリーを金持ち父さんと何時間もプレーすることによって、私はキャッシュフロー・クワドラントのBとIの側の人のように考えることを学んだ。つまり、まずボードゲームで間違いを犯し、それから現実の世界で経験を積むために、小さな投資をして小さな間違いを犯すという練習を重ねた。私が金持ちになれたのは、学校の成績が良かったからではなく、どのように間違いを犯し、そこから学ぶかを理解したからだ。

●若くして豊かに引退する

一九九四年、キムと私は引退した。キムは三七歳、私は四七歳だった。私たちが若いうちに引退できたのは、負債よりも多くの資産を持つことができたからだ。今日、この金融危機の中にあっても私たちがますます成功しているのは、さらに多くの資産を買ったり作ったりし続けているからだ。何百万という人々がいまお金について深刻な問題を抱えているが、それは資産だと思っていたものが負債だということに、市場が暴落して初めて気づいたからだ。

一九九六年、キムと私はボードゲーム『キャッシュフロー』を作った。みんなが実物のお金を投資する前に、おもちゃのお金を使って間違いを犯すことができるようにだ。現在、『キャッシュフロー101』『キャッシュフロー202』『キャッシュフロー・フォー・キッズ』があり、会計や投資、ビジネスの基礎を教えてくれる。また、『キャッシュフロー』オンラインゲームのアップデート版『キャッシュフロー・クラシック』を世界中の人がプレーできるように「金持ち父さんの英語公式サイト」www.richdad.com で無料公開している（英語のみ）。同サイトには、「金持ち父さん」のオンライン学習プラットフォーム「クラッチ」や「キャピタルシティ」ゲームの情報もある（いずれも英語のみ）。

読者の感想

知識は新しいお金かもしれませんが、Bｰｰトライアングルのすべての必須要素を完全に理解した真剣な投資家が使って初めて、その威力を発揮します。この本は、不確実な時代のなかで投資とは何かをもっとはっきり知りたい私たちに方向性を示してくれる、良いスタートとなる本です。私たちが混乱する様々な市場を生き延びる手助けとして、皆さんが自分の実体験を共有してくれていることに感謝します。―レイ・ウィルソン

一九九七年、私は『金持ち父さん　貧乏父さん』を自費出版した。その本には、マイホームは資産ではないこと、金持ちのほうが支払う税金は少ないこと、金持ちはお金のためには働かないこと、金持ちは自分のお金を印刷する方法を知っているということを書いた。二〇〇七年、サブプライムローンの騒動が起こったとき、何百万という人々はマイホームは資産ではなく負債だということを思い知らされた。

二〇〇二年、私は著書『金持ち父さんの予言』に、何百万という人が頼みの綱にしている年金プランは間もなく崩壊するだろうと書いた。二〇〇九年の時点でも、私のそのメッセージは変わっていない。

第十二章

もし私が学校を作ったら

ファイナンシャル教育が欠けているために、人生で悪戦苦闘している人が大勢いる。本書のなかでずっと話してきたように、この金融危機のほとんどは、ファイナンシャル教育の欠如によって引き起こされた。そのせいだとは思わない人が多いようだが、私は教育が大事だと声を大にして言う。今ほど教育が重要な時代はない。ファイナンシャル教育が必修科目になっていないので、子供たちは社会に出る準備ができず、学校は子供たちやこの国、世界に対してとてつもない損害を与えている。

以下の話のほとんどの部分は、本書でも「金持ち父さん」シリーズの他の著書でも書いてきた。話のついでに、ファイナンシャル教育に関する私の考えをここにまとめて書いておく。本章で、ファイナンシャル教育プログラムが備えるべき内容をすべて網羅することはおそらく不可能だが、これまでのお金に関する考え方とは違う視点の多くについて説明できると思う。もし私が学校を作ったら、次のお金に関する一五の授業を含んだファイナンシャル教育プログラムを作るだろう。

●第1の授業：お金の歴史

人類が進化してきたようにお金も進化してきた。お金の始まりは物々交換で、最初は鶏やミルクといったものだったのが貝やビーズ玉になり、さらに金や銀、銅のコインになった。それらは有形の価値を持つと見なされた物理的なものだったので、同じくらいの価値を持つ他のものと交換された。今日、大半のお金は紙製で、それは政府が発行している借用証であり、不換紙幣としても知られている。紙のお金はそれ自体には何の価値もない。何か他の価値のあるものの派生物《デリバティブ》でしかない。昔はドルは金《ゴールド》のデリバティブだったが、今では借金のデリバティブ、つまりこの国の納税者たちの借用証だ。

いまやお金は鶏や金、銀といった有形の物体ではない。現代のお金は、政府の信用と信頼に裏付けられた概念にすぎない。国の信用が高ければ高いほどその国のお金の価値は高くなり、逆に信用が低ければお金の価値も下がる。お金が有形の物体から無形の概念へと進化したことが、お金がひじょうに分かりにくいテーマになった理由の一つだ。目に見えず、触れることも感じることもできないものを理解するのは難しい。

●お金の歴史における重要な年号

次に挙げるのは、本書で説明してきた重要な年号についてまとめたものだ。

1. 一九〇三年、一般教育委員会創設

ジョン・D・ロックフェラーが創設した一般教育委員会が子供は何を学ぶべきかを決めたこの年に、米国の教育制度は乗っ取られたと私はにらんでいる。これによって教育の影響力は大富豪たちの手中に落ち、学

㉒EとSはお金のために働き、BとIはお金を働かせる

E…従業員（employee）
S…スモールビジネス (small business)
　自営業者 (self-employed)
B…従業員五百人以上のビッグビジネス
　(big business)
I…投資家（investor）

校はお金について教えないことになった。今の人たちは、学校に行ってお金のために働くことを学ぶが、お金を自分のために働かせることについては何も学ばない。

図㉒のキャッシュフロー・クワドラントを見てほしい。

学校は、人々をEやSのクワドラントの人間になるように訓練することでは良い仕事をしているが、彼らをBやIの人間になるように訓練することについてはほとんど何もしていない。MBAコースの学生たちでさえ、金持ちのビジネスで働くEの高給取りの人間になるように訓練されている。Bクワドラントの有名人にはマイクロソフト社の創業者ビル・ゲイツ、デル社の創業者マイケル・デル、フォード社の創業者ヘンリー・フォード、ゼネラル・エレクトリック社の創業者トーマス・エジソンがいるが、彼らは全員学校を中途退学している。

2. 一九一三年、連邦準備制度（The Federal Reserve）創設

連邦準備制度はアメリカの団体でも国の組織でもなく、準備金を蓄えておらず、銀行でもない。それは、世界で最も裕福で政治的な影響力の強い一族たちのいくつかによってコントロールされている。この制度は、何もないところからお金を作りだす力を持っている。連邦準備制度のような機関に、合衆国憲法の起草者たちやジョージ・ワシントンやトーマス・ジェファーソンといった大統領は真っ向から反対していた。

3. 一九二九年、大恐慌

大恐慌の危機が起こると、米国政府は多くの連邦機関を創設した。連邦預金保険公社（FDIC）、連邦住宅局（FHA）、社会保障制度などがそれだ。また政府は、税金によって私たちの経済生活に対する支配を強めた。このことによって人々は、社会制度や政府機関を通じて政府の介入を受け入れるようになった。FHAやファニーメイ、フレディマックといった連邦政府のプログラムや機関の多くは、サブプライム危機でその存在が衆目にさらされることになった。現在、社会保障制度やメディケアなどにおける政府負担分の不足額は五〇兆ドルから六〇兆ドルと推計されている。これはいつかは爆発する時限爆弾であり、それが起

こったときサブプライム危機などちっぽけな問題に見えるだろう。言い換えれば、大恐慌を解決しようと政府が努力した結果、将来さらに大きな恐慌が引き起こされるだろうということだ。

4．一九四四年、ブレトン・ウッズ協定締結

この国際的な通貨に関する合意によって、国際通貨基金（ＩＭＦ）が創設された。この合意は、連邦準備制度の世界版で、米国ドルを事実上世界の準備通貨として組み込むものだった。世界の人々が世界大戦に巻き込まれている間に、銀行家たちは世界を変えるために忙しく立ち働いていた。それは、世界中の通貨が基本的に米国ドルによって裏付けされたことを意味していた。そして当時のドルは金《ゴールド》に固定されていた。米国ドルが金に裏付けされている限り、世界経済は安定を保つはずだった。

5．一九七一年、ニクソン大統領が議会の承認を得ずに米国ドルの金本位制を停止

このとき米国ドルは金ではなく借金のデリバティブになった。一九七一年以降、米国経済は借金を増やすことによって成長し、そのときから政府による緊急救済措置が始まった。一九八〇年代、救済額は数百万ドルだった。一九九〇年代、その額は数十億ドルになった。そして今では数兆ドルに膨れ上がり、さらに増え続けている。このお金のルールの変更が――これはお金に関する史上最大の出来事の一つだ――米国が好きなだけお金を刷り、米国債と呼ばれる借金をますます増やすことを可能にした。世界中のお金が一国の借金、つまり米国の納税者たちの借用証（ＩＯＵ＝I owe you.）によって裏付けされるなどということは、世界史上かつてなかったことだ。

一九七一年、ドルはお金であることを止めて通貨になった。通貨（currency）という言葉は、流れ（current）という言葉に由来する。電流（electric currency）や海流（ocean currency）といった言葉もそうだ。だから通貨も、動き続けなければその価値を失ってしまう。価値を保つために、一つの資産から別の資産へと動いていかなければならない。一九七一年以降、自分のお金を銀行の預金口座に寝かせていたり株式市場に投資していた人が損をしたのは、お金の流れを止めてしまったからだ。米国政府がお金を刷りまくって借金を増やし、インフレを起こしていたので、貯蓄する人は敗者となり、借金する人が勝者となった。

一九七一年以降、経済は借金を膨らませることで成長した。理論上は、すべての人が自分の借金を完済すれば現代のお金は消失する。二〇〇七年、融資基準未満《サブプライム》の借り手が住宅ローンの支払不能に陥ったとき借金の膨張が止まり、債券市場は暴落し、それが今の大規模な金融危機につながった。

米国はその法外な歳出を賄うために、自国の借金をヨーロッパや日本、中国に売りつけた。これらの国々が私たちの政府を信用しなくなり、米国の借金を買わなくなったら、そのときはまた金融危機が起きるだろう。あなたや私がマイホームを買うのを止めたり、クレジットカードを使うのを止めたりしたら、この金融危機はさらに長引くことになるだろう。

ファイナンシャル教育が重要なのは、良い借金と悪い借金があることを学ぶ必要があるからだ。悪い借金をすればますます貧乏になる。良い借金をすればますます金持ちになる。現代のお金は借金なので、しっかりしたファイナンシャル教育があれば、人々は貧しくなるためではなく金持ちになるための借金の使い方を学ぶことができるだろう。

6. 一九七四年、米国議会が従業員退職所得保障法（エリサ法）を可決

これは今では401（k）という名称で知られているものだ。一九七四年までは、ほとんどの従業員は確定給付型（DB）年金という年金プランに加入していた。企業のDB年金は、従業員に生涯にわたって年金を給付するものだ。一九七四年以降、従業員たちは確定拠出金型（DC）年金プランへと移された。これは、引退後の生活に備えて彼らが自分でお金を貯めなければならないことを意味していた。従業員が受け取れる年金の額は、退職時にその年金口座にいくらお金が入っているかによって決まった。年金プランの資金が底をついたり、資金の投資先である株式市場の暴落で吹き飛んだりすると、それは不運な退職者の自己責任とされた。

このDB年金プランからDC年金プランへの変更は、何百万という人々を株式市場という不確実な世界に

追いやった。問題は、ほとんどの従業員に、引退後のために自分のお金を賢く投資するのに必要なファイナンシャル教育が欠けていたこと、そして今でもその教育が欠けたままであることだ。

今日、世界中の勤労者の大半が引退後の資金不足という問題に直面している。ファイナンシャル教育が欠落しているために、ほとんどの人が安心な老後を送るのに充分なお金を蓄えようと、昔と同じ場所、つまり銀行の預金口座や株式市場へと戻っていくが、それらはまさに今の金融危機の大半を引き起こした仕組みそのものだ。こうした人々は、金融危機の影響を一番強く受け、お金について一番心配しなければならなくなる。

ここまで、現代のお金についてかいつまんで歴史を振り返ったわけだが、ファイナンシャル教育がなぜ重要なのか、その理由を十分理解してくれるようになった人もいると思う。そして、あなた自身のファイナンシャル教育の第一歩は、財務諸表を理解するところから始まる。

●第2の授業：あなたの財務諸表を理解する

金持ち父さんはよくこう言っていた。「銀行は学校の成績表を見せろとは決して言わない。君が学校でどんな成績を取ったかなんてことには何の興味もない。銀行が知りたいのは、君の財務諸表なんだ。ひとたび学校を出たら、君の財務諸表が君の成績表になるんだ」

ファイナンシャル教育は、財務諸表を形づくっている三つの部分を理解することから始まる（表㉓）。財務諸表の全体をもっとよく説明するために、お金についての第3の授業、資産と負債の違いに移ろう。

●第3の授業：資産と負債の違いは何か

貧乏父さんは「持ち家は資産だ」とよく言っていた。金持ち父さんはこう言っていた。「君のお父さんが

㉓まずは財務諸表を理解しよう

職業 ＿＿＿＿＿＿＿＿　**プレーヤー名** ＿＿＿＿＿＿＿＿

目標：支出を上回る不労所得を得て、ラットレースからファースト・トラックへ出ること

損益計算書

収入	
給料	
利子	
配当	
不動産	キャッシュフロー
ビジネス	キャッシュフロー

会計監査役の名前 ＿＿＿＿＿＿＿＿

（あなたの右側に座っている人）

不労所得＝(　　　　　　　　)
(利子＋配当＋不動産からのキャッシュフロー＋
ビジネスからのキャッシュフロー)

収入の合計 ＿＿＿＿＿＿＿＿

支出
税金
住宅ローンの支払
教育ローンの支払
自動車ローンの支払
クレジットカードの支払
小売店への支払など
その他の支出
育児費
銀行ローンの支払

子供の数(　　　　　　　)
(最初は0から始める)
子供一人あたりの育児費(　　　　　　　)

支出の合計 ＿＿＿＿＿＿＿＿

毎月のキャッシュフロー
(収入の合計ー支出の合計) ＿＿＿＿＿＿＿＿

貸借対照表

資産		
貯蓄		
株・投資信託・CD	株数	一株あたりの価格
不動産	頭金	購入価格
ビジネス	頭金	購入価格

負債
住宅ローン
教育ローン
自動車ローン
クレジットカード
小売店のつけなど
不動産ローン
負債(ビジネス)
銀行ローン

正しいファイナンシャル教育を身に付けていたら、自分の家が資産なんかじゃないってことがわかるはずなんだがね。マイホームは負債なのさ」

これほど多くの人がお金のことで深刻な問題を抱えている理由の一つは、彼らが負債を資産と呼んでいることにある。金融危機が起こって初めて、何百万という人々が持ち家は資産ではないことに気づいた。政治家たちでさえ、負債を資産と呼ぶ。例えば、不良資産救済プログラム（TARP）は、不良資産のためのプログラムではない。不良負債のためのプログラムだ。本物の資産なら、問題など起こらないから銀行が救済する必要もない。

ファイナンシャル教育で重要なことの一つは、お金に関する用語を理解することだ。あなたのお金に対する力を強くするには、資産や負債といったお金に関する言葉を使うことから始めなければならない。

金持ち父さんの資産と負債の定義はとてもシンプルなものだった。金持ち父さんはこう言った。「資産は、君が働いていても君のポケットからお金を君が働かなくても君のポケットにお金を入れてくれる。負債は、君が働いていても君のポケットからお金を

㉔資産と負債の違いはここにある

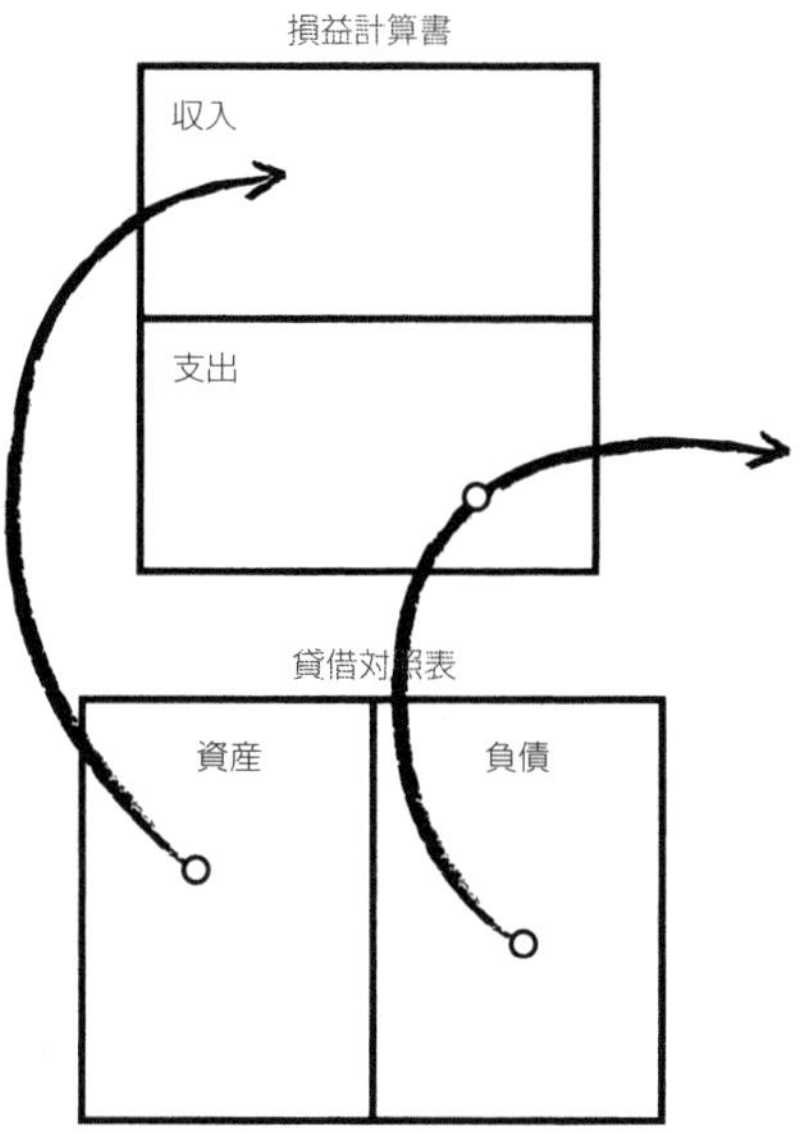

取っていく」

財務諸表の図㉔を見てほしい。資産と負債の違いは、ごく簡単に言えばこういうことだ。矢印はキャッシュフロー決算書を表している。矢印の一つは、お金が賃貸物件や配当を生みだす株式といった資産からあなたのポケット、つまり収入欄に流れ込んでいる様子を示す。もう一つの矢印は、自動車のローンやマイホームの住宅ローンといった負債の支払をするために、支出欄からお金が流れ出ていく様子を示す。

金持ちがますます金持ちになる理由の一つは、彼らは資産を取得するために働いているのに、それ以外の人たちが資産と勘違いして負債を買っているからだ。何百万という人々がお金の問題で悪戦苦闘しているのは、一生懸命に働いてマイカーやマイホームといった負債を買うからだ。給料が上がると、もっと大きな家やもっと素敵な車を買って自分を金持ちに見せたがるが、実は彼らはますます貧乏に、ますます借金漬けになっている。

私の友人に、大物ではないがハリウッドの映画スターが一人いる。彼は私に、仕事から引退するために住宅物件に投資するつもりだと語っていた。彼の自宅はハリウッドにあり、コロラド州のアスペンやハワイのマウイ島、そしてパリに高級別荘を持っている。最近いっしょにテレビ番組に出演する機会があったので、待ち時間のあいだにその後調子はどうかと聞いてみた。彼は不機嫌そうにこう答えた。「今は仕事もあまりしていないし、すべてを失いかけている。住宅の価格は下がる一方で、住宅ローンを支払う余裕もないんだ」。負債を資産と呼び、キャッシュフローの重要性を理解していないからこういう問題が起きる。

前回の不動産ブームのときに、投資家気取りで不動産市場に参入した人が大勢いたが、実のところ彼らは、思惑買いをするギャンブラーにすぎなかった。世間ではよく転売投資家《フリッパー》と呼ばれている。買った住宅を改修して大儲けしようとする不動産フリッパーたちを特集したテレビ番組まである。問題は住宅バブルがはじけたとき、彼らの多くが破産し、物件は競売に流れたということだ。

このことは、ファイナンシャル教育の第4の授業につながる。

●第4の授業：キャピタルゲインとキャッシュフローの違い

ほとんどの人はキャピタルゲインを得ようとして投資している。だから彼らは、株価が上昇したりマイホームの価格が上がったりすると大喜びする。これは、私のハリウッドの友人やフリッパーのほとんどがやっている投資の手法だ。大半の勤労者も、退職後の資金のために株式市場に投資するときは同じようにやっている。キャピタルゲインを狙って投資する人は、博打を打っているのも同然だ。ウォーレン・バフェットはかつてこう言った。「株を買うのに世界一愚かな理由は、株が上がっているからというものだ」

キャピタルゲイン狙いの投資などするから、株価や持ち家の価格が下がったとたんに意気消沈してしまうのだ。キャピタルゲイン狙いの投資がギャンブルも同然なのは、投資家には市場の変動をコントロールする術がほとんど無いからだ。

ファイナンシャル教育が身に付いている人は、キャッシュフローとキャピタルゲインの両方を得るために投資する。これには大きな理由が二つある。

1. キャッシュフローを生み出す資産からお金が流れ出てくるようにしなければ、資産の価値は失われてしまう。言い換えれば、お金の価値や株の価格が上がるまでそのような資産を休ませておくなら、お金の流れは生産的なものではなく、あなたのために働いてもいない。
2. キャッシュフローを得るために投資すると、ほとんどの投資リスクを回避することができる。現金があなたのポケットに流れ込んでいる間は、たとえ資産の価格が下がっていようと負けた気分にはならない。逆に資産が値上がりすれば、キャッシュフローはすでに回収しつつあるので、思いがけないおまけだと喜ぶことができる。

図㉕は、キャピタルゲインとキャッシュフローの違いを示している。

キムと私は、ある石油採掘会社のビジネスパートナーでもある。キャッシュフローとキャピタルゲインの両方を得るために投資している。最初に採掘したときの石油の価格は一バレル二五ドルだった。毎月入ってくるキャッシュフローに私たちは満足していた。一バレル一四〇ドルに値上がりしたときは大喜びした。キャピタルゲイン狙いの投資の影響で私たちの油井も大幅に価値が上昇したのだ。二〇〇九年現在は一バレル六五ドルだが、油井の価値が上がろうと下がろうと、私たちのポケットにお金を入れ続けてくれているので満足している。

株式が好きな人なら、やはり安定した配当を支払ってくれる銘柄に投資することから始めてみるのがいい。景気が低迷して株価が下がっているときは、配当をくれる株をバーゲン価格で買える良い機会だ。

株式に投資する人はまた、株式市場では配当利回りと呼ばれるキャッシュフローの力を理解している。配当率が高ければ高いほど、その株式の価値は高い。例えば、配当利回りが株価の五パーセントというのは、その株式も価格も素晴らしいというサインだ。その反対に配当利回りが株価の三パーセント未満であれば、それは株価が高くなりすぎていることを意味し、今後は値下がりするだろうと見当がつく。

二〇〇七年一〇月、株式市場は（当時としては）史上最高値の一四一六四ドルを付けた。目のくらんだカモたちが市場にどっと押し寄せ、キャピタルゲインを狙って急上昇中の銘柄にお金を賭けた。問題は、ダウ平均の時価総額の配当利回りがわずか一・八パーセントだったことで、株価が高くなりすぎていることを示していたため、プロの投資家たちは売りに転じた。

二〇〇九年三月、ダウ平均株価は六五四七ドルまで下げ、これで大底を打ったと見た大勢の人が市場に戻ってきた。問題は、配当利回りがまだ一・九％だったことで、これはプロの投資家にとっては株価がまだ高すぎることを意味していて、だからこれからも下がるだろうし、市場からお金が流出するので長期投資家はさらにお金を失うことになるだろうと想像できる。

私にとっては、キャッシュフローとキャピタルゲインの両方を得るために投資するほうが、市場の変動を心配するより理にかなっている。だからこそ私は、そのような投資の利点をみんながやさしく学べるように、教育用ボードゲーム『キャッシュフロー101』を考案した。

どんな市場も上がりもすれば下がりもするが、このことはファイナンシャル教育の第5の授業につながる。

●第5の授業：ファンダメンタル投資とテクニカル投資の違い

ファンダメンタル投資は、企業の財務実績を分析して投資する手法で、そのプロセスはその企業の財務諸表を理解することから始まる（図㉖）。

ファイナンシャル教育が身に付いている人は、そのビジネスや物件がどれくらい賢く運営されているかを知りたいと思っているのだが、その判断は、その対象の財務諸表を分析することによってのみ可能になる。

銀行があなたの財務諸表を要求するのは、あなたが自分の経済状態をどれくらい上手く管理できているかを

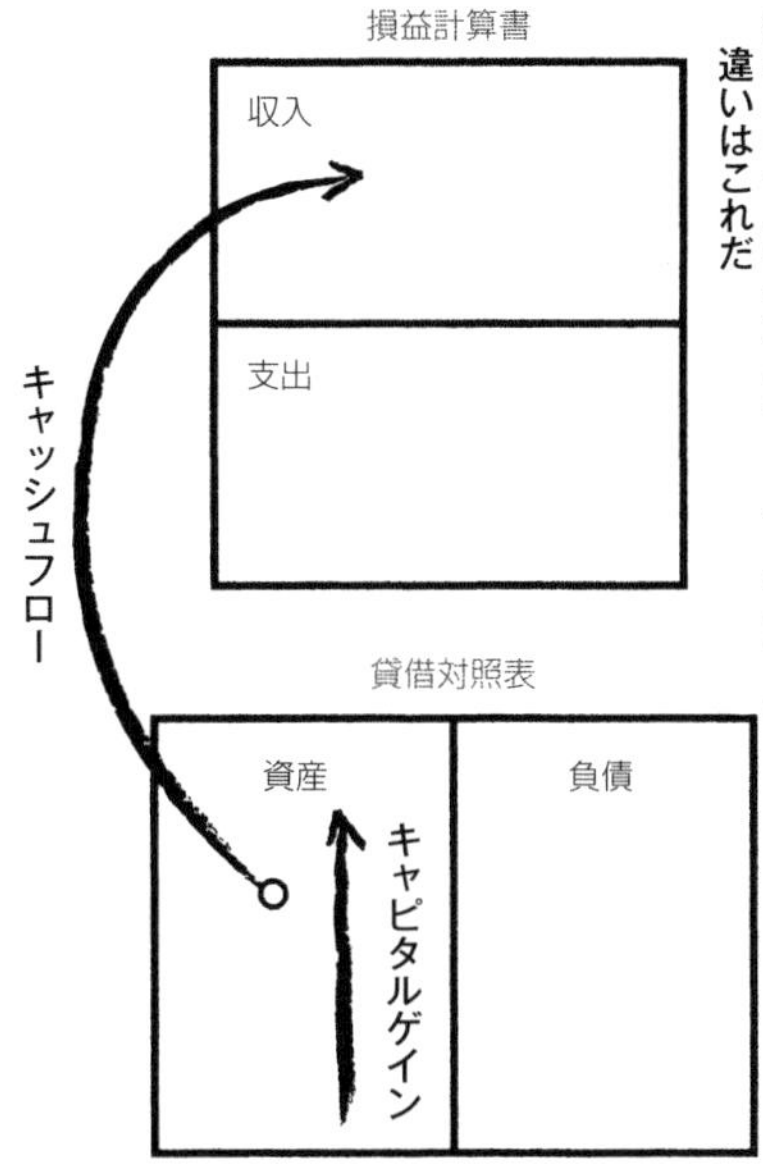

㉕キャピタルゲインとキャッシュフローの違いはこれだ

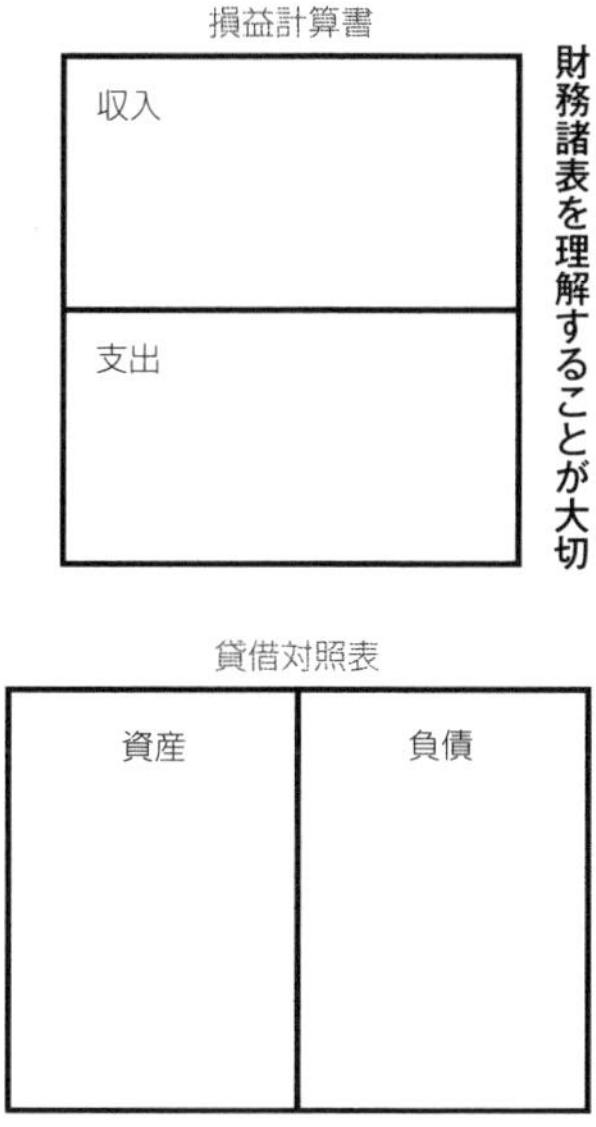

㉖ファンダメンタル投資では企業の財務諸表を理解することが大切

知りたいからだ。収入と支出のバランス、キャッシュフローを生み出す資産やキャッシュフローを失わせる負債の数を、短期的にも長期的にも把握しようとする。だからあなたも、どこかの企業に投資するなら銀行と同じことを知る必要がある。私のボードゲーム『キャッシュフロー101』が、ファンダメンタル投資の基本を教えてくれる。

テクニカル投資は、テクニカル指標を使って市場のセンチメント（感情）や空気をおしはかって投資する手法だ。テクニカル投資家は、投資対象となるビジネスのファンダメンタルズ（財務内容）には注意を向けないこともある。彼らは、グラフ㉗のような株価チャートを見て株価を計測する。

チャートが重要なのは、主に何かの売買価格、例えば株式や、金や石油などのコモディティ（商品）について事実に基づいた変動を示しているからだ。右肩上がりのチャートは価格の上昇を示しており、市場に現金が流れ込んできていることを意味している。お金が流れ込む市場はよく「強気市場《ブル・マーケット》」と呼ばれている。逆に、右に行くほど下降しているチャートは、市場から現金が流れ出していることを示している。こうした市場はよく「弱気市場《ベア・マーケット》」と呼ばれている。テクニカル投資家は、現金の流れに注目して市場の歴史的なパターンを見い出し、過去の市場の動きや今後の見通しに基づいて投資を行う。

ファイナンシャル教育のある投資家はまた、現金がどこから流れてきてどの市場に流れ込んでいるかということも知りたいと思っている。例えば、株式市場が暴落して人々が怯えていたとき、たくさんのお金が金《ゴールド》市場に流れ込んでいた。テクニカル投資家は、テクニカル指標に基づいて株式市場の下落と金市場の上昇を予想できていたかもしれないし、そうであれば誰よりも先に自分のお金を金市場に移動させていたことだろう（グラフ㉘）。

ここでも、価格、つまりキャピタルゲインよりもキャッシュフローのほうが重要だということに気づいてほしい。ファイナンシャル教育が身に付いている人がいつも自分のお金を動かしていたいと思っているのは、多くの素人の投資家がやるようにお金を一種類の資産に入れたままにしておくと、その資産の市場からお金

㉗チャートは事実に基づいた価格変動を示す

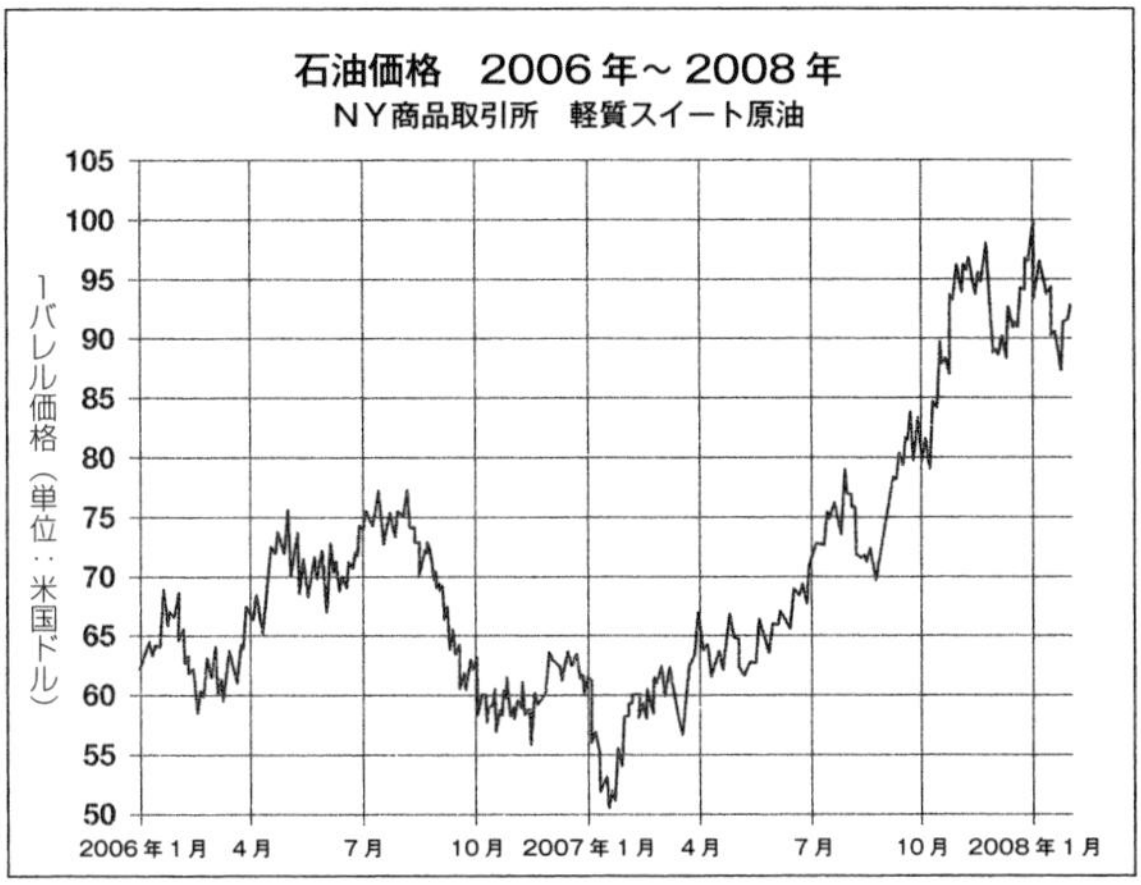

㉘株式が低迷すると金市場に資金が流れ込む

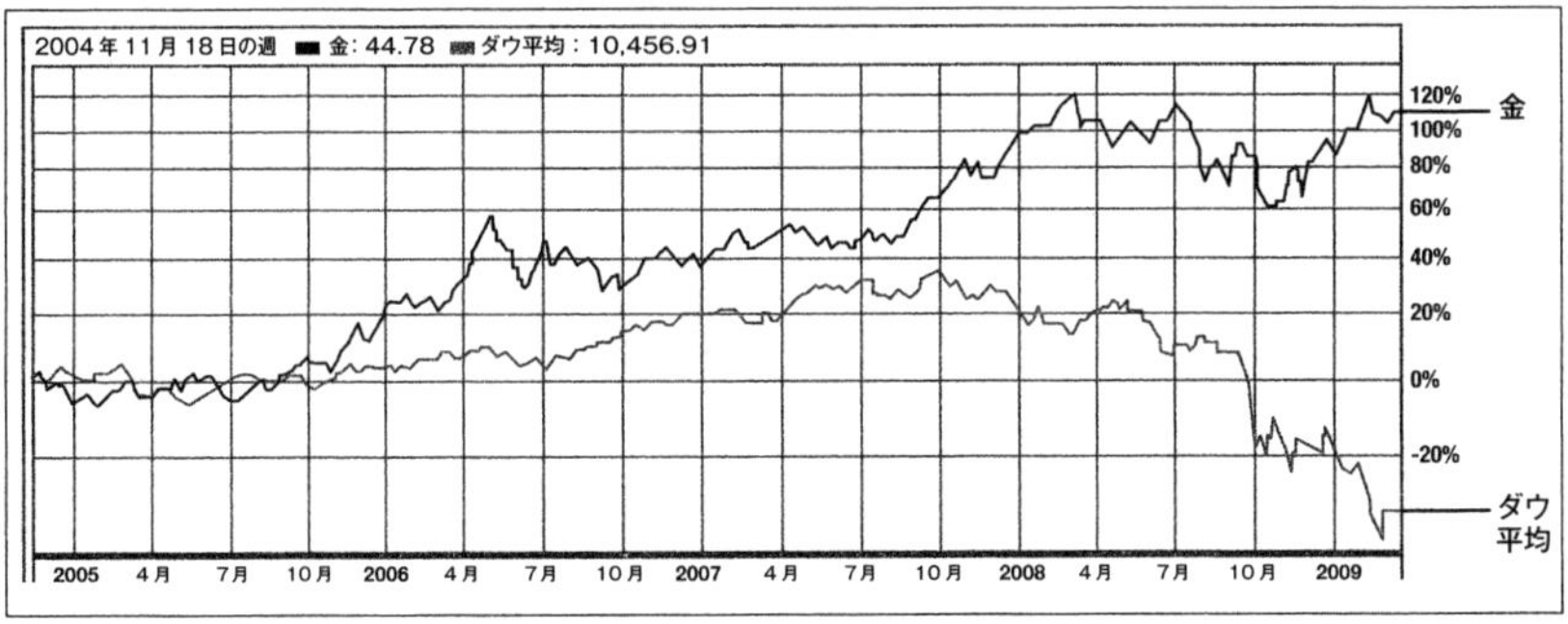

Yahoo!Inc. の許可を得て転載。2009 年。Yahoo!Inc. YAHOO! と YAHOO! ロゴは Yahoo!Inc. の登録商標です。

が流れ出した時に自分もお金を失ってしまうかもしれないからだ。

どんな市場も上がりもすれば下がりもするし、暴騰もあれば暴落もある。このことは、ファイナンシャル教育の第6の授業「資産の強さ」につながる。

●第6の授業：資産の強さを測る方法

私のところにお金の相談に来る人は大勢いる。彼らはたいていこんなことを言う。「素晴らしい新製品のアイデアがあるんだが」「とても良い投資物件があるんだけど」「この会社の株式に投資しようと思っているんだが、君はどう思う？」

このように問いかけられると、私はいつものB－Iトライアングルの図を持ち出すことにしている（図㉙）。B－Iトライアングルは、本書の前のほうで説明したキャッシュフロー・クワドラントの図にちなんで名づけられた図だ。クワドラントの図㉚も再度ここに載せておこう。

B－Iトライアングルの図を見てほしい。製品は図の中では最も小さい部分、あるいは全体の中で一番重要性が低い部分であることに気づいただろうか。自分のビジネスを立ち上げたほとんどの人が失敗するのは、彼らがB－Iトライアングルではなく製品に重点を置いているからだ。同じことは不動産についても言える。B－Iトライアングルの全体を見るのではなく、物件だけを見ている投資家が多い。

金持ち父さんはこう言っていた。「人生であろうと、ビジネスや投資であろうと上手くいかずに苦しんでいるときは、B－Iトライアングルの八つの必須要素のうちのどれか、あるいは複数の要素が欠けているか機能していない」。言い換えれば、何かに投資したり自分のビジネスを始めたりする前に、B－Iトライアングルの全体を評価して、その投資やビジネスに十分な強度があるだろうかと自分自身に問いかけることが必要になる。

自分のビジネスを立ち上げる計画のある人やB－Iトライアングルについてもっと知りたい人は、私の著書『金持ち父さんの起業する前に読む本』に目を通すことをお勧めする。

今日の世界は、強いB－Iトライアングルを築く方法を知っている起業家をもっと必要としている。そして強力な起業家を世に出すことができれば、EやSのクワドラントにいる人々のためにもっと多くの雇用を創り出すことができる。このことは、ファイナンシャル教育の第7の授業につながる。

●第7の授業：良い人々を選ぶ方法を学べ

金持ち父さんはよくこう言っていた。「良いパートナーを見つける方法は、悪いパートナーを知ることだ」

私自身、ビジネス経験の中で素晴らしいパートナーに出会ったし、最悪のパートナーにも出会った。金持ち父さんが言っていたように、良いパートナーを知るには悪いパートナーの痛みを味わわなければならなかったし、パートナーに関して言えば、実際に私はかなり苦い経験をしている。

一番困るのは、パートナーの良し悪しは問題が起こるまでわからないということだ。だが幸いなことに私は、悪い取引や悪いパートナーに出くわすたびに、その後で素晴らしいパートナーにめぐり合うことができた。例えば、悪いパートナーと組んでひどい投資をしたことがきっかけで、今の不動産ビジネスのパートナ

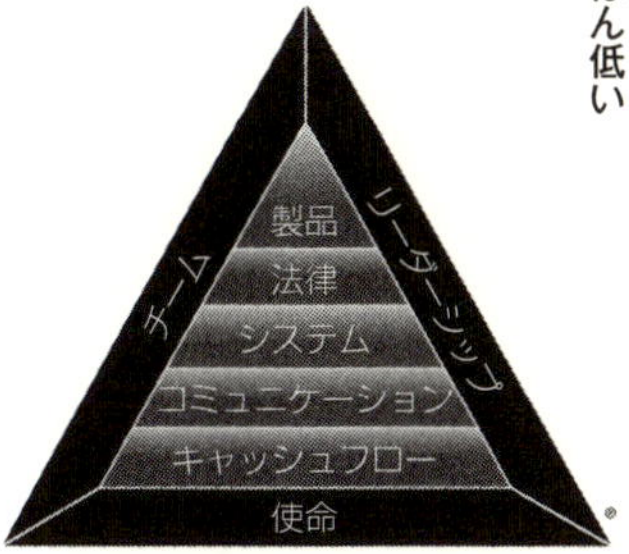

㉙製品は全体の中で重要性がいちばん低い

㉚強いB－Iトライアングルを築いて EとSのために雇用を生み出す

ーであるケン・マクロイと出会った。悪い取引が失敗した後、ケンと私は一緒にビジネスをして何百万ドルも稼いだし、彼はキムと私の最高のビジネスパートナーの一人になっている。

ケンから学んだ教訓の一つは、素晴らしい取引は次の三つの部分からできているということだ。

1. パートナー
2. 資金調達
3. 管理運営

これはあらゆる投資やビジネスに当てはまる。あなたが自分のお金を何かに投資するとき、他に誰が関わっているのかを知らなかったとしても、あなたはその投資事業のパートナーになる。例えば投資信託を買うということは、あなたがその金融商品の投資パートナーになることを意味している。

だから投資の第一の部分は、あなたのお金を差し出す前に投資のパートナーを注意深く選ぶことだ。金持ち父さんが言っていた通りだ。「悪いパートナーが相手では、良い取り引きはできない」。ケンの挙げた二つめの部分である資金調達では、その投資の仕組みがどれほど良いものか、そしてパートナーとしてあなたがお金を儲けられるチャンスはどれくらいあるかが重要になる。

私が投資信託のパートナーになりたくないのには、次の四つの理由がある。

1. 投資信託のお金の仕組みは、投資のパートナーであるあなたにではなく、その投資信託の会社に利益をもたらすことに重点が置かれている。
2. 投資信託にかかる費用は高すぎるし、全部が公開されているわけではない。私が資金を一〇〇パーセント用意し、リスクを一〇〇パーセント取るというのに、利益の八〇パーセントは投資信託会社が取っていく。これでは、資金調達に関しては良いパートナー関係とは言えない。

3．不動産に投資する場合は銀行のお金を最大限に使えるが、これは投資信託よりも不動産のほうが投資としてのレバレッジが高いことを意味している。

4．投資信託では、お金を儲けるどころか損した場合でもキャピタルゲイン税が課せられる。これはまったく公平ではない。

ケンの言う素晴らしい取引の三つめの部分は管理運営だ。良いパートナーは素晴らしい管理者でなければならない。きちんと管理運営されていないビジネスや不動産物件は、投資家に最大のリターンをもたらしてくれないし、下手をすれば失敗に終わる。これほど多くの小さなビジネスが潰れ、不動産物件が成果を上げられないのは、その事業の管理運営が間違っているからだ。

今では私は、次のように自分に問いかけることで大概の投資をすばやく分析することができるようになっている。

「パートナーは誰だろうか。そして私は彼らと組みたいと思っているだろうか」

「資金調達はどのような仕組みになっているのだろうか。それは私にとって有利なものだろうか」

「事業の管理運営者は有能だろうか」

これらの質問の答えが満足のいくものであれば、私はさらにその投資について研究することになる。

このことは、ファイナンシャル教育の第8の授業につながる。

●第8の授業：あなたに最適な資産は何かを知る

投資には四種類の資産がある（図㉛）。

1．ビジネス

長所：ビジネスは最強の資産だ。ビジネスを所有すれば、税の優遇を受けられるし、あなたのキャッシュフローを増やすのに他人の時間というレバレッジを使えるうえに、事業の運営をコントロールできる。世界の最も裕福な人々はビジネスを築いている。アップル社の創業者スティーブ・ジョブスしかり、ゼネラル・エレクトリック社の創業者トーマス・エジソン、グーグルの創業者セルゲイ・ブリンもそうだ。

短所：ビジネスは人手集約的な資産で、たくさんの人間が関わる。ということは、従業員やクライアント、顧客を管理しなければならない。ビジネスを成功させるには、チームとして働いてくれる有能な人材を集めるだけでなく、そうした人々を管理するスキルやリーダーシップのスキルが不可欠になる。これは私の意見だが、すべての四つの資産のうちで、成功するのにファイナンシャル・インテリジェンスと経験が最も要求されるのがビジネスだ。

2．不動産

長所：不動産は高いリターンが望める。銀行からの融資や他人のお金（ＯＰＭ）という資金調達のレバレッジが使えるし、減価償却といった税制上の優遇措置も受けられる。物件がきちんと管理されていれば継続的なキャッシュフローが得られる。

短所：不動産は管理集約的な資産で流動性に乏しく、管理のしかたを間違えると費用が膨れ上がるおそれがある。不動産は、ビジネスに次いで高いレベルのファイナンシャル・インテリジェンスが要求される資産だ。上手な不動産投資をするのに必要となるファイナンシャルＩＱが低い人が大勢いる。だからほとんどの人は、ＲＥＩＴ（リート）と呼ばれる不動産投資信託を通じて不動産投資をしている。

3．ペーパーアセット（株式、債券、貯蓄、投資信託など）

長所：ペーパーアセット（紙の資産）には簡単に投資できるという長所がある。さらに流動性が非常に高いので、株式を数株買うといったごく小さなところから投資を始めることが可能で、他の種類の資産に比べれば元手が少なくてすむ。

短所：流動性が非常に高いということは大きな短所でもあり、売られやすいという側面がある。流動性の高い投資の問題点は、ひとたび現金が市場から流れ出すと、売るのが間に合わなかった場合、お金を失うのも非常に早いということだ。ペーパーアセットは常に監視しておくことが必要になる。大半の投資家はファイナンシャル教育などほとんど身に付いていないので、ペーパーアセットに投資している。

4．コモディティ（金、銀、石油など）

長所：コモディティ（商品）は、インフレに対する良いリスクヘッジまたは防衛策になる――これは今のように国がたくさんのお金を刷っているときは重要なことだ。コモディティにインフレの影響を和らげる働きがあるのは、それらが通貨で購入できる有形資産だからだ。通貨の供給量が増えると、同じだけの商品を購入するのにより多くのドル札が必要になる。これがコモディティの価格を上昇させ、つまりはインフ

㉛資産には四つの種類がある

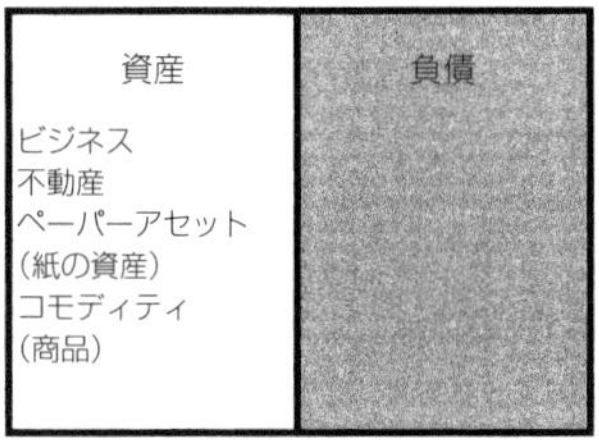

レが起こる。その良い例が石油や金、銀で、連邦準備制度の印刷機のおかげでどれも数年前よりはるかに値上がりしている。

短所：コモディティは物理的な資産なので、適切な状態で保管し、保安のためにセキュリティシステムを導入しておくことが必要になる。

自分にとってどの種類の資産が最適なのか、自分がどの種類の資産に最も興味を引かれているのかがわかった人には、自分のお金を投資する前に、その資産について学ぶために自分の時間を投資することを勧める。なぜこんなことを言うかというと、あなたを金持ちにするのは資産そのものではないからだ。どの種類の資産に投資しようがお金を失う可能性はある。あなたを金持ちにするものは、それぞれの資産についてのあなた自身の知識だ。あなたの頭脳こそがあなたにとって最大の資産であることを決して忘れてはならない。

それぞれの種類の資産にはそれぞれの専門用語がある。例えば、不動産投資家はよくキャップレート（還元利回り）とかNOI（純営業収益）といった言葉を使うが、株式投資家はPER（株価収益率）とかEBIDA（利払い税金償却前利益）といった言葉を使う。資産の種類によって独自の言葉が使われる。例えば、石油に投資する人は、金《ゴールド》に投資する人とは違う言葉を使う。幸いなことに、それぞれの言葉を理解していけばあなたも同じ言葉を話せるようになるので、それによって投資のリターンを増やし、リスクを減らすことができる。

私が『キャッシュフロー』ゲームシリーズを考案したのは、会計用語とそれぞれの種類の資産に投資するための言葉をいくつか教えるためだ。自分が最も興味のある資産の種類が分かっている人には、コーチングプログラムなどの上級教育クラスも用意している（現在英語のみ）。

このことはファイナンシャル教育の第9の授業につながる。それは集中と分散についてだ。

●第9の授業：集中すべき時と分散すべき時を知る

ほとんどの人は、不透明な市況に対する防衛策として分散投資を推奨する。だが『バフェットの教訓』によれば、ウォーレン・バフェットはこう言っている。「分散とは無知に対するリスク回避だ。自分が何をやっているかが分かっている人にはほとんど意味がない」

気づいている人もいると思うが、大半の人は投資信託に分散投資をしている。分散投資をしていると称する投資信託商品の問題点は、実は分散投資をしていないということにある。投資信託はすべて株式市場、つまりペーパーアセットのみに投資しているからだ。

本当の分散投資は、一種類の資産の中の様々なタイプの投資商品だけではなく、四つの種類の資産をすべて含んでいる。私の財務諸表の資産欄には、ビジネス、不動産、ペーパーアセット、コモディティの四種類の資産が全部入っている。いろいろな意味で分散投資をしていると言えるが、そうではないとも言える。なぜなら私は、それぞれの種類の資産の中でも素晴らしい投資のみに集中しているからだ。

「FOCUS（フォーカス＝集中する）」とは、「Follow One Course Until Sucessful.（成功するまで一つの道を進み続けよ）」という文章の単語の頭文字をつなげたものだ。キャッシュフロー・クワドラントのBやIの側で成功したい人は、集中することが重要だ。自分が得意な資産の種類を選んで、成功するまでそれをやり続けることだ。例えば、不動産に興味を感じているなら、その資産に投資することについて学び、練習を重ね、小さく始めて、あなたの銀行口座に継続的に現金が流れ込んでくるようになるまでやり続けよう。小さな取引をいくつか続けてキャッシュフローを生み出す自信がついたら、細心の注意を払いつつより大きな取引の研究を始めよう。だが、つねにキャッシュフローを生み出す投資に集中し続けることを覚えておこう。

私は、収入の範囲内で暮らそうなどとは考えない。お金を貯めることより、自分の資産を増やすことを考えている。年末が近づくと、妻と私は翌年の投資の目標を決める。自分たちの資産が生むキャッシュフローを増やすことに集中しているので、資産からの収入は増え続けている。一九八九年、キムはオレゴン州ポートランドにあるベッドルーム一室バスルーム一つの一戸建てを買い、不動産投資を始めた。

今日、彼女が所有する投資用不動産物件は一四〇〇戸を超えている。来年はさらに五〇〇戸を買い増す予定にしている。私は、自分の資産欄に油井を三つ追加する計画を立てている。

私がコモディティの勉強を始めたのは一九六六年のことだが、当時はカリフォルニアのスタンダード・オイル社の船舶で航海する実習生だったので、とくに石油について詳しく学んだ。一九七二年、パイロットとしてベトナムに派兵されていたときに金《ゴールド》について勉強を始めた。そして一九七三年に帰還すると、不動産投資の勉強に集中するようになった。物件に投資する前に不動産投資の教育プログラムに投資したおかげで、その後の実際の投資で何百万ドルも稼いだ。だが私にとってお金以上に重要なのは、そのときに受けた教育が、世の中がどんなに不景気になっても、私に自由と安定した経済状態をもたらしてくれていることだ。

一九七四年、海兵隊を除隊した後の私はビジネスに集中の対象を移し、ゼロックス社でセールスのスキルを学び始めた。一九八二年になると株式投資とオプション投資の勉強を始めた。現在、私は四種類の資産のすべてを所有している。だから分散投資をしていることになるが、決して自分の集中する対象を見失ったりはしない。

このことは第10の授業につながる。

●第10の授業：リスクを最小限に抑える

ビジネスを築いたり投資をしたりすることは、必ずしも危険なことではない。危険なのは、ファイナンシャル教育を受けていないことだ。従って、リスクを最小化する最良の第一歩は教育だ。例えば、パイロットになりたいと思ったとき、私はまず飛行学校の授業を受けた。いきなり飛行機に乗り込んで離陸などしたら、墜落して死んでしまうに決まっている。

第二のステップは、投資のリスクヘッジをすることだ。プロの投資家は投資に保険を掛けている。たいていの人はマイカーやマイホームには保険を掛けるのに、投資には保険を掛けない。これは大変危険なことだ。例えば、株式に投資するときは、プットオプションといった保険を掛けることができる。株式を一株一〇ドルで買ったとしよう。その際に、株価が下がったら九ドル支払ってもらえるというプットオプションを一ドルで買うことができる。株価が五ドルに下がったらプットオプションが保険として働き、五ドルの株式について九ドル支払われるというわけだ。これはプロの投資家が株式市場で使っている様々な形態の保険の一つにすぎない。

不動産投資の場合は、火災や洪水、その他の自然災害による損害に対して保険を掛けている。不動産物件を所有すると付いてくる小さな恩恵は、この保険の費用も賃借人が支払う賃料に含まれていることだ。万が一、所有する物件が全焼したとしても、損害を補償する保険を付けているので自分のお金を失うことはない。

株式市場に分散投資をしていた投資家たちが、二〇〇七年の市場の暴落から守られることはなかった。ほとんどの投資家にとって分散投資が功を奏さなかったのは、彼らが保険を掛けずに投資していたからだし、一〇〇パーセント株式に投資するというのは本当の意味での分散投資ではないからだ。

B－Iトライアングルの図を見れば、リスクを最小化するために私が使っている他のいくつかの方法がわかるはずだ（図㉜）。

八つの必須要素のうちの一つが法律であることに気づいてほしい。リスクを最小限に抑えるために、弁護士をチームに加えておくことは必要不可欠だ。第一に、良質な法的助言にはいつも測り知れない価値がある。法律に関わるトラブルに巻き込まれないようにするための予防的なアドバイスのほうが、トラブルが発生してから受ける法的助言よりも費用が安くてすむ。

第二に、商品を設計するときにはその商品やビジネスを盗人や海賊版から守らなければならない。私の商品やビジネスの特許、商標、著作権などを保護するために弁護士に業務を提供してもらっている。第三に、特許や商標、著作権を所有することで、私はこれらのデリバティブを資産に変えている。例えば、本を書いたらそれを法的に保護して出版社に本を刊行するライセンスを売る。一冊書けば様々な言語で出版するために四〇から五〇件のライセンスが売れるだろう。法的に保護され資産にならなければ、私が生みだした商品や著作には何の価値もない。

私が言いたいのは、ファイナンシャル教育を受けていない人々に限って保険を付けずに投資して、分散投資が自分を守ってくれると思い込んでいるということだ。そんなことをしている人には最大のリスクが襲いかかる。それは、税金でお金を失うというリスクだ。

●第11の授業：税金を最小化する

もしあなたが自分の子供に向かって「学校を出て就職しなさい」と言っているなら、それは、一生最も高い税金を支払って暮らしなさいと宣告しているのも同じだ。「高いお金が取れるから医者か弁護士になりなさい」と言うのも同じ意味を持つ。こうした仕事はキャッシュフロー・クワドラントのEやSのクワドラントの側にある。キャッシュフロー・クワドラントの図をもう一度見てほしい（図㉝）。

EやSのクワドラントで働く人々が支払っている税金が最も重い。BやIのクワドラントで働く人々の税金は最も軽く、何百万ドルもの稼ぎがありながら支払う税金はゼロという場合すらある。その理由の一つは、BやIのクワドラントの人間が国家が必要とする富の多くを生み出していることにある。だからこそ彼らは、雇用を創造したり人々や企業が賃貸できる住宅やオフィスビルを建てたりすることに対してご褒美をもらう。

人々が得ている所得には次の三つの種類がある。

1．勤労所得……その大部分が課税される。

2．ポートフォリオ所得……中程度の課税を受ける。

3. 不労所得……税率が最も低い。

1. 勤労所得

生計を立てるために従業員として働いている人々や、勤労所得を得るために自営業を営んでいる人々の所得には、最も重い税金が課せられている。しかも稼げば稼ぐほど、課される税率も高くなっていく。皮肉なことに、貯蓄する人もその利息には勤労所得と同じくらい高い税金が課せられている。年金プランに加入している人も同様に高い税金を課せられる。キャッシュフロー・クワドラントのEやSの側にいる人々は、あらゆる面で不利な立場に置かれている。

「退職したら収入は減りますよ」とたいていのファイナンシャル・プランナーが言うのは、ほとんどの人が引退したら貧しくなるような計画を立てているからだ。貧しくても構わないのなら、預貯金や年金に対する税金もそれほど大きな問題にはならないだろう。だが、裕福になって引退する計画を立てているなら、預貯金や年金プランから得られるお金には最も重い税金が課せられることになる——それではお金について賢いとは言えない。

㉜法律もビジネスの必須要素のひとつ

㉝EやSで働く人の税金のほうが重い

2. ポートフォリオ所得

ほとんどの人はポートフォリオ所得を得ようとして投資する。一般的にポートフォリオ所得とは、安値で買って高値で売るというキャピタルゲイン狙いの投資から得られる所得だ。オバマ大統領がキャピタルゲインに対する税率を引き上げるのはほぼ確実だ。現時点でキャピタルゲイン税の最高税率は二八パーセントだが、キャピタルゲイン狙いの投資家に対する税金がどこまで高くなるかは誰にも予想がつかない。

一言付け加えると、株を売り買いする人や住宅を転売する人はキャピタルゲインを得るために投資しているように見えるかもしれないが、たいていはそれらの資産を一年も保有せずに売却してしまうので、勤労所得や通常の所得と同じ税率を適用される。それは彼らが、投資家のIクワドラントではなく実はSクワドラントで活動しているからだ。投資のリスクをすべて自分で引き受け、高く売れることを祈って安値で買ったあげくに最高税率の税金を支払うというのでは、ファイナンシャル・インテリジェンスがあるとは言えない。あなたはどのクワドラントで投資しているだろうか。税率について税理士と一度話をしてみるといい。

3. 不労所得

私が持っているアパートから得られるキャッシュフローには受動的所得税が課せられるが、この税率は一番低い。不動産投資家は、この明らかな不労所得に加え、評価額の上昇やローンの割賦償却、建物の減価償却など、課税対象額の一部を相殺できる別の形態のキャッシュフローを得ることができる。これは税金がかからない収入で、実体のないキャッシュフローとも呼ばれている。私はこういうキャッシュフローが大好きだ。

念のために言っておくが、以上のキャッシュフローの詳細については投資する前に税理士に相談することをお勧めする。

●第12の授業：借金と信用力の違い

知っている人も多いと思うが、借金には良い借金と悪い借金がある。マイホームを所有するための借金が悪い借金なのは、あなたのポケットからお金を取っていくからだ。賃貸物件を所有するための借金は、その物件が住宅ローンの支払いも含めて費用を支払ってくれるうえに毎月あなたのポケットにお金を入れてくれるので良い借金ということになる。

良い借金には税金がかからない。借りたお金なので、そのお金についてもそのお金を使うことについても税金を支払う必要はない。例えば、私が賃貸物件を買うのに頭金を二万ドル入れて八万ドルを借り入れたとすると、たいていの場合はその二万ドルは私の税引き後のお金となり、八万ドルは非課税のお金になる。

借金を使うカギは、いかに賢く借りるか、そしてどのように返済するかにある。賢い借金の仕方、そして物件の賃借人やあなたの所有するビジネスなど、誰か他の人やものに借金を返済させる方法を知っていることが、信頼するに足るあなたの能力、つまり信用力になる。信用力が高ければ高いほど、より大きな額の借金を使って金持ちになれる――しかも税金はかからない。だが一番のカギはやはり、あなた自身のファイナンシャル教育と実社会での経験が握っている。

今の金融危機のさなかにあっても、銀行は信用力のある投資家には何百万ドルものお金を融資してくれる。銀行が、私のような信用力の高い投資家に融資し続けているのには次のような五つの理由がある。

1．B級の集合住宅に投資しているから

アパート経営者が保有するビルには、A級、B級、C級のランクがある。A級は高級志向の人向けのビルで、不況になって家賃が支払えなくなった入居者が続々と出て行ってしまったので痛手を受けている。C級のビルは低所得者向けで、B級のビルは勤労者向けになっている。私の不動産投資の会社は、手ごろな家賃で安全で清潔な集合住宅を提供している。こんな金融危機のさなかにあっても私たちの集合住宅は満室のま

まだし、家賃もどんどん入ってきている。私たちに安定したキャッシュフローがあるので、銀行はさらにお金を貸してくれる。

2．仕事のある地域に物件を買っているから

不動産の本当の価値は、雇用に関係している。私たちはテキサス州とオクラホマ州に一棟物の集合住宅を所有しているが、その周辺には石油産業の雇用がある。私たちがデトロイトに物件を一件も持っていないのは、雇用がどんどん減って不動産価値も下がり続けているからだ。

3．自然や政府による制約のある地域に物件を所有しているから

例えば私たちは、市の境界線が広がりようのない場所に一棟物の集合住宅を所有している。言い換えれば、その市や街の空間はそれ以上拡大しないので、住宅供給量は限られ、私たちの物件の価値はますます高まるというわけだ。私たちは、川という自然の地形が境界線になっていて住宅供給を阻んでいる地域にも物件を所有している。

4．同じビジネスを長年やっていて揺るぎない定評があるから

このことは、たとえ市場が不況でも「良い管理者」という信用力を私たちに与えてくれている。銀行が私たちを信用して他の投資家では融資を受けられない物件を送ってよこすので、素晴らしい取引が私たちのところに集まってくる。

5．自分たちが分かっている分野でやり続けているから

知っての通り、不動産にも非常に多くのタイプがある。私たちはオフィスビルやショッピングセンターには投資しない。価格がこれからも暴落し続けるなら研究してみるかもしれないが、それらは基本的に私たちがやっているビジネスではない。

『金持ち父さん　貧乏父さん』を読んだことがある人は、マクドナルド社の創業者レイ・クロックの話を思い出したかもしれない。同書の中で私は、彼が「私のビジネスは何だと思う?」と皆に質問したという話を紹介した。ほとんどの人が「ハンバーガー店です」と答えると、レイ・クロックはこう答えた。「私のビジネスは不動産業だよ」。マクドナルド社は不動産を買うためにファーストフードビジネスを利用しているのだ。私は不動産を買うためにアパートビルを利用している。自分たちが何のビジネスをしているのかを知り、そのビジネスに秀でていることが、私たちに信用力を与えてくれている。信用力があるから、どんなに不景気でも税金を支払うことなく良い借金を利用することができるのだ。

●第13の授業：デリバティブの使い方を知る

ウォーレン・バフェットは、金融派生商品のことを「大量破壊兵器」と呼んだ。この金融危機の原因のほとんどは、債務担保証券（CDO）や不動産担保証券（MBS）といった金融派生商品にある。

ごく簡単に説明すると、これらは借金の派生商品《デリバティブ》であり、パッケージ化されたうえに格付け機関のムーディーズやS&PのトリプルAという最上級のお墨付きをもらって資産として販売されたのだ。不動産バブルで住宅価格がバカ高くなり、もともと融資基準未満《サブプライム》だったマイホームの所有者たちが借金を返済できなくなるまでは、すべては上手くいっていた。バブルが弾けて借金の家が崩壊すると、世界中の何百万という人々の富が吹き飛んだ。

しかしデリバティブは、大量のお金を創造する道具でもある。一九九六年、キムと私は、私たちのアイデアのデリバティブである「金持ち父さん」の教育ビジネスを始めた。

また私たちは、『キャッシュフロー』ゲーム、そして『金持ち父さん　貧乏父さん』や本書のような書籍を作った。これらも私たちの考えていたことのデリバティブだ。こうしたゲームや本を作ったり売ったりしているときの私たちの動きは連邦準備制度と同じで、何もないところからお金を作り出していることになる。

不動産投資では、やはりデリバティブである住宅ローンをたびたび借り換えては税金のかからないお金を引き出し、その住宅ローンは賃借人の賃料で支払ってもらっている。株式市場では、私はよく自分の所有する株式のデリバティブ——例えばコールオプションなど——を売って何もないところからお金を作り出しているが、これも私の株式と私のアイデアのデリバティブだ。

あなたの最大の資産はあなた自身の頭脳であることを忘れないでほしい。適切なファイナンシャル教育が身に付いていれば、あなたもまた、大量にお金を創造する自分自身のデリバティブを発明することができる。

●第14の授業：あなたの富がどのように盗まれるかを知る

ある人の個人の財務諸表を見れば、キャッシュフロー・クワドラントのEやSの側にいる人々がなぜお金のことで悪戦苦闘しているかが理解できるはずだ（図㉞）。

これらの支出は、キャッシュフロー・クワドラントのEやSの側で働いている人々の生活を直撃する。一方、クワドラントの右側にいるBやIの人々にとっては、何百万ドルも稼ぎながら合法的に一セントも税金を支払わず、富を増やすのに借金を使い、インフレから利益を上げ、株式や債券、投資信託、預貯金といった危険なペーパーアセットを詰め込んだ年金プランに頼らない生活が可能だ。

クワドラントの左側と右側の大きな違いは、左側のEやSにいる人々はお金を得るために働いていて、右側のBやIにいる人々はキャッシュフローを生み出す資産を築くために働いているということだ。

●第15の授業：間違いを犯す方法を知る

私たちは皆、何もしないで学ぶことは不可能だということを知っている。ここで言う何かをすることとは、しばしば間違いを犯すことを意味している。よちよち歩きの幼児が、もし転ぶたびに罰せられるとしたら、ふつうに歩くことを学べたりはしないだろう。水に飛び込まずに泳ぎ方を習得することはできない。本を読んでも講義を聴いても飛行機を操縦できるようにはならない。それなのに学校では、生徒に本を読ませたり講義を聴かせたり、間違いを犯すと罰を与えるという方法を使って学習させている。

表㉟は学習の円錐だ。私たちが最も効果的に学べる方法について説明している。円錐の一番下に「読む」ことがあるが、記憶に残るのは読んだ内容の一〇パーセントでしかない。その次が「話を聞いたり講義を聴いたりする」ことで、記憶に残るのは二〇パーセントだ。

「実体験を真似てやってみる」のところを見れば、言ったりやったりしたことの九〇パーセントが記憶に残っていて、実際に体験することの次に効果的な学習方法であることがわかるはずだ。

シミュレーションやゲームがこれほど強力な教材である大きな理由は、学生たちが自分で間違いを犯し、そうした間違いから学べるようにしているからだ。飛行学校にいたとき、私はフライトシュミレーターを使った訓練に多くの時間を費やした。それは実際の飛行訓練に比べれば安上がりだったし、安全でもあった。模擬飛行で多くの間違いを犯し、自分の間違いから学んでますます操縦の上手いパイロットになった。

大人になった私がキャッシュフロー・クワドラントのBやIの側で活動することを怖れないのは、子供の頃にモノポリーで何時間も遊んで、緑の家や赤いホテルといった資産が生み出すキャッシュフローの力を理解していたからでもある。キムと私はゲーム『キャッシュフロー』を考案したが、このゲームは現実の世界

㉞お金のことで悪戦苦闘している人の損益計算書

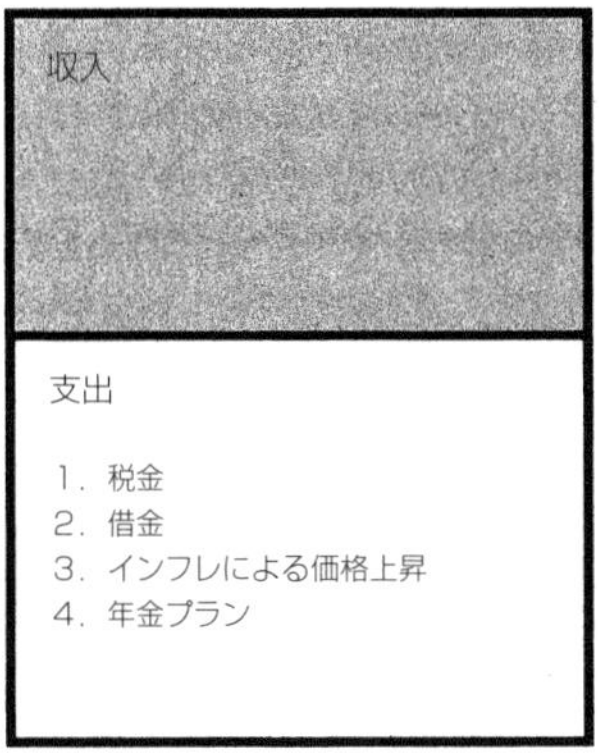

での投資を疑似体験できるというので、しばしばモノポリーのパワーアップ版と呼ばれている。間違いを犯し、間違いから学び、現実の世界に備えることができる素晴らしい学習方法だ。誰もが知っている通り、間違いを犯してお金を失うのを怖がるあまり投資に対して恐怖心を抱いている人はどこにでもいる。私たちのゲーム『キャッシュフロー』をプレーしてみてほしい。たとえ間違いを犯してお金を失ったとしても、それはただのおもちゃの紙切れだ。だがもっと重要なのは、間違いを犯せば犯すほど、ますます賢くなるということだ。

●ファイナンシャル教育における大きな間違い

今日のファイナンシャル教育における最大の間違いは、学校が銀行員やファイナンシャル・プランナーを招いてお金について幼い子供たちに教えさせていることだ。この金融危機を招いた張本人であるそうした組織の従業員が子供たちを教えているのだから、危機が終わることなど到底期待できない。これはファイナンシャル教育などではない。ファイナンシャル教育を騙ったお金の搾取だ。現金強奪はもうこんなところから始まっているのだ。

つい最近のことだが、トラックの運転手としてEクワドラントで人生の大部分を過ごしてきたという男性に出会った。彼はまあまあの賃金をもらって長時間の勤務に就いていたが、お金に関して心の底から安心したことは一度もなかったという。燃料代が上がると経営難になった会社は人員削減を行い、彼は職を失った。自分のファイナンシャルＩＱを高めるために、彼がファイナンシャル教育を真剣に学び始めたのはその時だった。後に彼は、自分が良く知っているトラック業界のフランチャイズビジネスを買って起業家となった。いまでは経済的自由を手に入れている。

私と話していたときに彼は、起業家になる前は、労働時間は長いし賃金は低い、税金は高く、食糧やガソリン、医療費は高くなるばかりでお金はますます減ってしまう、この世は何と不自由な場所なのだろうと思

㉟経験の円錐

二週間後に覚えている割合		かかわり方	
言ったりやったりしたことの90%	実際に体験する	能動的	
	実体験をまねてやってみる		4
	体験を劇化してやってみる		
言ったことの70%	そのことについて話をする		
	討論に参加する		3
見たり聞いたりしたことの50%	実際の現場を見学する	受動的	
	実演を見る		
	展示を見る		
	テレビ・映画を見る		
見たことの30%	写真を見る		
聞いたことの20%	話を聞く		2
読んだことの10%	読む		1

（資料『経験の円錐』エドガー・デール、1969）

っていたと語った。だが今は、世界に無限の可能性が見えていると言う。彼の人生は永久に変わったのだが、それは彼が考え方を変え、キャッシュフロー・クワドラントのBやIの側から世界を見るようになったからだ。失業保険をもらいながら他の仕事を探すこともできただろうが、彼はそうせずに自分のファイナンシャル・インテリジェンスを高めることに集中した。

私にとってこの話は、「お金が無いという問題はお金を与えても解決しない」という私の確信を裏付ける完璧な実例となった。人々に魚を与えるのはやめるべき時が来たと私は思っている。今こそ、人々に魚を獲る方法を教え、自分のお金の問題を自分で解決する力を彼らに与えるべきだ。ファイナンシャル教育には世界を変える力がある。これからは、裕福だろうが貧しかろうが、すべての学生が学べる総合的なファイナンシャル教育プログラムを最初に採用した国が、世界に冠たるファイナンシャル大国になるだろうと私は予想している。

●終わりと始まり

大金持ちの陰謀をめぐる探検の旅はこれで終わりだ。本書もここで終わるが、それは物語の終わりではない。まだあなたの物語が残っている。本書で紹介した一五の授業の内容は学校では決して教わらないものかもしれないが、自分のファイナンシャルＩＱを高めるために時間をとって努力する気持ちのある人なら、誰でも学ぶことができる。そして学んだことを、金持ち父さんが彼の息子と私に伝えてくれたように、親から子へと伝えることができる。学んだことを実践し、子供たちにも実践するように教えてほしい。大金持ちの陰謀から脱出し、あなたとあなたの愛する人たちのために豊かな人生を築く力は、あなた自身の手の中にある。

「金持ち父さん」の使命は、私たちの書籍やゲーム、各種教材、セミナーを通してお金に関する人類の幸福度を向上させることだ。さらに学びたい人には、上級プログラムやコーチング（現在英語のみ）も用意している。本書の原稿を期間限定でネット上で公開したとき、その内容はチャットやブログを通じて瞬く間に世界中に広まった。だから、「金持ち父さん」のメッセージや豊かな人生、経済的自由に関する教えも広めることができる。知識こそが新しいお金であること、そして私たちの頭脳は神が私たちに授けた最も偉大な資産であることを、あなたも私たちと共に皆に伝えてほしい。

本書の成功に貢献してくれたすべての人々に感謝する。

おわりに

●私たちは自分で自分のお金を盗んでいる

私たちはお金について洗脳されてきたのだろうか。私はそうだと思っている。日常身の周りで起こっている現金強奪にほとんどの人が気づかない最大の理由は、まるでパブロフの犬のように、言葉を介して自分で自分のお金を盗むようにプログラムされてしまっているからだ。私たちは、ろくに考えもせずに自分自身の富を奪うお題目を繰り返し唱えているのだ。

何度も言うように、言葉には私たちを金持ちにする力がある——だが一方で私たちを貧乏にする力もある。学校は、人々をキャッシュフロー・クワドラントのEやSになるように訓練することにかけては良い仕事をしている。子供が発育期にあるとき、家族や学校の先生は自分たちがお金に関する知恵だと信じていることを繰り返し教えるが、現実にはそれらは、自分で自分のお金を盗むように私たちを訓練する言葉だ。そうしたお題目は私たちの意識の奥底にまで叩き込まれ、汗水たらして稼いだお金をキャッシュフロー・クワドラントのBやIの側にいる人々におとなしく引き渡すように条件づけてしまうのだ。ファイナンシャル教育がしっかり身に付いていなければ、あなたは生涯EやSのクワドラントにつながれた囚人のままだ。

私たちの国の指導者たちは、私たちがお金に対する姿勢を変えるように勧めてはいないし、私たちにキャッシュフロー・クワドラントのEやSの側からBやIの側へ移る方法を見つけてほしいとも思っていない。収入の範囲を広げる方法を教えるどころか、収入の範囲内で暮らすようにと教えている。収入の範囲内で暮らすことはその人の精神を殺してしまうことだと私は思っている。そんな人生はごめんだ。

●現金強奪　自分のお金を盗む言葉

もうあなたも分かっているように、ＥやＳのクワドラントにいる人々は税金や借金、インフレ、年金プランを通じて自分の富を失っている。次に挙げるいくつかの例は、私たち自身の言葉がどのようにそうした力に関係していて、自分のお金を盗ませているのかを示している。

●税金――「学校に行き、卒業したら就職しなさい」

これは、支払う税率が一番高い従業員に子供を仕立てるための言葉だ。もっと多く稼ぐためにもっと働きなさいと子供に言うとき、あなたは不注意にもその子を重税が課せられる群れの方に押しやっていて、最も税金が重い所得、つまり勤労所得を得るために働けと言い渡しているのだ。

ＢやＩのクワドラントの考え方を学んだ人々はそれとは異なる税金のルールのもとで働いていて、はるかに多くのお金を稼ぎ、もし税金を支払わなければならないとしてもその額はずっと少ない。本書で話したように、ＢやＩのクワドラントの人は、税金をまったく支払わずに何百万ドルものお金を稼ぐことができる――しかも合法的にだ。

●借金――「マイホームを買いなさい。持ち家は資産であり人生最大の投資です」

持ち家に投資するように大勢の人に助言するのは、銀行に行って悪い借金をするように彼らを訓練していることになる。持ち家は負債なのだが、それはあなたのポケットからお金を取っていくからだ。たいていの場合、マイホームは人生最大の投資にはならない。それは人生最大の負債になる。あなたのポケットにお金を入れてはくれない。これが真実であることは、今の金融危機においてかつてないほど明らかになっている。

ＢやＩのクワドラントの側にいる人は、一棟物の集合住宅といったキャッシュフローを生む資産を買うのに借金を使っている。それらは、あなたのポケットからお金を取っていくのではなく、あなたのポケットにお金を入れてくれる資産だ。彼らは、良い借金と悪い借金の違いを知っている。

●インフレ――「貯蓄しなさい」

銀行にお金を貯めておく人は、知らず知らずのうちにインフレを助長していて、皮肉なことに自分の貯蓄の価値を落としている。いわゆる部分準備銀行制度によって、銀行は預かったお金の何倍ものお金を貸し出し、預金した人が受け取る利息よりもはるかに多額のお金を、貸付金に対する利子として請求することができる。言い換えれば、貯蓄家は自分で自分の購買力を少しずつ弱めているのだ。銀行にお金を貯めれば貯めるほど、インフレがひどくなっていく。

デフレになるくらいならインフレのほうがいいという場合もある。デフレは破壊力が強く、食い止めるのが容易ではない。問題は、ベイルアウト（救済措置）や景気刺激策でデフレが止まらなかった場合、政府がお札を刷り過ぎてハイパーインフレになりかねないことだ。そのとき一番被害を被るのは貯蓄家だ。

銀行に一ドル預けるたびに、あなたは銀行にもっと多くのお金を刷る許可を与えていることになる。この仕組みが理解できれば、ファイナンシャル教育が身に付いている人になぜアンフェア・アドバンテージがあるのかがわかるはずだ。

●年金プラン――「株式、債券、投資信託に幅広く分散したポートフォリオに長期投資しましょう」

このちょっとした知恵は、ウォール街で働く人々を長期にわたって金持ちにするためのものだ。何百万人というEクワドラントやSクワドラントの人々から毎月送られてくるお金を受け取って嬉しくない人などいない。だが私は自分にこう問いかける。「これまでに身に付けたお金に関する知識や知能を使えば自分自身のお金を合法的に「印刷」できるのに、なぜウォール街の連中にお金を渡す必要があるだろうか」

●まとめ

学校の授業からファイナンシャル教育を排除することによって、陰謀者たちは、現金強奪が私たちの頭の中から起こるように仕組むことにまんまと成功している。自分の人生を変えたいなら、言葉を変えることだ。金持ちの使っている言葉を身に付けよう。あなたのアンフェア・アドバンテージは、あなたがファイナンシャル教育を身に付けることにある。

だからこそ、いま「知識が新しいお金となる」のだ。本書を読んでくれたことに感謝する。

あとがき

●最後にもう一言——ネットオリジナル版（英文版）について

『金持ち父さんの「大金持ちの陰謀」』プロジェクトのアイデアがひらめいたとき、それがどんな形の産物になるのか、正直言って想像もつかなかった。インターネット上で双方向的に本を書いていくというのは、私にとってはまったく新しい手法だったが、ワクワクする体験でもあった。世界中で金融危機が進行している最中だったので、本書も同時進行で書いていきたいと思った。

本書をいままでのような形で書いて出版していたのでは、危機が進行しすぎて本書が間に合わないのではないか、あるいは危機の時期を通り越して役に立たなくなるのではないかと危惧した。紙の本として残すために頭の中にあるものを言葉に落とし込むには、しばしば一年あるいはもっと長い時間を要することがあるからだ。経済がひと月またひと月と悪化し続け、オンライン読者からのフィードバックが増えてきたとき、私は本書の原稿をネットで公開し、読者とやりとりしながら完成させるという方法が正しかったという確信を得た。

机に向かって一つの章を書き上げるたびに、世界を変えてしまうような出来事が同時進行で起こっていた。ある意味、ベトナムで従軍していた時代にもどったかのような心境だった。軍用ヘリで戦場の上空を飛び、銃撃音がひっきりなしに鳴り響き、爆弾の衝撃に耐えながら任務に集中していた。私にとっては、ベトナムでの使命が明確であったように、本書を書く使命もはっきりしていた。

長年にわたる経験から私が身をもって学んだのは、人々が、わかりやすく説明された理解しやすいファイナンシャル教育に飢えているということだった。また、政治家や経済の動向に不安や不満を抱いている人、失望している人が大勢いることもわかっていた。だから本書は、現在と今後の経済に関して簡潔かつ率直なファイナンシャル教育を提供し、さらに読者であるあなた自身が自分の考えや不安な気持ち、あるいは成功の喜びを発言する機会を提供することによって、そうした二つの現実に応えられるように設計された。

そしてそのことが、私に最大の驚きをもたらした。読者であるあなた方から受け取ったフィードバックの量には本当に驚いた。考え抜かれた知的な洞察や質問、コメントがいくつか来るだろうとは期待していたのだが、読者の皆さんからの反響は私の予想をはるかに超えたもので、本書の内容とその構成に大きな貢献をしてくれた。そればかりか、世界中のネット読者の皆さんが本書について語る場に集ってくれたおかげで、かつてないほど幅広い経験と視点を共有できた。

結果として『金持ち父さんの「大金持ちの陰謀」』プロジェクトは、私が想像もできなかったほどの大きな成功を収めた。ここにネット読者の皆さんの功績をいくつか記しておくが、これらは皆さんの素晴らしい貢献のごく一部にすぎない。

・一六七カ国から三五〇〇万以上のアクセスがあった。
・一二〇万人以上が本書のサイトを訪れた。
・ネット登録読者は九万人にのぼった。
・読者の感想、質問、意見は一万件を超えた。
・世界中の二〇〇〇人以上のブロガーが、本書に述べた「陰謀」を紹介するのに寄与した。
・本書はインターネット上で一年近くにわたり無料で提供されていたにもかかわらず、その後発売された英語版の書籍と電子ブックは二五万部以上を売り上げた。

本書の成功は、ひとえにあなたのおかげだ。

だからこの場を借りて、『金持ち父さんの「大金持ちの陰謀」』の読者コミュニティの一人となってくれたあなたに、そしてこのプロジェクトを素晴らしい成功に導いてくれたあなたに、私の感謝の気持ちを直に申し上げたい。あなたがいま手にしているこの本は、私の本であるのと同時にあなた自身の本でもある。あなたの考え、感想、質問は、この本の内容に様々な影響を与えてくれた。実際に多数の読者のコメントが本書の一部として収録されている。

私たちは力を合わせて、歴史に残る本を世に出した。

私たちは力を合わせて、「大金持ちの陰謀」を世に知らしめた。

ありがとう。

ロバート・T・キヨサキ

特別付録　ロバート・キヨサキに聞くQ&A

次に挙げる質問は、『金持ち父さんの「大金持ちの陰謀」』ウエブサイト（現在英語のみ）のフォーラムに寄せられた質問の中から、私自身が選んだものだ。あなたがたの素晴らしい質問のすべてに答えることができればよかったのだが、それだけで一冊の本になってしまう。ここに公開したものが、ほとんどの読者が抱いている代表的な質問だと思う。あなたがた一人一人が寄せてくれた考察、感想、質問に感謝する。「知識こそがお金である」ということを決して忘れないでいてほしい！

〈質問〉ロシアがずっと吹聴し続けている「国際的なスーパー通貨」が何らかの形で出現したとしたら何が起こると思いますか？

——isbarratt

〈答え〉「国際的なスーパー通貨」について言いたいことは何もない。準備通貨が米国ドルであろうと別の通貨になろうと、基本的な問題は未解決のままだ。そのような通貨はどれも、何もないところから刷り出される贋物の通貨だからだ。そうしたものには何の価値もない。いずれも、インフレを通じてあなたのポケットからお金を盗むように仕組まれた、政府が操作している詐欺にすぎない。私に言わせれば、どんな通貨より金《ゴールド》や銀の方が保有する資産としてはまだましだ。

〈質問〉金や銀への投資は、キャピタルゲインではなくキャッシュフローを得るためのプランにおいてどう役立つのでしょうか。『金持ち父さんの「大金持ちの陰謀」』を読んで、自分がキャッシュフローへの道を外れていること、自分の方向性を再検討しなければならないことが分かりました。でも自分のコンテクスト（物事を理解する器）を広げることがなかなかできず、金や銀が富を守るセーフティネット以上のものであることが理解できません。キャッシュフローを生み出すためにも使えますか?

—Foresight2Freedom

〈答え〉私の場合、キャッシュフローが増えすぎたら、余った現金を預金口座にためておくのではなく、金や銀で保有するようにしている。金や銀は、FRBが景気浮揚のために何兆ドルという紙幣を印刷して供給するというような不透明な金融政策に対するリスクヘッジとして使えるからだ。余剰資金を米国ドルで保有していたら、インフレが激しくなるとその価値が下落するのを指をくわえて見ていることになるから、金や銀に換えてインフレでその価値が上昇しているのを眺めているほうが良い。金や銀自体はキャッシュフローを生み出さないが、インフレによる損失から私を守ってくれる。だが何度も言うように、あなたのファイナンシャルIQが低ければ、どんな資産を持っていようとお金を失うことになる。あなたを金持ちにするのは金や銀そのものではなく、金や銀に関するあなたの知識なのだから。

〈質問〉もしハイパーインフレになったとして、そのような状況下でも賃貸用物件は有益な投資対象となりえますか?

—colbyd

〈答え〉ハイパーインフレの他にも様々な要因が関係する。どんな取引にも言えることだが、契約を交わす前に自分で徹底して調査を行い、数字が納得できるものであることを確認しなければならない。例えば、費用や借金を支払うのに十分なキャッシュフローを賃料から得られるだろうかとか、物件を物色している地域に人口増加を見込めるような雇用があるのかといったようなことだ。そうした質問やその他のチェックリストに対する答えが良いものであったときに限り、その不動産投資は有益なものとなる。この国の経済がどうなろうと、良い不動産取引と悪い不動産取引があることを忘れないことだ。良い物件投資はつねに、キャッシュフローを生み出せるかどうかにかかっている。

〈質問〉私たちの健康に関する陰謀についてお話しいただけませんか?

—ovortron

〔答え〕私は医師ではないし医療も専門外だが、製薬業界や保険業界とその大物たちは、医療制度や私たちが受けている医療サービスにとてつもない影響力を及ぼしているのではないかと強く感じている。私自身は、従来の医学の治療に加え、鍼治療や自然療法、カイロプラクティックといった代替医療を受けている。また、できるだけ薬を飲まないようにしている。何についても言えることだが、お金と健康についても、知識を身に付ければ付けるほどますます健全な判断を下すことができるようになる。あなた自身の健康を保つ方法について、個人的に学び始めることをお勧めする。

〔質問〕投資の始め方について質問します。本書によるとあなたは、キャッシュフローを生み出す投資が大事だと金持ち父さんによって再認識させられる前にかなりのキャピタルゲインを得ていたとのことですが、私の知る人は皆、キャッシュフローではなくキャピタルゲインによって多額の投資資金を得ていました。キャッシュフローは長期的な投資によるものですが、短期でも元手がゼロあるいはほとんど無くても、賢い投資をするにはどうすればよいでしょうか。

―Miguel41a

〔答え〕こうした質問に対する私の答えはいつも同じだ。ファイナンシャル教育を身に付けることにつきる。本書『金持ち父さんの「大金持ちの陰謀」』でもずっと言い続けているように、知識こそが新しいお金なのだ。一番良い学習方法は、練習とシミュレーションだ。あなたは間違いを犯すだろうが、大事なのは自分の犯した間違いから学ぶことだ。最初から本物のお金を使うのを躊躇する人もいるだろうから、そういう人には私の考案した『キャッシュフロー』ゲームをお勧めする。仮想現実の環境で投資の分析や取引の方法を試し、自分の間違いから学ぶことができる優れモノだ。現実の投資を始める準備にもなる。お金を持っていることより、良い取引を見つけ、分析し、提示する方法を知っていることのほうが重要なのだ。良い取引なら、投資家も銀行もいつも進んでお金を提供するからだ。

〔質問〕一四歳の娘がいます。学校の成績は優秀です。彼女が大人になったときに陰謀の犠牲者にならないために私はどんなアドバイスをしたらよいでしょうか。娘はあなたが一〇代の読者向けに書いた本はもう読んでいます。

—Madelugi

〔答え〕子供にとって最良の教師は両親だ。だから問題は、子供が何をしているかではなく、あなたが子供を教育するために何をしているかだ。子供に良い知識を与えていたとしても、子供は大人がそれを本当に実践しているかどうかを見て確かめている。あなたは、自らが実践することによって子供に測り知れない影響を与えている。また私は、七歳や八歳という幼い子供たちが私の本を読んだり『キャッシュフロー』ゲームをプレーしたりしているという話も聞いている。こうした子供たちは間違いなく、輝かしい将来の経済状態を手に入れる最高のチャンスを手にしている——同級生たちが教わっていないファイナンシャル教育を受けているからだ。六歳以上の子供たちがお金と投資についての勉強を始める一つの方法として、私が開発したボードゲーム『キャッシュフロー・フォー・キッズ』もお勧めだ。

〔質問〕終身生命保険についてどう思われますか？　二人のファイナンシャル・プランナーから強く勧められているのですが……。

—rzele

〔答え〕生命保険に投資すること自体が私は好きではない。個人的な意見だが、とくにFRBがこれほど膨大な量の紙幣を刷りまくっているのだから、こうした金融商品は詐欺だと考えざるをえない。インフレによってあなたの保険証券の価値はますます下がっていく。また、ファイナンシャル・プランナーが保険に加入することを強く勧めるのは、そうすることによって彼らがお金を得られるからであって、必ずしもあなたのためになるからではない。とは言うものの、生命保険は、貯蓄ができない人やファイナンシャル教育をほとんど受けていないために成功する投資の方法を知らない人には有益だろう。終身保険には加入したくないという人には、保険料が比較的低い定期保険という選択肢もある。何に投資するかはあなた次第だ。

〔質問〕起業したばかりですがあなたの本はほとんど読んでいて、子供たちが歩んでいかなければならない未来への道がとても危なっかしいものであることを初めて知りました。学校教育に希望はあるでしょうか。

——jack47

〔答え〕残念ながら、少なくとも短期的には私は学校教育に希望を持っていない。どの産業にも言えることだが、それぞれ異なるスピードで変化していく。例えば、テクノロジーは一〇年あるいはもっと短い年月で急速に変化する。建設業界や教育産業は、構造全体が変わるのにはるかに多くの時間がかかる。本当に意味のある変化が、実質的に組織化されるまでに五〇年以上かかる場合もある。だからこそ私は、あなた自身が率先して、自分と自分の子どもにファイナンシャル教育を施すべきだと提唱している。

〔質問〕この金融危機ですっかりやられてしまいました。今は「何とか生き延びている状態」です。立ち直って一旗揚げようという人に一言アドバイスをお願いします。

——msrpsilver

〔答え〕本書に書いてきた通り、知識が新しいお金だ。お金と投資についてあなた自身を教育し続けることだ。ファイナンシャルIQを高めよう。また、キャッシュフロー・クワドラントを研究し、あなたを貧乏にしているもの、すなわち税金、借金、インフレ、年金プランについて理解を深めよう。キャッシュフロー・クワドラントのBとIの側の考え方ができるように自分を訓練し、税金や借金、インフレ、年金プランにおける損失を最小限にする方法を学ぼう。キャッシュフロー・クワドラントのBとIの知識を身に付けることによって、合法的に税金を支払わずに何百万ドルも儲けたり、他人のお金で自分のお金を儲けたり、インフレによって価値が上がる資産を見つけたり、引退後のために安定した不労所得を得たりする方法を学ぶことができる。万能薬は存在しない。たゆまぬ努力と教育があるのみだ。

金持ち父さんシリーズ

●『改訂版　金持ち父さん　貧乏父さん――アメリカの金持ちが教えてくれるお金の哲学』ロバート・キヨサキ著／白根美保子訳／筑摩書房

●『改訂版　金持ち父さんのキャッシュフロー・クワドラント――経済的自由があなたのものになる』ロバート・キヨサキ著／白根美保子訳／筑摩書房

●『改訂版　金持ち父さんの投資ガイド　入門編――投資力をつける16のレッスン』『改訂版　金持ち父さんの投資ガイド　上級編――起業家精神から富が生まれる』ロバート・キヨサキ著／白根美保子訳／筑摩書房

●『改訂版　金持ち父さんの子供はみんな天才――親だからできるお金の教育』ロバート・キヨサキ著／白根美保子訳／筑摩書房

●『改訂版　金持ち父さんの若くして豊かに引退する方法』ロバート・キヨサキ著／白根美保子訳／筑摩書房

●『改訂版　金持ち父さんの起業する前に読む本――ビッグビジネスで成功するための10のレッスン』ロバート・キヨサキ著／白根美保子訳／筑摩書房

●『金持ち父さんの予言――嵐の時代を乗り切るための方舟の造り方』ロバート・キヨサキ著／白根美保子訳／筑摩書房

●『金持ち父さんのサクセス・ストーリーズ――金持ち父さんに学んだ25人の成功者たち』ロバート・キヨサキ著／春日井晶子訳／筑摩書房

●『金持ち父さんの金持ちになるガイドブック――悪い借金を良い借金に変えよう』ロバート・キヨサキ著／白根美保子訳／筑摩書房

●『金持ち父さんのパワー投資術――お金を加速させて金持ちになる』ロバート・キヨサキ著／白根美保子訳／筑摩書房

●『金持ち父さんの学校では教えてくれないお金の秘密』ロバート・キヨサキ著／白根美保子訳／筑摩書房

●『金持ち父さんの金持ちがますます金持ちになる理由』ロバート・キヨサキ著／井上純子訳／筑摩書房

●『金持ち父さんのファイナンシャルIQ――金持ちになるための5つの知性』ロバート・キヨサキ著／白根美保子訳／筑摩書房

●『金持ち父さんの21世紀のビジネス』ロバート・キヨサキ、キム・キヨサキ、ジョン・フレミング著／白根美保子訳／筑摩書房

●『金持ち父さんの「大金持ちの陰謀」――お金についての8つの新ルールを学ぼう』ロバート・キヨサキ著／井上純子訳／筑摩書房

●『金持ち父さんのアンフェア・アドバンテージ――知っている人だけが得をするお金の真実』ロバート・キヨサキ著／白根美保子訳／筑摩書房

●『金持ち父さんの新提言　お金がお金を生むしくみの作り方』ロバート・キヨサキ著／井上純子訳／青春出版社

●『金持ち父さんのお金を自分のために働かせる方法』ロバート・キヨサキ著／井上純子訳／青春出版社

●『人助けが好きなあなたに贈る金持ち父さんのビジネススクール　セカンドエディション』ロバート・キヨサキ著／マイクロマガジン社

●"Rich Dad's Escape from the Rat Race"

●"Rich Dad's Conspiracy of the Rich—The 8 New Rules of Money"

●"The Real Book of Real Estate—Real Experts, Real Stories, Real Life"

●"Why "A" Students Work for "C" Students—Rich Dad's Guide to Financial Education for Parents"

●"Second Chance: For Your Money, Your Life and Our World"

●"8 Lessons in Military Leadership for Entrepreneurs"

ドナルド・トランプとの共著

●『あなたに金持ちになってほしい』ドナルド・トランプ、ロバート・キヨサキほか著／白根美保子、井上純子訳／筑摩書房

●『黄金を生み出すミダスタッチ――成功する起業家になるための5つの教え』ドナルド・トランプ、ロバート・キヨサキ著／白根美保子訳／筑摩書房

キム・キヨサキの本

●『リッチウーマン――人からああしろこうしろと言われるのが大嫌い！という女性のための投資入門』キム・キヨサキ著／白根美保子訳／筑摩書房

●"It's Rising Time―A Call for Women: What It Really Talks for the Reward of Financial Freedom"

エミ・キヨサキとの共著

●『リッチブラザー　リッチシスター――神・お金・幸福を求めて二人が歩んだそれぞれの道』ロバート・キヨサキ、エミ・キヨサキ著／白根美保子訳／筑摩書房

金持ち父さんのアドバイザーシリーズ

●『セールスドッグ――「攻撃型」営業マンでなくても成功できる！』ブレア・シンガー著／春日井晶子訳／筑摩書房

●『勝てるビジネスチームの作り方』ブレア・シンガー著／春日井晶子訳／筑摩書房

●『不動産投資のABC――物件管理が新たな利益を作り出す』ケン・マクロイ著／井上純子訳／筑摩書房

●"Start Your Own Corporation", Garrett Sutton

●"Writing Winning Business Plans", Garrett Sutton

●"Buying and Selling a Business", Garrett Sutton

●"The ABCs of Getting Out of Debt", Garrett Sutton

●"Run Your Own Corporation", Garrett Sutton

●"The ABCs of Property Management", Ken McElroy

●"The Advanced Guide to Real Estate Investing", Ken McElroy

●"Tax-Free Wealth", Tom Wheelwright

●"Guide to Investing In Gold and Silver: Protect Your Financial Future" Michael Maloney

●"Stock Market Cash Flow: Four Pillars of Investing for Thriving in Today's Markets" Andy Tanner

金持ち父さんのオーディオビジュアル

●『ロバート・キヨサキのファイナンシャル・インテリジェンス』タイムライフ（CDセット）

●『ロバート・キヨサキ　ライブトーク・イン・ジャパン』ソフトバンクパブリッシング（DVD）

●『金持ち父さんのパーフェクトビジネス』マイクロマガジン社

●『金持ちになる教えのすべて』（DVD3枚付）マイクロマガジン社

●『プロが明かす 不動産投資を成功させる物件管理の秘密』（CD4枚付）マイクロマガジン社

本文中で紹介された本

●『マネーを生みだす怪物――連邦準備制度という壮大な詐欺システム』G・エドワード・グリフィン著／吉田利子訳／草思社

●『ドル暴落から、世界不況が始まる』リチャード・ダンカン著／徳川家広訳／日本経済新聞社

●『銀行　破綻から緊急救済へ――連邦預金保険公社理事会・元議長の証言』アービン・H・スプレーグ著／高木仁・佐々木仁・立脇和夫・戸田壮一・柴田武男訳／東洋経済新報社

●『米国はどこで道を誤ったか――資本主義の魂を取り戻すための戦い』ジョン・C・ボーグル著／瑞穂のりこ訳／東洋経済新報社

●『史上最強の投資家バフェットの教訓――逆風の時でもお金を増やす125の知恵』メアリー・バフェット、デビッド・クラーク著／峯村利哉訳／徳間書店

●『クリティカルパス――宇宙船地球号のデザインサイエンス革命』R・バックミンスター・フラー著／梶川泰司訳／白揚社

●"Grunch of Giants（巨人たちの世界的現金強奪）" R.Buckminster Fuller

著者・訳者紹介

ロバート・キヨサキ
Robert Kiyosaki

個人ファイナンス関連書籍で前代未聞のベストセラーとなった『金持ち父さん 貧乏父さん』の著者ロバート・キヨサキは、世界中の多くの人々のお金に対する考え方に疑問を投げかけ、その考え方を変えた。彼は起業家、教育者、投資家であり、今の世界には雇用を創出する起業家がもっと必要だと信じている。

お金と投資に関するロバートの考え方は社会通念と対立することも多い。率直な、そして時として不遜かつ勇気ある発言をするとの定評を世界中で得ている彼は、ファイナンシャル教育の大切さを情熱を持って臆することなく語る唱導者の一人だ。

ロバートと妻のキムはファイナンシャル教育会社リッチダッド・カンパニーの創業者であり、各種『キャッシュフロー』ゲームの開発者でもある。

ロバートは複雑なコンセプト——お金や投資、金融、経済に関するさまざまな考え方——を単純化する才能を持ったビジョナリー（未来を見つめる人）だと言える。彼はまた、経済的自由を得るまでの自分の個人的な体験を、多くの人の心に響くような形で伝えてきた。彼の考え方の中心となっている原理や彼が伝えたいと思っていること——たとえば、「持ち家は資産ではない」「キャッシュフローのために投資をしろ」といったことや、『金持ち父さんの予言』の中で示されたさまざまな「予言」——は当時は多くの批判を浴びたり、馬鹿にされたりしたが、結局この十年ほどの間に、その正しさが証明された。

「大学へ行っていい仕事に就き、お金を貯めて、借金を返し、長期に投資して、投資対象を多様化しろ」という昔からのアドバイスが、今日、急速に変化する情報時代においては時代遅れのアドバイスになっているというのがロバートの主張だ。彼の「リッチダッド哲学」は現状に疑問を投げかけ、お金の知識を身につけ、将来のために投資するように人々を励ます。

国際的なベストセラー『金持ち父さん 貧乏父さん』を含めて二十冊以上の著書があるロバートは、世界中でさまざまなメディアにゲストとして登場したり記事に取り上げられたりしている。彼の著書は世界各国で十年以上もベストセラーリストに名を連ね、今も世界中の視聴者、読者を教育し、励まし続けている。

井上純子
Inoue Junco

国際基督教大学教養学部語学科卒業。ビジネス翻訳通訳を手掛け、現在は海外コンテンツの日本市場導入において権利交渉から制作、ブランディング、PRまで総合的な支援事業を行う。訳書にケン・マクロイ『不動産投資のABC』などがある。

金持《かねも》ち父《とう》さんの「大金持《おおがねも》ちの陰謀《いんぼう》」

お金《かね》についての8つの新《しん》ルールを学《まな》ぼう

二〇一六年三月二五日　初版第一刷発行

著者　ロバート・キヨサキ
訳者　井上純子（いのうえ・じゅんこ）
発行者　山野浩一
発行所　株式会社 筑摩書房
東京都台東区蔵前二－五－三 〒一一一－八七五五 振替〇〇一六〇－八－四一二三
装丁　阿部文香（井上則人デザイン事務所）
印刷・製本　中央精版印刷株式会社

ISBN978-4-480-86441-3 C0033

定価はカバーに表示してあります。
乱丁・落丁本の場合は、左記宛にご送付ください。
送料小社負担でお取り替えいたします。
ご注文・お問い合わせも左記へお願いします。
〒三三一－八五〇七　さいたま市北区櫛引町二－六〇四
筑摩書房サービスセンター　電話〇四八－六五一－〇〇五三

『キャッシュフロー101』で
ファイナンシャル・インテリジェンスを高めよう!

読者のみなさん

『金持ち父さんシリーズ』を読んでくださってありがとうございました。お金についてためになることをきっと学ぶことができたと思います。いちばん大事なのは、あなたが自分の教育のために投資したことです。

私はみなさんが金持ちになれるように願っていますし、金持ち父さんが私に教えてくれたのとおなじことを身につけてほしいと思っています。金持ち父さんの教えを生かせば、たとえどんなにささやかなところから始めたとしても、驚くほど幸先のいいスタートを切ることができるでしょう。だからこそ、私はこのゲームを開発したのです。これは金持ち父さんが私に教えてくれたお金に関する技術を学ぶためのゲームです。楽しみながら、しっかりした知識が身につくようになっています。

このゲームは、楽しむこと、繰り返すこと、行動すること――この三つの方法を使ってあなたにお金に関する技術を教えてくれます。『キャッシュフロー101』はおもちゃではありません。それに、単なるゲームでもありません。特許権を得ているのはこのようなユニークさによるものです。このゲームはあなたに大きな刺激を与え、たくさんのことを教えてくれるでしょう。このゲームは、金持ちと同じような考え方をしなくては勝てません。ゲームをするたびにあなたはより多くの技術を獲得していきます。ゲームの展開は毎回違います。あなたは新しく身につけた技術を駆使して、さまざまな状況を乗り切っていくことになるでしょう。そうしていくうちに、お金に関する技術が高まる

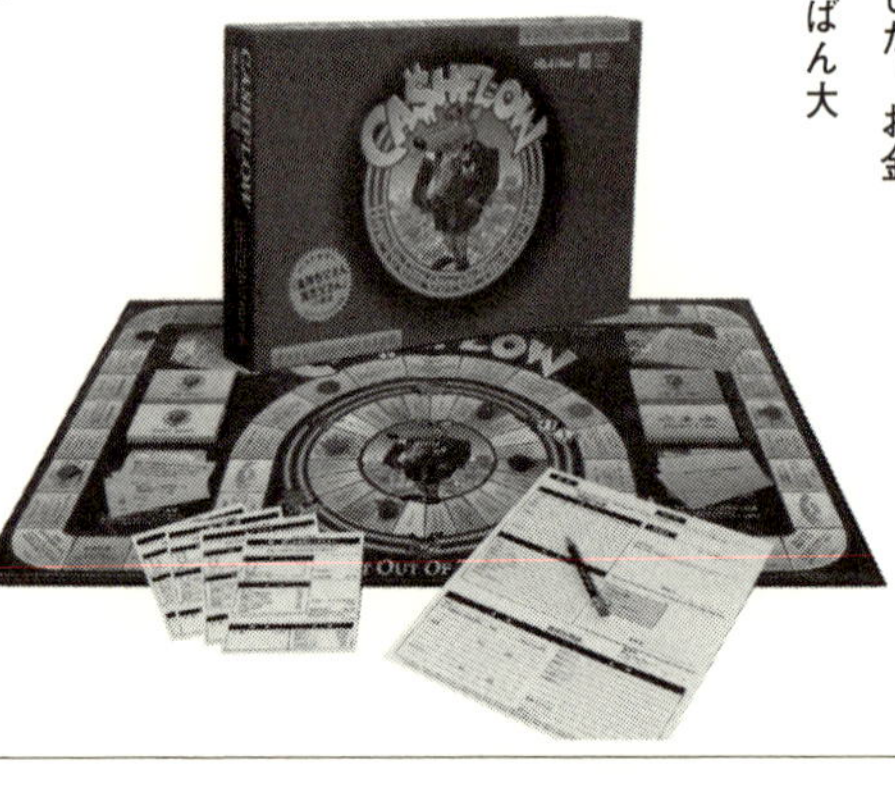

『キャッシュフロー101』
家庭で楽しみながら学べる
MBAプログラム

『キャッシュフロー・フォー・キッズ』
6歳から楽しく学べる子供のためのゲーム

と同時に、自信もついていきます。

このゲームを通して学べるような、お金に関する教えを実社会で学ぼうとしたら、ずいぶん高いものにつくこともあります。『キャッシュフロー101』のいいところは、おもちゃのお金を使ってファイナンシャル・インテリジェンスを身につけることができる点です。

はじめて『キャッシュフロー101』で遊ぶときは、むずかしく感じるかもしれません。でも、繰り返し遊ぶうちにあなたのファイナンシャル・インテリジェンスが養われていき、ずっと簡単に感じられるようになります。

このゲームが教えてくれるお金に関する技術を身につけるためには、まず少なくても六回はゲームをやってみてください。そのあと本などで勉強すれば、あなたはこれから先の自分の経済状態を自分の手で変えていくことができます。その段階まで到達したら、上級者向けの『キャッシュフロー202』に進む準備ができたことになります。『キャッシュフロー202』には学習用のCDが5枚ついています。

子供たちのためには、六歳から楽しく学べる『キャッシュフロー・フォー・キッズ』があります。

『キャッシュフロー』ゲームの創案者
ロバート・キヨサキ